萬曆驚到

多元・開放・創意的文化盛世

何國慶 編著

實用歷史

遠流

謹以此書獻給我的父母

感念他們攜手走過烽火下的那段艱辛歲月，以及渡臺後

為我們建立起這座安定的家園。

序

在萬曆文藝復興面前

卜正民 Timothy James Brook（加拿大英屬哥倫比亞大學歷史系教授）

如果你問英國人，英國文學與文化的根基最遠可以回溯到何時，多數會回答：伊麗莎白時代。這時代裡知名人物輩出，如莎士比亞（William Shakespeare）、班・瓊森（Ben Jonson）、法蘭西斯・培根（Francis Bacon）、約翰・鄧恩（John Donne），更不可忘記因她命名的伊麗莎白女王。這些才華洋溢的人們，多數出身平民，於時代交替至十七世紀之時聚集到倫敦。在文藝復興百家爭鳴中，以新思維、新道德承諾，甚至是領導者統治的新典範，重新塑造了英國文化。伊麗莎白世代所留下的資產裡，今日我們最熟悉的是語文。當時的英語現在聽來可能有些古舊，但莎翁與他同時代的人們在紙上所寫下的，是今日三、四億人使用的英語的根基，而且有這兩倍數字的人們熱切學習著。伊麗莎白世代翻轉了他們的世界，還有我們的。

只是為什麼這些人那麼剛好，不早也不晚，都集中在十七世紀拂曉之時現身？我們可以舉出許多英國悠久歷史裡的內在因素，但是最顯而易見的卻根本不在英國國內，而是在國外。其實不只英國，整個歐洲都在這段時間裡遭遇從未見過的新世界。人們旅行，

交易貨物，金錢以驚人的速度累積。歐洲人踏上了陌生的土地，遭遇未曾耳聞的文化，造成了大規模的流離失所與痛苦。可是這段經驗卻讓他們對生存有了不同的看法，並以此挑戰過去的每一項假設。伊麗莎白世代緊抓住這項新事實並內化於己，即使他們明白重新塑造世界的過程有多麼艱辛。最好的例子當然就是《暴風雨》，莎士比亞客觀的嘗試面對全球化所帶來的暴力。與他同世代的人們所採取的應對方法，泰半奠定了我們所謂的現代社會樣貌。

那麼改問中國人，中國文學與文化的根基最遠可追溯到何時。多數人的思緒會飛躍至，譬如唐朝，或再久遠一些的戰國，甚至是孔子的時代。回顧古早歷史向來是中國文化中根深蒂固的習慣，但我抱持不同看法。如果我們探究今日居住在城市的中國人實際所思所行，為何卻與他們心裡以為自己應該所思所行背道而馳，那麼我認為與伊麗莎白女王同一時代，明朝萬曆皇帝朱翊鈞才更接近答案的核心。這個時代出了袁宏道、湯顯祖、董其昌、徐光啟等傑出人士。對我而言，他們與身處同一時代的伊麗莎白世代幾乎一樣有膽識、富有創新精神。他們挑戰舊有的思想習慣，想像新的處世之道，並且讓文學語言進化成今日九億人口所使用的形式。而且有越來越多像我這樣的外國人前來學習。五千年歷史博大精深，但尾端的這五百年才形塑了今日中國的樣貌。

萬曆世代對於外國事物的認識的確比不上伊麗莎白世代，但他們並未與外界隔絕。他們知道外面的世界非常廣闊。例如徐光啟與海外遊歷的人士往來，了解到中國不能無視海岸線以外的世界局勢。徐光啟與許多歐洲傳教士合作，為明朝與文藝復興歐洲的知識

落差，搭起連結的橋樑。他並非孤軍奮鬥。即便已經是中國繪畫大家，董其昌看過歐洲雕刻術後，將某些繪畫技術運用到自己的繪畫中。不是每個人都喜歡改變，但有誰能站在岸邊阻止時代浪潮來襲？

我們無法回到萬曆年間親眼見到形塑中國未來的男男女女。但感謝何國慶所收藏的文獻史料，讓我們有幸得以親眼目睹萬曆世代的親筆真跡。看著湯顯祖的墨寶，我彷彿看到莎士比亞在紙上書寫。讀著徐光啟的文章，就跟讀班・瓊森的書信一樣令人激動。在袁宏道的書法裡，跟讀約翰・鄧恩的文字一樣發人深省。我是何等榮幸能夠親見這些名垂青史的思想家與作者，他們與我出身的英國伊麗莎白世代一樣是睿智的老祖宗。

仔細看看這些書信。如果不能了解我們的祖先，將無法了解自己。這些文獻幫助我們盡可能的與他們拉近距離。透過這些史料，他們展現了自己身為何人，經歷過哪些事。他們也告訴我們身為何人，以及仍須努力之處。

序

民國人的晚明關懷

楊儒賓（國立清華大學中文系講座教授）

老朋友明民館館主何國慶先生又要出書了。筆者在此稱呼何先生為老友，沒有高攀也沒有托大的意思。早在民國八十四年（1995），何創時書法藝術基金會舉辦開館第一檔展覽：「明清近代高僧書法展」，何先生不恥下借，向區區在下借了兩件藏品展出後，我和他即有長達二十餘年「亦敵亦友」的特殊交誼。

何先生慈心佛面，是慈濟的大護法，有人要與之為敵，談何容易！在理性可以思考的範圍內，任何理性的人也不太容易找到可以與之角力的誘因。我與他所以有「為敵」的可能，純粹是收藏的緣故。中國藝術、中國書畫在這個世紀之前，比如說西元二〇〇〇年之前，市場價格對我們這些窮教員還是開放的，不管在古董店或拍賣市場上，當時只要不要碰到對文化有理念的買家，我輩窮教員都還有些機會買到文化內涵較濃厚的作品。上個世紀，華人世界中有文化意識與修養的買家不多，很不湊巧，何先生恰好是箇中的鳳之毛、麟之角，而且胃口奇大，其收藏中心雖有所在，邊際卻無所不在。何先生家道尚屬殷實，口袋頗深，競標的結局就不用談了。面對區區這位敗軍之將，何先生有

時還蠻有風度的，他會偷偷幫我拍一兩件我付得起價格的藏品，我聊勝於無，他也藉以安撫敗北者的心靈創傷。

隨著中國文物市場價格的沖飛，我「為敵」的資格自動喪失，昔日出入東亞地區古董市集的美好歲月，早就被時光沖刷到遙遠的記憶之海的角隅了。我別無選擇，只能寬心釋懷，接受何先生為友，但我還是極樂意為友。在臺灣這麼多資本家中，比何先生財富殷實的大有人在，誰願意出錢，做個收藏家？已是收藏家了，有幾位能像何先生這樣將收藏當志業，整個藏品就像五百年來文化史的展現，而且是多維度而有體系的展現？已是有體系的收藏者了，又有幾位能像何先生這樣將個人的品味化為公共教育的資源，自己出資成立基金會、辦展、演講、出書，而且規模不小，其活動能量甚至超出不少公立博物館之上？更重要的，他的收藏擁有獨特的文化視野，以物證道，以藝入玄。由書作的點勒鉤撇、信札的切切情語、冊頁的連珠跋記，由小見大，事事關心，一個時代的風情就由此展開，哪位收藏家有如此獨特的風格？一個人如有機會受到這樣的藏家的厚愛，或借展藏品，或囑咐撰文，或受命編書，他焉能不竭力以赴？又焉能不以「我的朋友何某某」之語自豪。

《萬曆駕到》一書是何先生最近將要出的一部書，論及這部書的成立，近則是建立在這兩三年「萬曆萬象」幾檔成功展覽基礎上編成的；遠則是建立在何先生二、三十年來日孜月矻的努力而成的。何先生的書法收藏以明代及民國為兩大重心，他是政治上的民國人，也是文化上的明朝人，他對這兩個時期的文化特別關心。關心所致，另生見解。

明朝是很接近當代的一個時代，晚近學者論中西文化或論中國現代性的問題時，明代都是關鍵期。同樣重要的，有重要文化意義的臺灣史也是在明代展現的，明鄭時期濃縮了中西兩地與明清兩朝的文化衝突與轉折於此一島嶼。明代的影響就在我們身邊，或者說：就在我們身上，繞不過去的。

明亡於崇禎，但史家論明亡原因，常將禍因遠溯至萬曆。明朝皇帝的總體特色在於大有作為，從開國的朱元璋到煤山自縊的朱由檢（崇禎帝）莫不如此。萬曆皇帝恰好相反，他的政績之中最匪夷所思者，在於他非比尋常的不作為。中國史上，要找到如萬曆帝之不識不知，無思無為者，再無第二帝。偏偏他在位甚久，長達四十八年，政壇的中樞神經幾乎長期癱瘓。但何先生蒐集萬曆時期書畫甚豐，越收集越感萬曆一朝之文質彬彬，光輝燦爛。他相信後人對萬曆一朝的總體判斷需要調整，萬曆皇帝的無為不見得是懶，而是無為而無不為。萬曆三大征就不是無作為，萬曆時期東來的傳教士看到的中國也是禮樂衣冠的天朝。

歷史的判斷難免依不同的視角而立，何先生的說法是翻案，是一家之言。但他的「翻」是有本的，他的論證最大的本錢來自於他豐富的收藏傳達出的文化訊息。退一步想，即使何說不能視為定論，它仍有重要議題的意義。雖然論者可以反駁道：萬曆一朝的書畫與同一時期的政經軍事局勢大有齟齬，文化的盛世不等於政治的盛世。但我們也可以反過來想：萬曆一朝縱使真是衰世，衰世之說傳達出來的真相更值得重視。因為連衰世都有如此耀人心目、輝照千古的文化表現，那麼，中國的盛世可知矣！

序

晚明的世界，世界的晚明

鄭培凱（中華學社社長、香港非物質文化遺產諮詢委員會主席）

中國歷史源遠流長，錯綜複雜，過去一直有「一部二十四史，不知從何說起」之嘆。長期以來由於「政治掛帥」的歷史觀深入人心，總是把改朝換代作為理解歷史的基調，講起中國歷史，就以官方寫史的維度，逐一敘述王朝的興衰陵替，細說「夏商周、秦漢隋唐、宋元明清」。二十世紀的劇烈歷史變動，促使史家觀點多元，以不同角度探索中國歷史變化的脈絡，有的從社會結構與階級變動著眼，提出唐宋變革，劃分了貴族世家霸權統治轉變為科舉選士的文治架構。強調思想文化的學者，則從文化精神與意識形態著眼，指出春秋戰國與五四新文化運動是中國歷史發展的兩大拐點，前者奠定了傳統中國社會思維的格局，後者開創了現代中國的面貌。二十一世紀全球化進行得如火如荼，更令史學家放眼全球，以世界史的角度來思考中國歷史的演化，就特別關注中外文化交流，注意交通貿易所產生的物質文明擴散與中外文化思想的相互影響，開始聚焦於大航海時代的晚明中國。

傳統史家對晚明的敘述，一般比較負面，是作為朝代覆滅之前的衰世來看待的。晚

明政府陷入黨派鬥爭，文人沉溺於詩酒風流，社會貧富懸殊，階級分化嚴重，最後出現明末造反民變，再加上滿清崛起關外，在在都使得傳統史家認為，萬曆一朝導致明代的覆滅。然而，這種觀點有其可議之處，甚至充滿歷史判斷的謬誤，忽視了萬曆一朝人們生活的實際狀況。我們假如不以政治成敗論英雄，不以政權興替作為歷史評價的唯一標準，放在全球歷史發展的大格局來看，就會發現，晚明的商業經濟繁榮、社會風氣開放、思想自由活躍、文學創作蓬勃、藝術探索創新、生活品味精緻，是當時全世界最先進、最發達的文明地區，譜寫了世界史在早期全球化時期，最為精彩奪目的篇章。

何國慶先生作為書畫收藏家，長期以來專注明末清初的書畫作品，特別是十六世紀後半到十七世紀初的萬曆時代，的確是別具慧眼，揭示了晚明歷史的世界性文化意義。他的收藏不但集中了具體的藝術品，為藝術史研究提供寶貴的材料，而且可以聯繫書畫作者的社會網絡與人際關係，呈現了晚明社會的千姿百態，讓我們在四百年後，如睹其人，如聞其聲，從筆走龍蛇的藝術展現到友朋往來的書牘投贈，看到了時人思想感情的互動，甚至展現了中外文化交流的動向。

這本書中的第一篇「中西交流與全球化」，略述晚明中國在早期全球化扮演的角色，並藉著利瑪竇來華接觸的士大夫，列舉徐光啟、焦竑、祝世祿、王弘誨的書跡，以實物展現這些協助中西文化交流的人物。其中說到思想家焦竑（萬曆十七年狀元）是徐光啟的恩師，也是介紹徐光啟與利瑪竇結識的關鍵人物。焦竑考中狀元的「同年」，有陶望齡（探花），是袁宏道兄弟的摯交，一同開創了公安派文學思潮，並且崇仰及宣揚徐渭

的文藝成就。同榜成為進士的，還有二甲第一名董其昌（傳臚）、三甲的祝世祿、高攀龍等人。焦竑特別推崇的好友李贄，在晚明思想界是特立獨行的思想家，也在南京因為焦竑與徐光啟而結識了利瑪竇。可以由此推知，萬曆期間思想開放的知識群體，在文藝見解與創作上都有探索精神，與早期全球化這個時代激起的社會結構鬆綁，及其衍生的社會文化創新能量，是息息相關的。

李贄與利瑪竇來往密切，思想有過交鋒，曾特別介紹過利瑪竇（西泰）的思想言行：

承公問及利西泰，西泰大西域人也。到中國十萬餘里，初航海至南天竺始知有佛，已走四萬餘里矣。及抵廣州南海，然後知我大明國土先有堯舜，後有周孔。住南海肇慶幾二十載，凡我國書籍無不讀，請先輩與訂音釋，請明於《四書》性理者解其大義，又請明於《六經》疏義者通其解說，今盡能言我此間之言，作此間之文字，行此間之儀禮，是一極標致人也。中極玲瓏，外極樸實，數十人群聚喧雜，讎對各得，傍不得以其間鬥之使亂。我所見人未有其比，非過亢則過謟，非露聰明則太悶悶瞶瞶者，皆讓之矣。但不知到此何為，我已經三度相會，畢竟不知到此何幹也。意其欲以所學易吾周孔之學，則又太愚，恐非是爾。

李贄的觀察十分精準，發現利瑪竇是極其標致的人物，聰明絕頂，學殖深厚，謙虛樸實，但卻說不準他來華的動機。李贄推想，若是利瑪竇想以西學（包括基督教）來取代中國傳統儒學，未免有點過分，讓他相當疑惑。李贄的疑惑，可能反映了當時心胸開放

的士大夫知識人的態度，即使對利瑪竇的傳教事業存疑，卻對中西文化碰撞的思想交流感到濃厚的興趣，展現了晚明思想開放的時代精神。李贄曾經寫了〈贈利西泰〉一詩：「逍遙下北溟，迤邐向南征。刹利標名姓，仙山紀水程。回頭十萬里，舉目九重城。觀國之光未？中天日正明。」這首詩讚譽了利瑪竇迢迢萬里來到中國，結尾卻誇耀大明帝國的文化榮光，中天日明，反映李贄在接觸西方文化思想之際，湧現的是文化自信。

何先生書中展示的書畫收藏極為豐富，有明代文臣武將的書跡，也有思想界、文學界、藝術界的名家手跡，更有科技、方外、婦女等類別，反映了晚明文藝思潮的活潑與躍動，同時也展現早期全球化對傳統社會的衝擊，促成了藝術想像的探索。

目次

第五篇

藝術與文學

崑曲：聯合國人類非物質文化遺產
書法：浪漫書風，氣勢恢宏
繪畫：十七世紀的中國繪畫獨步全球
文學：眾聲喧嘩，抒寫性靈

前言

萬曆時代的中國人形象

——富而好禮

十六世紀，歐洲傳教士來到明朝的中國，驚嘆世上竟然有這個「烏托邦」。那時，中西兩方在科學、文學、藝術、思想等各方面平等交流、相互尊重。明朝中國社會的政府體制、經濟、交通、城市規劃，以及中國人彬彬有禮、整潔、文明、謙虛的性格特質，令外國傳教士讚不絕口。也許現代人難以想像，但若翻開明人筆記，或者戲曲與小說，我們會發現，中國歷史上曾有那樣美好的時光：人才濟濟，富而好禮，自重人重。

社會生活

政府治理井井有條

「明朝中國政府是由一群博士（進士）來治理的。」利瑪竇讚嘆中國政府以極度的智慧治理百姓，內閣制度發展高度成熟。一六四〇年代，葡萄牙人克路士來到中國，說道：「中國比其他國人口多，國土大，政體和政府優越。」現代研治明代政府體制的專家，密西根大學榮譽教授賀凱（Charles O. Hucker），也認同明代政府是同時代世界上最成功

的龐大的政府。

明朝官員並非手無縛雞之力的讀書人，他們注重實踐、親自躬行。有像王守仁、唐順之那般允文允武的將官。也有像翁大立、潘季馴等實際場勘，站在百姓立場來規劃建設工程的治水名臣。居鄉的士大夫們聚徒講學、評議朝政，如明朝著名的東林領袖顧憲成曾說：「風聲、雨聲、讀書聲，聲聲入耳；家事、國事、天下事，事事關心。」明朝的知識份子們，在朝時成為利益百姓的官員，在野時就宣揚天下興亡為己任的理念。

經濟繁榮

由於明朝政府優越的政體，平民們安居樂業。只要與老百姓生活息息相關的各行各業，如農業、漁業、商業、餐飲、貿易、交通、航運、紡織、陶瓷、出版、娛樂、演藝、家具、建築等等，都以巨大的創造力高度發展，受到世界各國人的喜愛。明代晚期，全世界因歐亞貿易流入中國的白銀占全球的三分之一（約一萬噸白銀）。由於中國生產的陶瓷、絲綢、茶葉等大量銷往國外，一六〇〇年中國的GDP占全世界四分之一，中國可說是地球村中的精品工廠！

傳教士曾德昭來到中國，讚嘆這片土地的富饒與貿易的發達：「這個國家的財富值得稱羨，……他們還把所有東方最好最貴重的商品售賣給外國人。」門多薩描述中國人經濟活絡與致富之因，是由於勤奮，「中國食品豐富，講究穿著，家裡陳設華麗，努力工作勞動！大商人和買賣人使中國成為全世界最富饒的國家。」因為賺錢取之有道，「人

們長壽愉快，老人精力旺盛」，經濟繁榮的表象之下，還有充足、飽滿的精神生活。

交通發達

有明史研究者指出，明代農業稅低、商業稅更低，這對經濟與交通影響至鉅。一五九八年利瑪竇隨著南京禮部尚書王弘誨，沿著大運河想要取道南京，前往北京。利瑪竇觀察到無數裝有貢品的船隻絡繹不絕地駛往京城。大運河上之所以能有這麼多艘貨船航行，是由於明代的船隻通行稅（船鈔）在整段航程中，只在揚州、淮安等數處關口，被徵收一次（最多二次）關稅。低稅的政策使得運河沿岸商業發達，航運也欣欣向榮。

明代的陸運同樣便捷。宋應星《天工開物．序》中描述了萬曆年間的交通盛況：「幸生聖明極盛之世，滇南車馬，縱貫遼陽，嶺徼宦商，衡遊薊北。為方萬里中，何事何物不可見見聞聞？」由於交通極端發達，新事物、新資訊更快速的進到百姓日常生活當中。可以說，《天工開物》這本中國工藝百科全書，是宋應星靠著便捷的交通網絡，闖南走北才寫成的！

城市美觀

明朝中國人被認為是全世界最好的工匠。門多薩說：「大道都認真盡力的修築和保持平坦，城鎮的入口很講究，極其雄偉，有三座或四座門，用鐵堅固地包覆。他們的街道鋪得很好，寬到十五騎可以並行，而且很直，以致它們儘管很長，你仍可望到盡頭。」大道平坦寬闊、城門堅固雄偉，明朝的城市規劃令外國人嘆為觀止。人們居住的房屋不

僅漂亮，而且還在屋邊布置花園：「他們的房屋一般都很漂亮，通常在門外整齊的植樹，顯得美觀，給街道生輝。房屋內部都白如奶汁，看來都像是光滑的紙，地板用很大和很平的方石鋪成，天花板用木料製作，結構良好並且塗色，看去像是錦緞，色彩金黃，顯得非常好看；每座屋舍都有三個庭院和種滿供觀賞花草的院子。他們無人不備有魚塘，儘管它只是小的。庭院的一方布置得很華麗。」總之，又美觀、又耐用。中國人所追求的內外和諧，充分表現在建築工藝視覺與實用的平衡當中。

人文素質

極為乾淨

明代〈朱子治家格言〉起首便說：「黎明即起，灑掃庭除，要內外整潔」，以打掃作為一日之始，不論居室或內心，「內外整潔」是第一要務。傳教士門多薩也注意到中國人愛乾淨：「他們第一是極其清潔，不僅在他們的屋內，也在街上。」伯來拉也說：「全中國的人和我們一樣，坐在椅子上就高高的桌子吃飯，儘管不用桌布和餐巾，仍是那樣整潔。……他們用兩根棍子（筷子）取食，不用手接觸食物。」這是高度文明國家的用餐禮儀。另一種乾淨是來自中國人扶弱濟貧的內心。門多薩從未見過有中國人行乞，因為每個城市裡都有收容所，其中有很多給窮人、瞎子、瘸子、老人、無力謀生的人居住的房屋。在他們活著的時候，始終有充分的大米供給。這些人可以在上述的大館舍中安養天年，此外他們在這些地方養有豬和雞，因此窮人無須行乞也能生活。這真能讓現代

人引以為鑒，我們不忍街友的居住品質，卻不知明朝社會是這樣照顧「弱勢族群」的。中國人不僅自身愛乾淨，更慷慨行善，推己及人，淨化社會！

禮儀之邦

中國人是文明有禮的民族。利瑪竇說：「人們衣飾華美，風度翩翩，百姓精神愉快，彬彬有禮，談吐文雅。中國這個古老的帝國以普遍講究溫文有禮而知名於世，仁義禮智信是他們最為重視的五大美德。對於他們來說，辦事要體諒、尊重和恭敬別人。」我們的祖先以禮儀之邦而揚名國際，這是中國人共同的驕傲。伯來拉更進一步稱讚：「吃飯文明，講話也文明，論禮節他們超越了其他所有的民族。」禮儀不應徒具形式，更需發自內心對待日常生活的人事物。更進一步來說，禮儀不僅體現在人與人的交往，更具有改變社會狀態的力量。王陽明的弟子及其後學於居鄉時，主導家族建立宗祠，凝聚宗族的向心力，又舉辦講會，闡述睦族之道。而在出任地方官時，大力贊助刊刻簡明的禮儀書籍，並召集學生、童子演習禮儀。明代中國人身體力行，將禮儀的精神與實踐普及於一般大眾，值得現代人深刻反思。

謙虛的美德

治水名臣翁大立曾與萬恭合作《孔子觀欹器圖》。欹器不盛水時，傾斜而無法放置端正。若注入滿滿的水，又會向另一則翻倒。只有在水量適當時，可以擺放端正。君子時常將這種欹器放在座右，提醒自己時時謙虛。《易經》中也記載：「有一道，大足以守

天下，中足以守國家，小足以守其身，謙之謂也」，可見從遠古以來，中國人就至為強調謙虛的美德。曾德昭看見了這一點，他說：「中國人爽快的讚頌鄰國的任何德行，勇敢的自承不如，而其他國家的人，除了自己國家的東西以外，不喜歡別的東西。中國人看見來自歐洲的產品，即使並不精巧，仍然發出一聲讚嘆。……這種謙遜態度真值得稱羨，特別表現在一個才能超越他人的民族上。」如今我們比起明朝更加富有了，在財富曲線增長的同時，莫忘了我們祖先的諄諄教誨，謙虛與禮儀是中華文明的重要內涵。

翁大立、萬恭，《孔子觀敧器圖》局部。翁大立是明代治水名臣，曾與潘季馴合作治理黃河水患。圖中三個敧器，左邊裝得太滿而傾倒，右邊沒有盛水而歪斜，正中間水量適當才能擺放端正。

瞻仰大師丰采

十七世紀的科學天才萊布尼茲曾說：「我們很難用語言來形容，中國人是如何完美地致力於謀求社會的和平與建立人與人相處的秩序，以便人們能夠儘可能地減少給對方造成的不適。」又說：「我們從前誰也不信世界上還有比我們倫理更美滿、立身處世之道更進步的民族存在，現在從東方的中國，給我們以一大覺醒！」其中所言的「立身處世之道」正含納於謙虛與禮儀當中。因為明朝中國人的文化是如此可敬，傳教士們率先學習漢語、改穿儒服，甚至為此改變天主教的某些教規，接納中國祭祖祭孔的習俗，大批中國精英士人因此加入天主教。中國最早成為天主教司鐸的吳歷，更主張推行「華化天學」*。明朝時，中國與歐洲是以尊重的態度相互學習、文化交流的，可惜明亡後中斷了，否則天主教也可能像佛教一樣，發展出中華人文的特色。

＊「華化天學」是一種具有中國人文特色的天主教。

從鴉片戰爭以來，西方挾船堅炮利武力叩關，以強凌弱，殖民亞洲，造成被壓迫國家人民極大的痛苦。回看萬曆時代，明朝身為世界大國，卻沒有侵略別的國家，也沒有殖民的行為，把別國變成自己的領土。馬來西亞前總統馬哈迪（Mahathir bin Mohamad）曾表示，中國和馬來西亞有上千年和平友好的貿易交往，中國從來沒有占據或殖民馬來西亞的意識，和西方的殖民主義完全不同！菲律賓總統杜特蒂（Rodrigo Duterte）也說：「中國從來沒有侵略過菲律賓。」二十一世紀，中華民族再度站上世界舞台，東西方世界應當平等交流、互相尊重。如今恐怖攻擊頻傳，發生世紀難民潮，人心惶惶，而造成恐怖主義的原因更多種多樣。我認為，世界各國應該參考明朝不向外侵略的原則，這種模式才是世界和平的基礎。湯恩比（Arnold Joseph Toynbee）曾說，中國比西方更成功之處在於，中國在和平而有規律（peace and order）、相對較安定的環境中，成功地維繫了數百萬人的團結一致。這個現象的內在邏輯，值得我們深思。

能夠收到這些名賢的書跡，對我而言是特別的緣分。我編寫這本書，希望讓現代人親眼看到這些墨跡，從他們的選紙、用墨、印章，感受他們運筆書寫的情景與心境，大師的手采躍然眼前，充滿光輝的生命力！他們一起創造了一個文明、繁榮、創意、開放的時代，他們就是值得我們學習、禮敬的祖先。「哲人日已遠，典型在夙昔」，我想要仿傚司馬遷《史記》列傳的方式，「藏諸名山，傳之其人」，用真實的作品、貼近生活的故事來呈現明代大師的生命智慧。至聖先師孔子曾說，「貧而無諂，富而無驕，未若貧而樂，富而好禮者也！」擁抱富而好禮的文化資產，推己及人，這個地球村將會更加和諧美好。

第一篇

中西交流與全球化

中華之偉盛，除未奉天主，實無敵於世……中華非一國也，乃一天下也……柏拉圖烏托邦，實存於中土乎！

——利瑪竇

白銀帝國，文明的黃金時代

我曾拜讀樊樹志教授的大作《晚明史》，並有機會到復旦大學拜訪他。他認為晚明時期，中國在全球經濟中占有重要地位。他並且提出一個重要概念：「中國全球化的起點在明朝」。晚明時期，歐亞各地的商人都前來中國貿易。由於中國精緻的絲綢、高品質的瓷器占有技術優勢，深獲西方人喜愛，熱銷全世界，造成大量的貿易順差。歐洲人將在美洲開採的銀礦拿來與中國交換貨物，日本也拿自產的白銀與明朝貿易。全球的白銀大量流向中國，有學者形容當時的中國，就像一個「銀窖」。明代小說《金瓶梅》中描寫當時上酒館所需的花費：一罈金華酒，兩隻燒鴨，兩隻雞，一隻豬蹄，一些魚、一些點心，滿滿一桌豐盛的酒菜，合計「一兩五錢銀子」，換算為臺幣約三到四千元。間接證明了當時物價便宜，人們的生活過得挺不錯。中國白銀的產量不多，但明朝後期人們卻用銀兩購物，這也是因為對外貿易賺得的白銀太多，致使明朝採用銀本位制，白銀成為通行貨幣的緣故。

明朝中國堪稱世界精品工廠，當時的歐洲貴族們，家裡若沒有擺放一些中國瓷器，或是婚嫁時沒有拿出來招待客人，就顯得品味不夠高，因此上流階層爭相購買。外銷至世界的不只瓷器，中國茶也在歐洲大為流行，英國人因為受到中國茶文化的影響，後來在十九世紀出現了下午茶（Afternoon tea）的優雅習慣。歐洲迷戀明代文化的程度遠超過唐

宋，如同英國知名藝術評論家喬納森・瓊斯（Jonathan Jones）所評論的：「『明』（Ming Style）在西方已經成為一個認同率很高的品牌，成為中華文明黃金時代的一個縮寫。」

對歐洲啟蒙運動的影響

二〇一五年，我在中正紀念堂「萬曆萬象」展場中，遇到一個義大利的家庭，正好來自傳教士利瑪竇的家鄉。他們糾正了我對利瑪竇姓名的發音，並且對利瑪竇的事蹟相當熟悉。他們說至今當地人都奉利瑪竇為偉人，非常崇敬他。他們的小兒子現正在臺灣大學求學，雖然不像利瑪竇以傳教為目的，但他們飄洋過海來到東亞交流的情境卻有雷同之處。

明代自鄭和遠航西洋，他繪製的全球航線圖，啟發了西方的海上探險，這便是全球化的開端。全球化肇端於十四世紀初，隨後葡萄牙、西班牙建立全球海上航路。直至十六世紀末，耶穌會士來中國傳教。義大利人利瑪竇精通中文，他撰寫許多論文與譯著，向中國知識份子介紹西方文藝復興後的歐洲文化，也將西方的科學教授給中國士人。他帶來的世界地圖不僅成為萬曆皇帝寢室中的屏風，自鳴鐘也讓皇帝愛不釋手。利瑪竇也扮演了中西文化的橋樑角色，他透過書信、回憶錄，以及翻譯中國的經典《四書》、《五經》，使中國的思想文化傳播到歐洲。他是第一位閱讀中國文學並研究中國典籍的西方學者，

人們尊奉他為漢學家的始祖。

十七、十八世紀時，中國悠久的歷史、儒家的道德哲學、道家的生活智慧，以及漢語的結構與意義，都進入西方人的視野，成了他們模仿的對象，以及創作靈感的來源。啟蒙主義者對於中國人文精神裡沒有上帝，而是以孔子為尊的觀點十分嚮往，影響了十八世紀西方的啟蒙運動。德國十七世紀的科學天才萊布尼茲（Gottfried Wilhelm Leibniz, 1646-1716），在義大利遊玩時結識了曾派遣到中國的傳教士，對中國產生了濃厚興趣。他在去世前數個月，完成了一篇討論中國自然神學的文章，他如此評價中國：「中國是一個大國，它在版圖上不次於文明的歐洲，並且在人數上和國家的治理上遠勝於文明的歐洲。中國有極其令人讚佩的道德。」法國啟蒙思想的領袖伏爾泰（Voltaire, 1694-1778）說，中國文化是「新的精神和物質的世界」。他欣賞中國的政治體制與道德領袖孔子，他認為中國人最深刻瞭解、致力完善的東西是道德和法律。中國可以作為歐洲的榜樣，孔子更可以作為歐洲的思想導師。在道德上，歐洲人應當成為中國人的徒弟。中國人與自然和諧共存的態度影響了英國的自然神論，推動了啟蒙運動的開展。

中西文化的頻繁交流

除了商品和資金的流通，人才大量東來，帶來西方的科技與哲學、宗教思想，中西文化

早在近四百年前，像《遠西奇器圖說》這樣專業的機械工程書就已翻譯介紹來華。左圖：義大利原本，一五八八年出版。右圖：王徵翻譯編繪，一六二七年出版。

與藝術碰撞出美麗的火花。有學者歸納西方人眼中的中國，傳教士引進了社會性的中國、伏爾泰等學者重視哲學性的中國，還有透過工藝及絲織品進入歐洲人視覺與觸覺的感性的中國。初來乍到的傳教士們，驚訝這片沒有上帝治理的土地如此豐饒美好，並感嘆烏托邦的世界竟然就在明代。中國自宋元以來就是科技大國，但晚明的科技成就最為亮眼。當時人對科學的興趣濃厚，王徵年輕時就是發明家，喜歡製作有益民生的工具，人稱「小諸葛亮」。他早年篤信佛教，後來受洗成為天主教徒，得以接觸大量西學書籍。王徵整理出版了《遠西奇器圖說》，介紹西方的力學與機械。藉由書名中的遠西（遙遠的西方）可以知道，在當時人的觀念裡，世界的中心在東方，至到十九世紀後，才變成遠東（遙遠的東方）。

在思想交流方面，傳教士來到中國傳播天主教，金尼閣攜帶七千冊西文書籍漂洋過海而來（今剩餘四百多冊）。中國的儒家經典也被翻譯為拉丁文，在歐洲出版，影響了十八世紀的啟蒙運動。農作物與植物的傳播在東西文化交流

中也扮演了重要角色。葡萄牙、西班牙商人將美洲的作物如甘藷、玉米、辣椒等傳入中國，徐光啟看中了甘藷耐旱抗寒、生命力旺盛的特性，他在家中開闢實驗農場，親自種植，並且向皇帝上疏，主張推廣甘藷為救荒作物，拯救了戰亂時無數的家庭。

此外，中國的醫學知識也透過傳教士傳播歐洲。波蘭籍傳教士卜彌格（Michel Boym, 1612-1659）於南明弘光元年（1645）來到中國，在明朝覆亡之際帶著永曆帝嫡母王太后和司禮太監龐天壽寫給羅馬教皇的信件赴歐洲求援。最後教廷並沒有出兵援救，卜彌格回到中國，病逝於廣西邊境。卜彌格的成就是不朽的，他出身於醫學世家，從小就耳濡目染，在中國生活時，他實地探訪中國醫生的治療情況，記錄了大量第一手資料。他撰寫的《中國植物志》是第一部歐洲人介紹東方動植物的著作。他還編著了《中國醫藥概說》、《中國處方大全》，這些是首先將中醫介紹到西方的著作。書中附有人體經絡圖，並列舉了大量中國藥物，對中醫的脈診技術更是大為推崇。可以說，十七世紀的歐洲人透過卜彌格對中國的醫藥、動植物和礦物得到全面理解。

卜彌格是將中醫學傳至西方的第一人。

西學東漸：科學思想的引介

在中國歷史上有二次大規模的西學東漸，即西方學術思想傳播到中國。第一次在明末至清初這段時期。明朝萬曆年間，耶穌會的傳教士陸續從歐洲來到中國，在傳播天主教教義之餘，也引介了許多西方的科學技術和學術思想，其中最有名的就是利瑪竇。當時對中國的影響主要在天文學、數學和地圖學方面。利瑪竇於萬曆三十三年（1605）所輯著的《乾坤體義》，被清代《四庫全書》的編纂者稱為「西學傳入中國之始」，即可見其重要性。

除了天文學、數學和地圖學以外，科學家王徵與傳教士鄧玉函共同翻譯了《遠西奇器圖說》，這是一部圖解機械學著作。而徐光啟在改革明朝軍事上的努力，都靠著其弟子孫元化來實踐。孫元化向徐光啟學習數學與西洋的火炮知識。他後來擔任兵部司務，隨著遼東經略孫承宗督理邊務，協助袁崇煥駐守寧遠。

學者黃一農認為，西學和西教在明末的影響力，是透過奉教士大夫的人際網絡，在知識界傳播開來。利瑪竇之所以能夠成功地進入中國主流社會，為士大夫與皇室所接受，除

卜彌格的《中國植物志》出版於一六五六年，是歐洲最早實地記錄中國動植物的書籍。

了自身的聰慧和學養外，還要歸功於幾個很有智慧與先見的政府官員，如：幫助他在南京落腳的王弘誨、為他開啟北京大門的祝世祿、把徐光啟介紹給他認識的焦竑，還有在他過世後為他向皇帝請求賜葬於北京的首輔葉向高。

明末傳教士來華的主要目的——傳播天主教，也在利瑪竇科學傳教的策略之下，得到部分中國士大夫的接受。利瑪竇在《天主實義》一書中提出「天儒合一論」，將天主教義與儒學融合，以尋求華夏傳統的認同。徐光啟、李之藻、楊廷筠等名臣被稱為「聖教三柱石」。利瑪竇與艾儒略等人能受到中國士人的敬重，是因為他們在還沒影響中國知識份子以前，自己就先華化，並且開始了中西融和的進程。他們的國學涵養與人格，終能被中國士人接受，成為其中的一份子。

梁啟超在《中國近三百年學術史》中評價明末的曆算學為「中國智識線和外國智識線第二次接觸」（他認為晉唐間的佛學為第一次）。在西學東漸的新環境，學界空氣變換。之後有清一代學者，對於曆算學都有興趣，而且喜談經世致用之學，這都是受到利瑪竇和徐光啟等人的影響。

漢學東傳：影響日本和朝鮮文化

早在漢唐時期，中日之間的文化交流與政治互動就很頻繁。文學、藝術、宗教等各方面以及貿易往來都很發達，日本還派遣了許多留學僧來華，可說是中日文化交流史上第一次高潮。朝鮮與中國山水相連，自古以來兩地互有往來，中韓交流更時常扮演中日交流的橋梁，許多文化都是先傳至朝鮮，再傳到日本。

現在流行的韓劇中，可以看到朝鮮的衣冠文物、禮樂法度，都遵照中國的形制。小孩子一滿八歲，就教他《孝經》、《四書》。朝鮮人透過觀察和記錄，學習中國，改變自己國家的風俗。遭受豐臣秀吉武力侵略的朝鮮宣祖李昖也曾說道：「中國，父母也；我國與日本同是外國也，如子也。以言其父母之予子，則我國，孝子也，日本，賊子也。」這段話看出當時朝鮮對中國的傾慕，和對日本的鄙棄。

明清易代之後，朝鮮因為懷念明朝，除了外交文書，並不使用清朝的年號，還稱清國皇帝為「胡皇」。使者來華的出使記錄，在明朝時命名為《朝天錄》，在清朝時則稱《燕行錄》，一個是說「去天朝出使」，一個是說「去燕京出使」，這兩者大有不同。在明朝滅亡後約莫一百年的時間，整個朝鮮社會都還存在著敬慕明朝、蔑視滿清的意識。

講到明朝時的日本，絕大多數人會想到「倭寇」一詞。當時日本被稱為「倭國」，從十三至十六世紀就有海盜活動於朝鮮及福建一帶。中日交流最激烈的形式是戰爭，嘉靖、

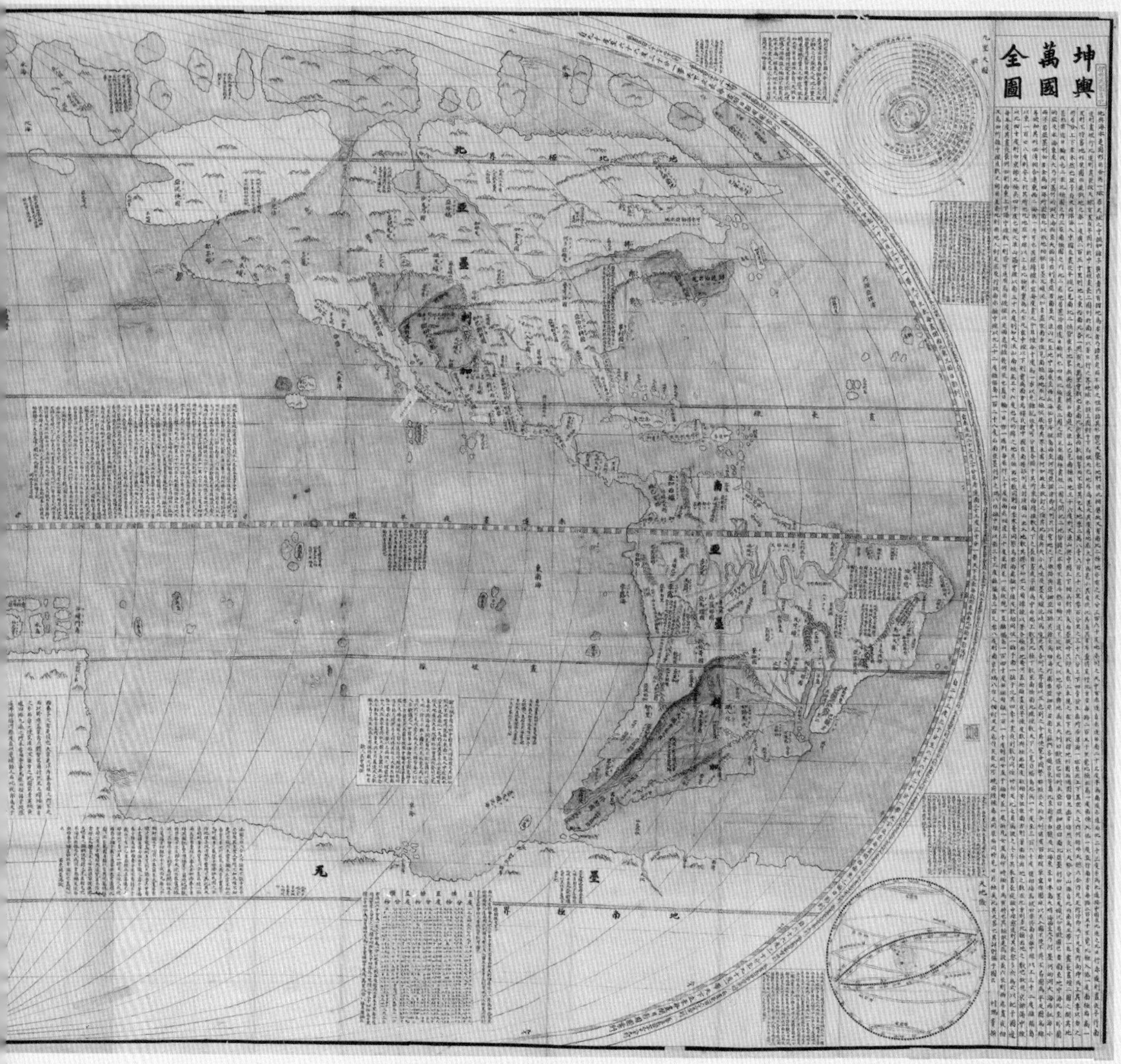

坤輿萬國全圖

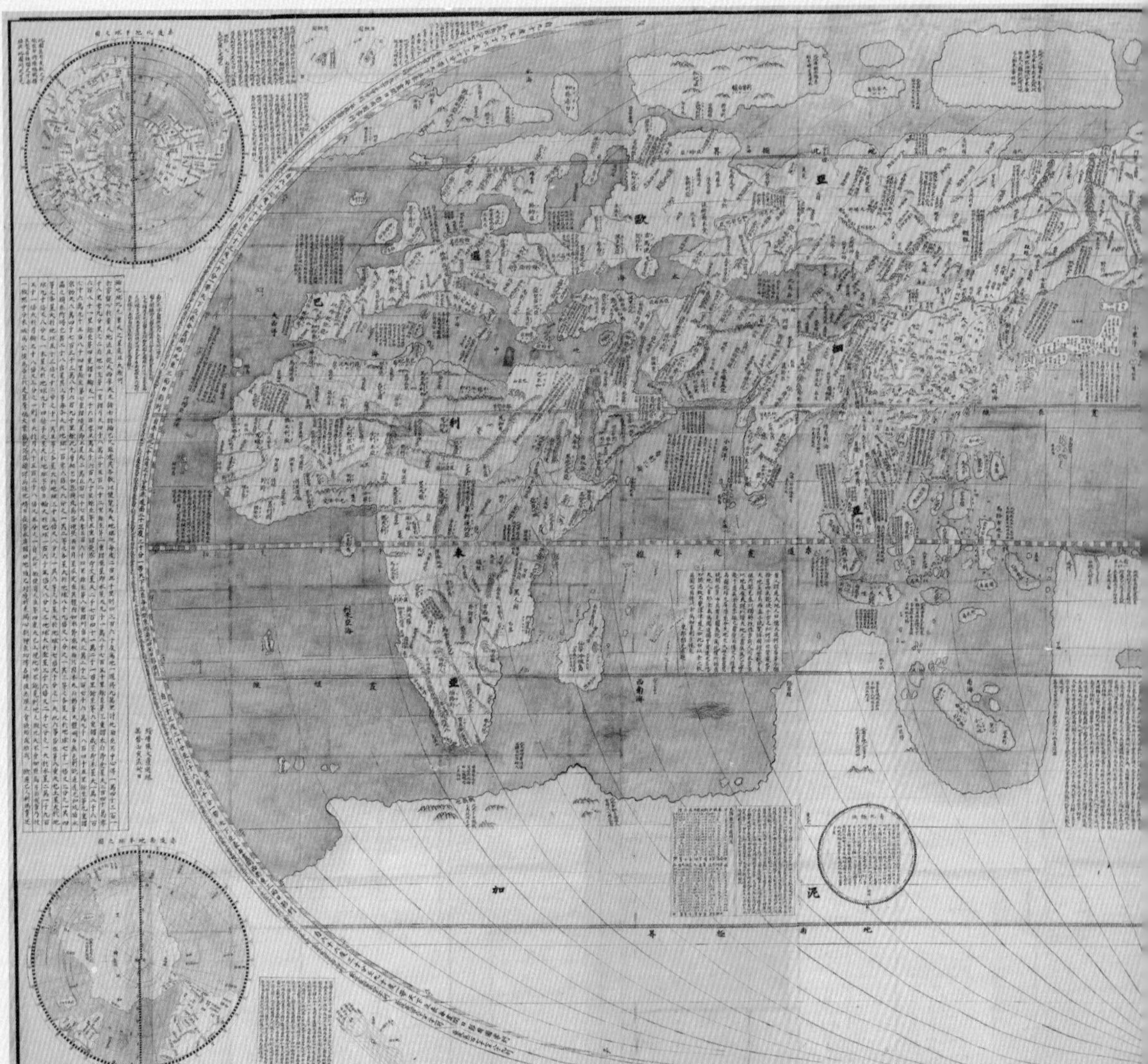

學者李兆良撰寫《坤輿萬國全圖解密：明代測繪世界》一書，指出該地圖上有超過千種以上西方人不曉得的中國地名，除非親自走訪該地才能得知。論證《坤輿萬國全圖》實際上是明代人所作，由利瑪竇取方志重新考訂而成。

該地圖讓中國的知識份子開了眼界，萬曆皇帝對它愛不釋手，把它做成屏風放在床頭。

萬曆年間，戚繼光帶領著戚家軍掃平浙江、福建、廣東的倭寇。萬曆二十年至二十六年（1592-1598），日本豐臣秀吉侵略朝鮮，萬曆皇帝派出軍隊抗倭援朝，中、日、朝三方更使用多種兵器、船艦，進行了一場軍事交鋒。此外，僧侶與明朝遺民在中日文化交流史上的貢獻也功不可沒，僧侶弘法海外，將黃檗宗傳到日本，也將其他技藝，如茶藝、陶藝、武術等傳至海外。

中國全球化的起點在明朝

「全球化」這個詞彙雖是當代思潮，但其概念與影響在古代已經存在。來自歐洲與日本的白銀影響了中國的經濟與政治，而中國的各種商品進入了歐洲人的日常生活，哲學思想則影響了啟蒙運動，這些事例都證明了晚明中國的開放性。我的好友卜正民是研究明史的專家，他在《塞爾登的中國地圖》書中研究一幅明代地圖，認為這幅地圖顛覆了人們對明朝「封閉保守」的看法，說明了「十七世紀初的中國人也會出國，也會參與海上貿易，他們瞭解外面的世界」。明朝中國一點兒也不封閉！這幅地圖證明了，區域性的貿易網絡當時已透過歐洲的船隊連繫在一起，歐洲船隊來到中國海域貿易後，便完成了全球化的網絡。

萬曆時代的全球化，以貿易為開端。當時的英國女王伊麗莎白一世就曾寫信給萬曆皇

一六〇二年，伊麗莎白女王一世寫信給萬曆皇帝，希望能夠加強兩國之間的貿易往來。此親筆信原作保存在英國蘭開夏歷史學會（Lancashire Archives）。

信件內容節錄

偉大的中國皇帝：

吾人認為：我西方諸國君王從相互貿易中所獲得之利益，陛下及所有臣屬陛下之人均可獲得。此利益在於輸出吾人富有之物及輸入吾人所需之物。吾人以為：我等天生為相互需要者，吾人必須互相幫助，吾人希望陛下能同意此點，而我臣民亦不能不作此類之嘗試。

耶穌誕生後一六〇二年，我王在位第四十四年，授於格林威治宮。伊麗莎白。

帝，希望加強兩國之間的貿易往來。那時還沒有蘇伊士運河，要寄信到中國必須乘船沿非洲西海岸南下，繞過好望角，穿過印度洋。當時的信使在途中遭遇船難，信件也沉入大西洋。一九七八年，信件被打撈起來，成為了明朝名聲遠播海外的歷史見證。一九八六年，伊麗莎白女王二世訪問中國，將伊麗莎白一世的信件複製品送給了中國代表。相隔三百九十年，這封郵件終於寄到中國了。

萬曆時期，社會上各方面都發生了劇變，樊樹志教授稱之為「晚明大變局」。中國並沒有錯過全球化，中國的商業、工業、知識界都吹進了新的風氣，打開了視野。我想透過真實存在過的明朝人物，藉由重探他們的生平言行，凝視他們的墨跡手稿，以尊崇敬重的心，告訴後代子孫：我們的祖先非常優秀，我們的身上有他們的DNA。「明朝」在西方人的心目中代表了珍貴、美麗，富有創造性的時代，我也最喜歡晚明的生活品味與文化氛圍。我誠摯地希望，傳教士們稱讚中國人「富而好禮」、「謙遜」、「極其清潔」的明代文化，能夠傳之永久。

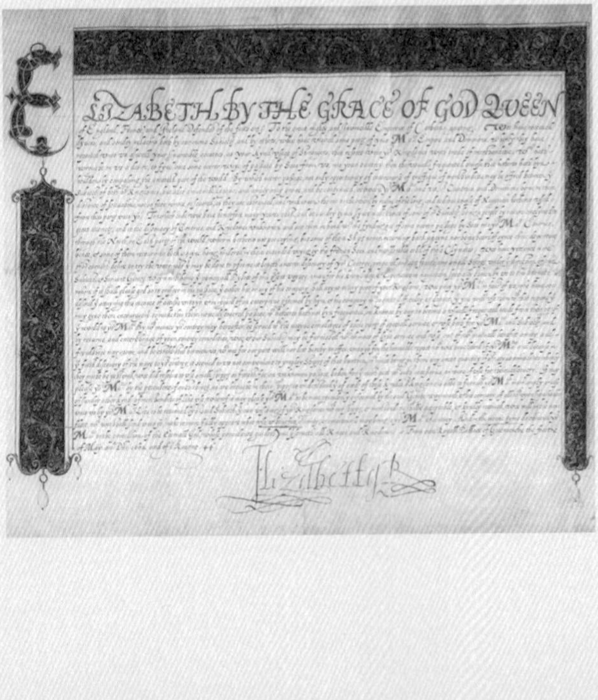
ELIZABETH BY THE GRACE OF GOD QUEEN

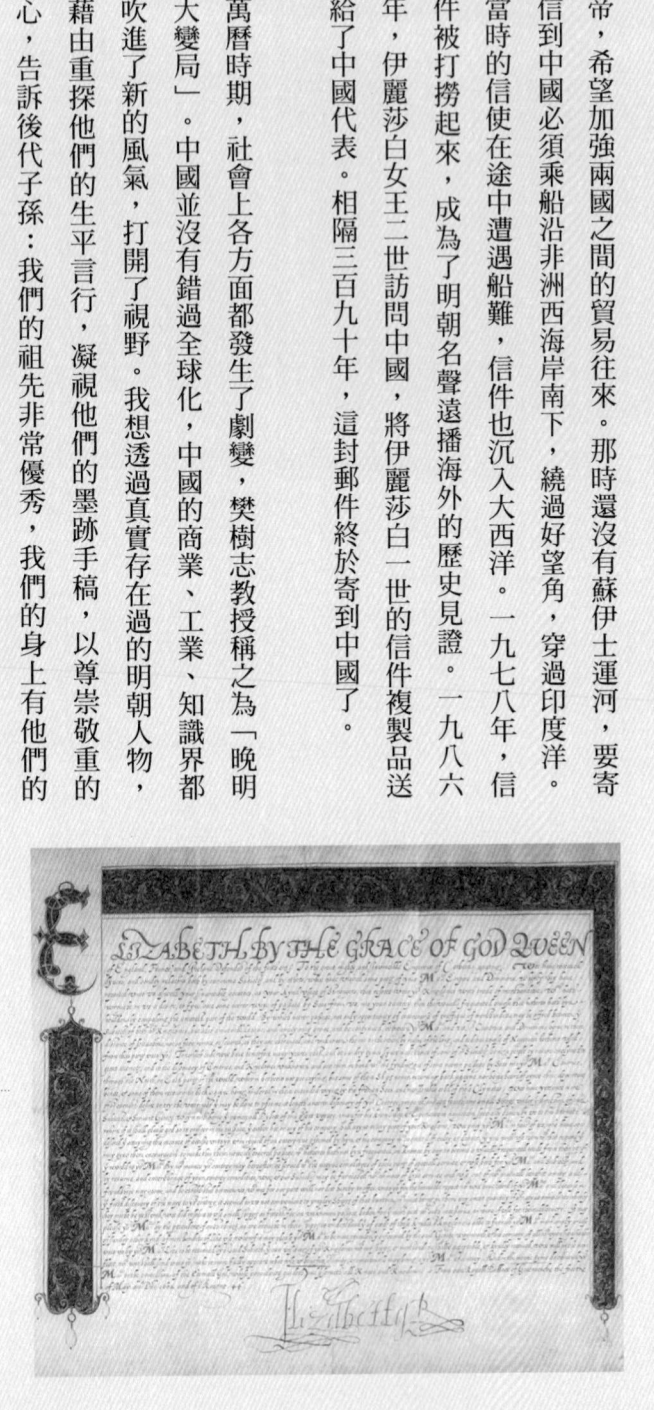

與萬曆皇帝交往的世界級領袖

▼萬曆皇帝（1563-1620）

明神宗朱翊鈞，年號萬曆，十歲登基，在位四十八年，是明朝在位時間最長的皇帝。萬曆前期有帝師張居正進行改革，社會經濟各方面都有發展，對外戰爭也都取得勝利，國勢呈現中興氣象。萬曆後期，皇帝數十年不上朝，但國家有內閣持續運作，文治武功堪稱鼎盛。

▼伊麗莎白女王一世（Elizabeth I, 1533-1603）

一六〇二年，英國女王伊麗莎白一世曾寫一封親筆信給萬曆帝，表示希望英中兩國能夠加強貿易往來。這封信隨著使者遭遇船難而沉入大海，卻在三百多年後被打撈起來，由伊麗莎白女王二世送到了中國。

▼ 西斯都五世（Sixtus V, 1520-1590）
一五九〇年，利瑪竇與羅明堅神父為教宗西斯都五世起草一封給萬曆帝的信，希望他能准允傳教士在中國傳播天主教。教宗也同意利瑪竇的要求，准許中國的天主教徒祭祖、祭孔。打破了天主教的慣例。（圖片來源：http://www.papalartifacts.com/）

▼ 利瑪竇（Matteo Ricci, 1552-1610）
明神宗萬曆十一年（1583）來到中國居住，受到中國士大夫的尊敬，人稱「泰西儒士」。萬曆二十九年（1601）來到北京，進呈自鳴鐘、《聖經》、《坤輿萬國全圖》、大西洋琴等物，得到萬曆皇帝的信任。他是最成功的傳教士，也是翻譯介紹中西文書籍最重要的漢學家。

▼ 豐臣秀吉（1537-1598）
日本關白。一五九二年，豐臣秀吉派兵二十萬侵略朝鮮，即萬曆朝鮮之役。他二次侵略朝鮮都被明朝聯軍打敗，因此抑鬱而死，他的後代也丟了政權。

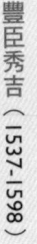

收藏本事

我將萬曆時代因為全球化而產生東西文化交流的現象，歸納為「西學東漸」與「漢學東傳」。西學東漸的參與人物主要是來華傳教士和中國的高級知識份子；漢學東傳的主要人物是中國學者和弘法海外的僧人。他們在東西交流史上扮演重要角色，也是推動全球化的重要力量。

利瑪竇

第一位獲得萬曆皇帝賜葬北京的傳教士

萬曆十年（1582），利瑪竇經羅明堅神父推薦，由澳門進入中國傳教。他在澳門努力學習中文，鑽研中文書籍，並換穿漢服儒袍。他在中國的足跡先後到過廣東的廣州、肇慶、韶州，江西的南昌，以及南京，之後長住北京。

利瑪竇傳教最成功之處，在於他的道德學問極高，受到知識份子尊敬。此外，他向士大夫傳播天主教，而非普羅大眾，以避免朝廷的疑慮。利瑪竇能夠用《四書》、《五經》解說天主教教義，也對中國傳統文化有深刻的了解，因此容許中國教徒祭天、祭祖、祭孔。除了傳教之外，他還廣交中國官員和社會名流，傳播西方天文、

利瑪竇（1552-1610），義大利籍耶穌會傳教士，生於嘉靖三十一年，卒於萬曆三十八年。

數學、地理等科學技術知識。他的記憶力非常好，許多中國人都想學習，他因此用漢語寫了一本《西國記法》，來介紹他的記憶方法。

利瑪竇將他在中國所見所聞寫成了《中國札記》，詳細記載萬曆年間中國的人文風俗。他認為，除了還沒有沐浴神聖的天主教信仰之外，中國的偉大乃是舉世無雙的。而且他還發現中國人非常博學，醫學、自然科學、數學、天文學都十分精通。他也對中國社會讚不絕口：「中國這個沒有上帝的地方，竟然治理得這麼好。柏拉圖的烏托邦，在中國是真實存在的。」

於一六一五年出版的利瑪竇《中國札記》在歐洲是一本暢銷書，是歐洲人了解中國非常重要的參考書。

利瑪竇博學多聞，一個外國人的名氣如此之大，在當時的社會中是非常特殊的現象。他每天忙著接待從各地來訪的客人，不管是朋友或不認識的人來信詢問天主教義，或是請他解釋著作當中的疑問，他都不厭其煩地一一回信作答。無論多忙，利瑪竇仍然抽空指導其他神父及教士，神父們佩服他做事情極有效率，而且沒有一件事是他做不來的。但利瑪竇也因此累壞了，最終病逝於北京。

利瑪竇、徐光啟合譯《幾何原本》，帶領中國知識份子接觸西方幾何學，是最早將西方數學觀念介紹給中國知識界的名著。江西文人徐世溥曾談到晚明多元的藝術與文化，特別稱許徐光啟和利瑪竇在曆法上的成就。曆法對古代中國而言極為重要，可見利瑪竇對中國文化的貢獻極大。

祝世祿

利瑪竇的重要贊助人

我在讀史的歷程中發現，明代中晚期的陽明學者受到實學思潮的影響，在為官任事上普遍有很強的能力，其中祝世祿就是這樣一個典型。他曾傾力幫助利瑪竇前往北京，利瑪竇的《中國札記》中寫道，祝世祿是當時神父們傳教事業的支持者當中，對他們幫助最大的人。

祝世祿，嘉靖四十三年（1564）舉於鄉，當時的名儒焦竑對他很欣賞。萬曆十七年（1589）登進士，初任休寧縣令，主張「衙門外寬一分，則民受一分之賜；衙門內嚴一分，則民受一分之賜。」寬以待民，嚴以待己是祝世祿的為政之道，他說過，「寧得罪於諸大夫，無得罪於群黎百姓。」顯然重視百姓的福祉，勝於上位者要求

祝世祿（1539-1610），字延之，號無功，江西德興人，生於嘉靖十八年，卒於萬曆三十八年。

的政績。

祝世祿任南京吏科給事中時，西方傳教士利瑪竇在當地得到他許多關照。根據《中國札記》，我們可以知道，祝世祿對利瑪竇的協助起碼有二件事：首先是保管「貢物」，其次是為利瑪竇進京保駕護航。祝世祿幫利瑪竇保管十字架、聖像、三稜鏡等貢物，點起了長明燈，將之奉為神物。利瑪竇第一次進京失敗後，於萬曆二十八年（1600）準備再次嘗試進京。當時祝世祿正好要派遣一支船隊入京進貢絲綢，於是把利瑪竇介紹給主事的太監，並給了太監一大筆錢，保證利瑪竇在整個旅程中都能得到最好的待遇，且託付他到北京後把利瑪竇介紹給最有勢力的宦官。臨行前，祝世祿還作了〈贈利瑪竇〉四首詩為他送行，並開立「官照」以保證沿路的安全。

萬曆三十二年（1604），祝世祿升南京尚寶司卿，不久後就懇請退休。當時，耿定向辭官歸隱於浙江天台，並在那裡授徒講學。祝世祿辭官後也前往學習，成為耿門

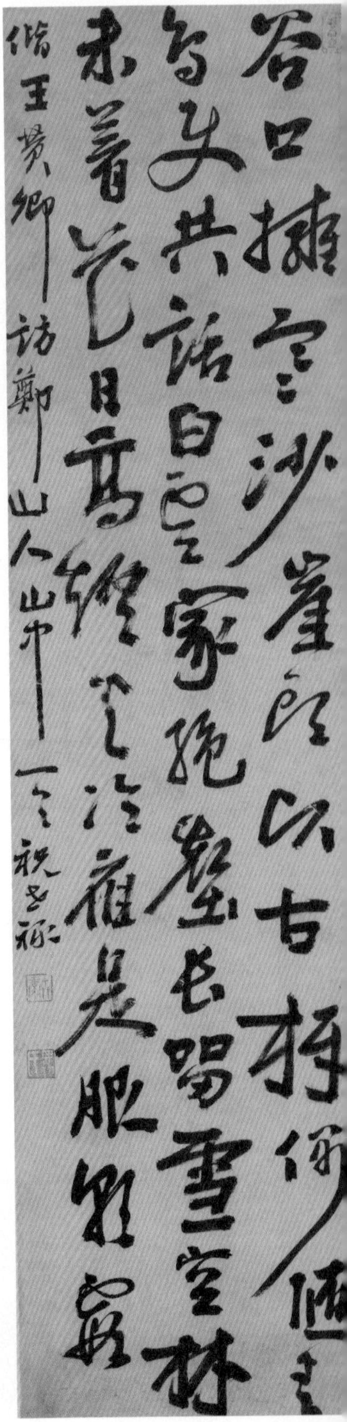

祝世祿，《偕王貰卿訪鄭山人山中》。祝世祿是「金陵十忙」中的「寫字忙」，他是傳教士利瑪竇的重要贊助人。

高足，並講學東南。他的學術宗王守仁、王畿心學，純以佛教思想融合儒學，主張以空無為宗。他又宗耿定向學術，另有「身在心中」的創見，大為黃宗羲激賞。《明儒學案》將祝世祿列入「泰州學案」。

祝世祿不僅是個忙碌的政府官員，還是位知名的書法家，常忙於書法應酬活動。莆田人姚旅的《露書》提到「金陵十忙」，其中就有「祝世祿寫字忙」。他的好友利瑪竇在札記裡也有記載，說他寫幾個字就能賣高價，可見祝世祿在繁忙公務之餘寫書法，為他帶來崇高的地位與豐厚的收入。

焦竑

介紹利瑪竇認識李贄與徐光啟

焦竑為萬曆十七年（1589）狀元，在擔任太子講官時，為皇太子編寫了一本《養正圖解》，蒐集歷朝培養儲君的方法，並請著名畫家丁雲鵬畫插圖。

萬曆二十五年（1597），他任鄉試主考官時，讀到落榜的徐光啟的考卷，大為佩服，認為此人將來必是一位大儒，決定將他提拔為第一。由於焦竑的個性梗直，得罪了

焦竑（1540-1620），江蘇南京人，生於嘉靖十九年，卒於泰昌元年。授翰林院編修。

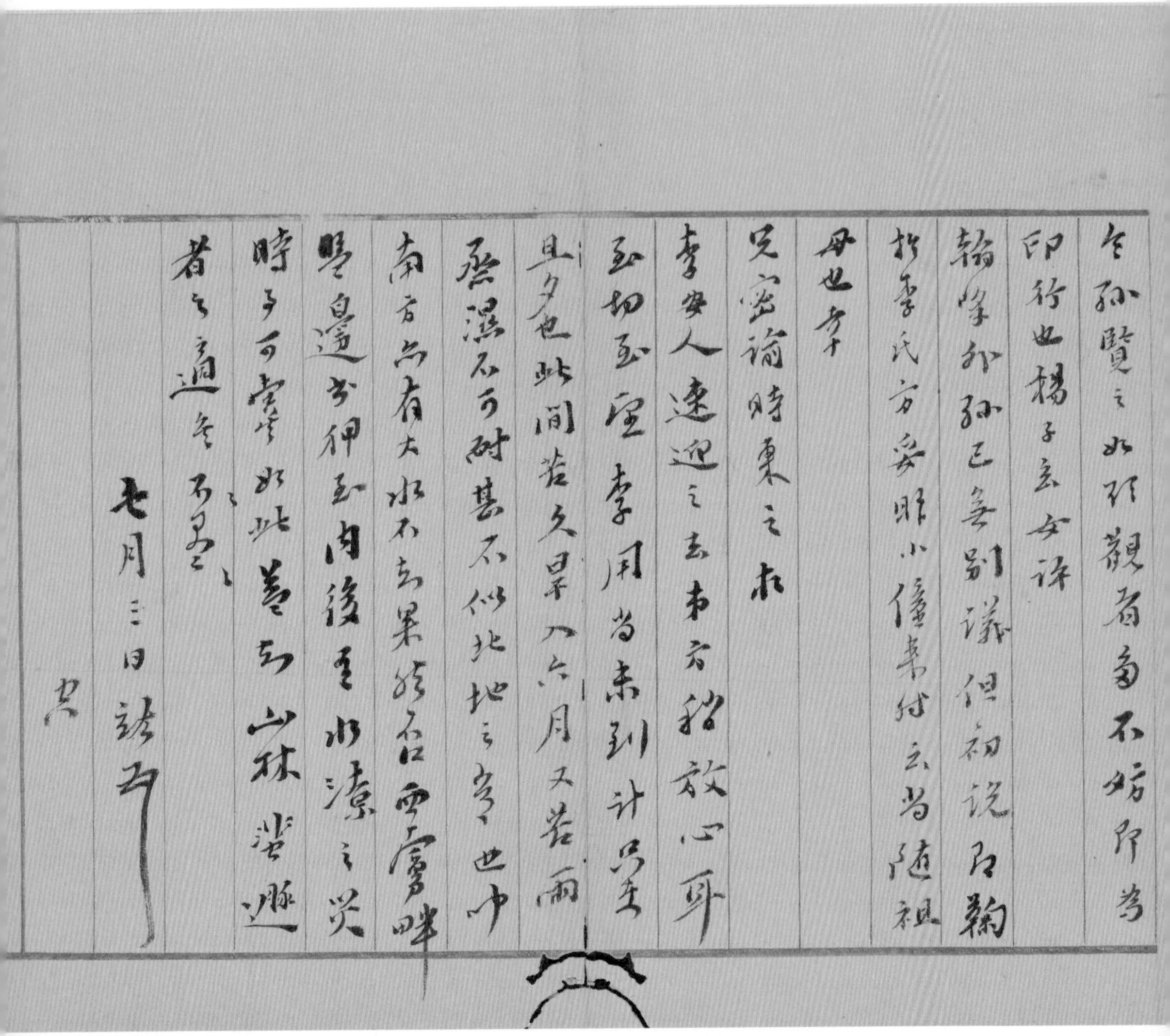

焦竑，《與某人書》。信文中表達了對時事的憂心。焦竑介紹徐光啟與李贄給利瑪竇認識，促進了中西文化交流。

不少政要，被貶官為福寧州同知，一年後辭官歸家。萬曆二十八年（1600），徐光啟前往南京拜訪恩師焦竑，在焦竑家中結識利瑪竇，後來兩人合譯《幾何原本》，貢獻至大。焦竑又將徐光啟推薦給自己的同年，登萊巡撫袁可立，使徐光啟在兵器方面的才能有了用武之地。

焦竑與思想家李贄過從甚密。萬曆二十七年（1599），李贄在徐光啟引薦下結識了利瑪竇，兩人都以開放的心態接觸西學。焦竑還協助李贄編輯文集，給予他很高的評價，並在李贄過世後重新印行《焚書》、《續焚書》。黃宗羲曾評論焦竑說：「藏書數萬卷，遍讀群書。南京是士人聚集之地，焦先生主持文壇，士人都像水往洞裡奔流般聚集而來。焦竑倡導的是理學，這點連王世貞也不如他！」利瑪竇也在《中國札記》中說焦竑是南京城內顯貴的公民，因為他中過狀元。焦竑素來有中國三教（儒、釋、道）領袖的聲譽，且在教中威信很高。

王弘誨

帶利瑪竇進入北京的禮部尚書

王弘誨在考試、當官的過程，體會到海南到雷州考試的辛苦，特請朝廷在海南設立

考場，方便學子。退休後，在家鄉造橋鋪路，並拿出大量積蓄，在家鄉蓋了藏經庫（圖書館），創辦尚友書院，曾當過太子老師的他，還親自授課。王弘誨七十五歲時病故，死訊傳到定安城裡，許多店家罷市以表哀悼之意，可見他在家鄉所做的公益事，深植民心。

王弘誨在翰林院庶吉士時，因仰慕同鄉名臣清官海瑞而與他交往。海瑞因罪下獄，入獄前帶錢到王弘誨住處並託遺言，若不幸喪命，幫他將遺體送回老家安葬，王弘誨四處奔走想營救海瑞，也常去探監，替他找醫生看病，直至海瑞出獄。他為了公義不畏強權壓迫，曾寫兩篇文章諷刺掌權的張居正。

萬曆十九年（1591），他辭官回鄉，途中遇到了正在廣州傳教的利瑪竇，兩人一見如故，相談甚歡，變成好朋友。七年後他官復原職，前往南京時經過韶州，與利瑪竇、郭居靜兩位傳教士會面，並帶利瑪竇到南京。剛到南京時並不順利，當時朝廷正在助朝鮮抗倭，又不巧碰到當地剛捕獲日本奸細，對外國人很敏感，利瑪竇只能住在船上。因為有王弘誨庇護，其他官員並沒有對利瑪竇不利。王弘誨以進貢自鳴鐘、三稜鏡等禮物為由，帶利瑪竇上北京，可惜當時還在抗倭，情勢緊張，沒有順利見到萬曆皇帝，待了一陣子又回到南京。抗倭結束後，南京對外國人不再過度防

王弘誨（1542-1615），瓊州定安人（今海南島），生於嘉靖二十一年，卒於萬曆四十三年。嘉靖四十四年（1565）進士，授翰林院庶吉士，官至南京禮部尚書。

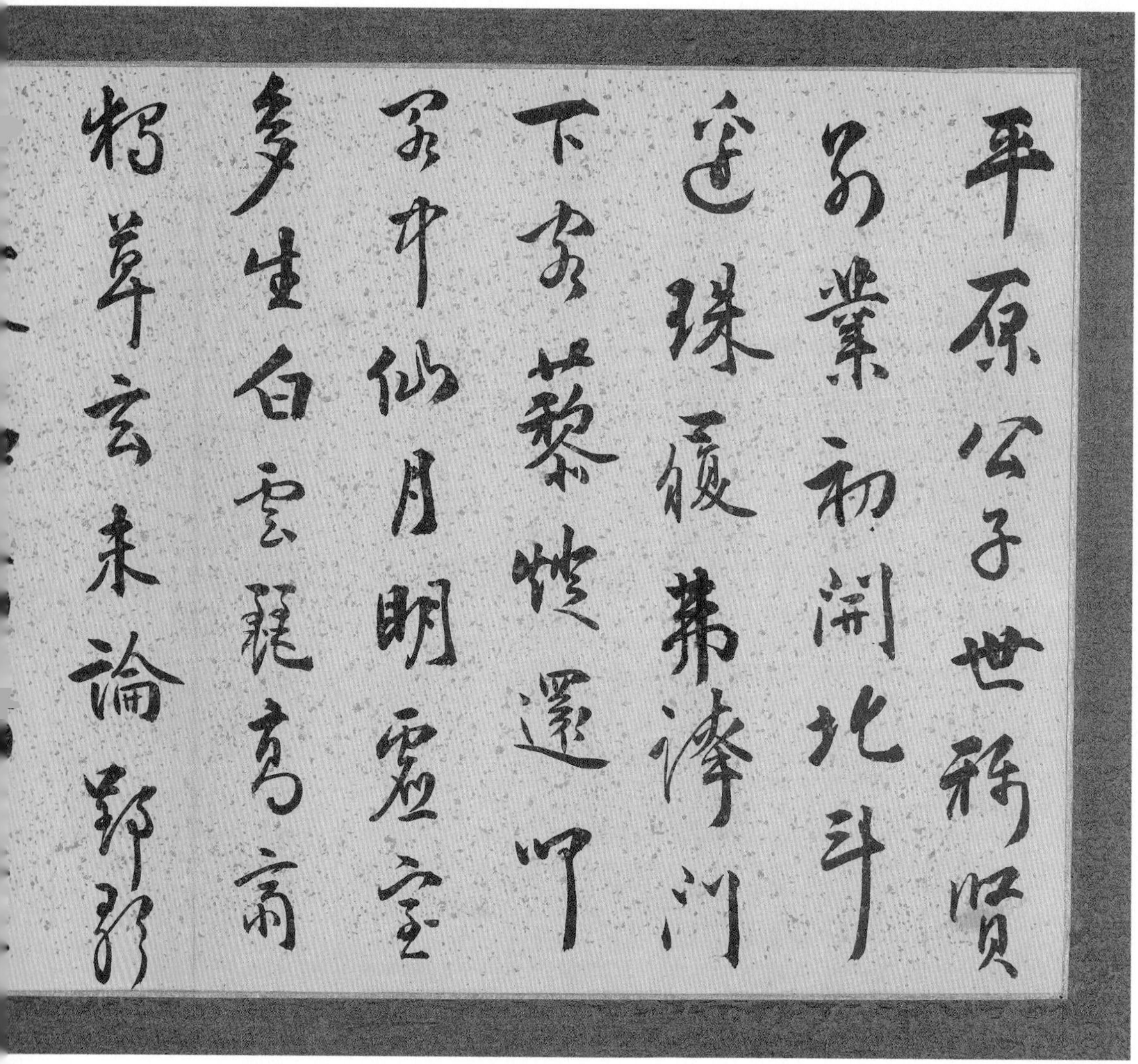

王弘誨，《題白雪山房詩》。此詩是為白雪山房主人李言恭而作。王弘誨是海瑞的同鄉好友，他以尚書的身分幫助利瑪竇進入北京。

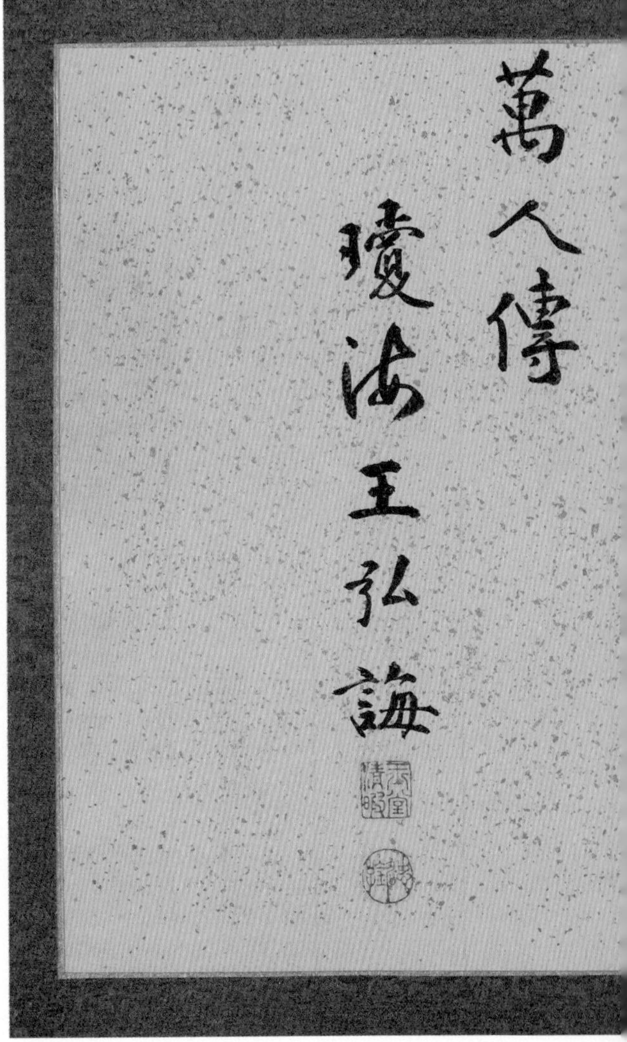

備，利瑪竇也透過王弘誨的引介，在南京結識了很多官員和朋友，得以順利買房、傳教。王弘誨可說是利瑪竇當時的貴人。

徐光啟

中西文化會通第一人

在臺灣，徐光啟給人的聯想來自於「光啟社」與「徐匯中學」。其實，這個名字代表的是中西文化交流的一段輝煌歷史。

徐光啟（1562-1633），字子先，號玄扈，教名保祿，上海人，生於嘉靖四十一年，卒於崇禎六年。

萬曆二十九年（1600），三十八歲的徐光啟到了南京，在老師焦竑家中見到仰慕已久的利瑪竇神父。兩人初次見面就談得非常投機，他評價利瑪竇為「海內博物通達君子」。他在這次會面中也首次聽利瑪竇談到歐幾里德的數學名作《幾何原本》，因此拜他為師學習數學。萬曆三十一年（1603），徐光啟在南京受洗，隔年就考上進士。徐光啟在翰林院工作之餘，投入翻譯《幾何原本》的工作，當年所譯的專有名詞，例如點、線、面、直角、鋭角、鈍角、平行線，至今仍被沿用。

徐光啟曾對利瑪竇說：「一物不知，儒者之恥。」因此用畢生心力學習各種知識。徐光啟精通曆學、天文學、數學、水利學、農學、軍事學各專業，在親自操作實踐之餘也寫出大量著作。例如，為了試種輸入的新品種作物，他在上海家中開闢了實驗農田，也就是今天「徐家匯」所在地。萬曆三十六年（1608）江南水患，徐光啟

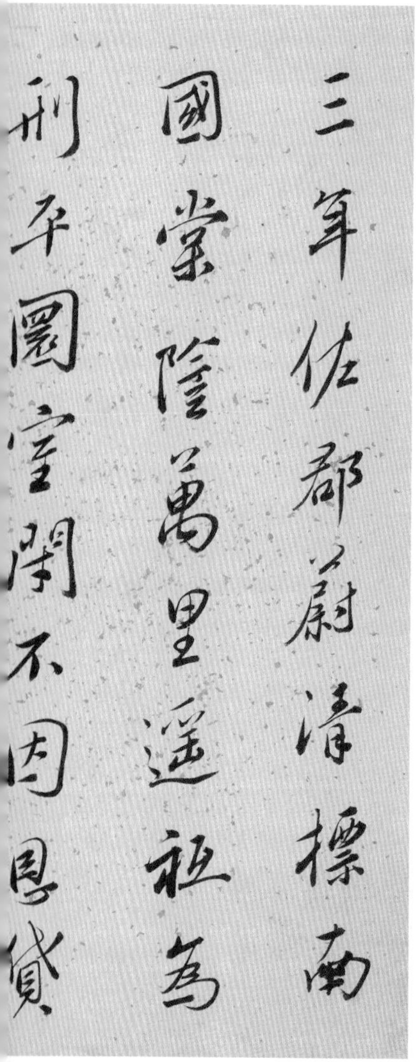

徐光啟，《題琴鶴高風詩》。為上海名賢陸萬言《琴鶴高風冊》而作。新北市徐匯中學、光啟社、上海徐家匯，這些名字都因徐光啟而起。

檻車消

晃旒正坐思孫緯間闈

方開憶帝堯課黌懸

知膺異寵諫垣成命出

中朝

海上晚生　徐光啟

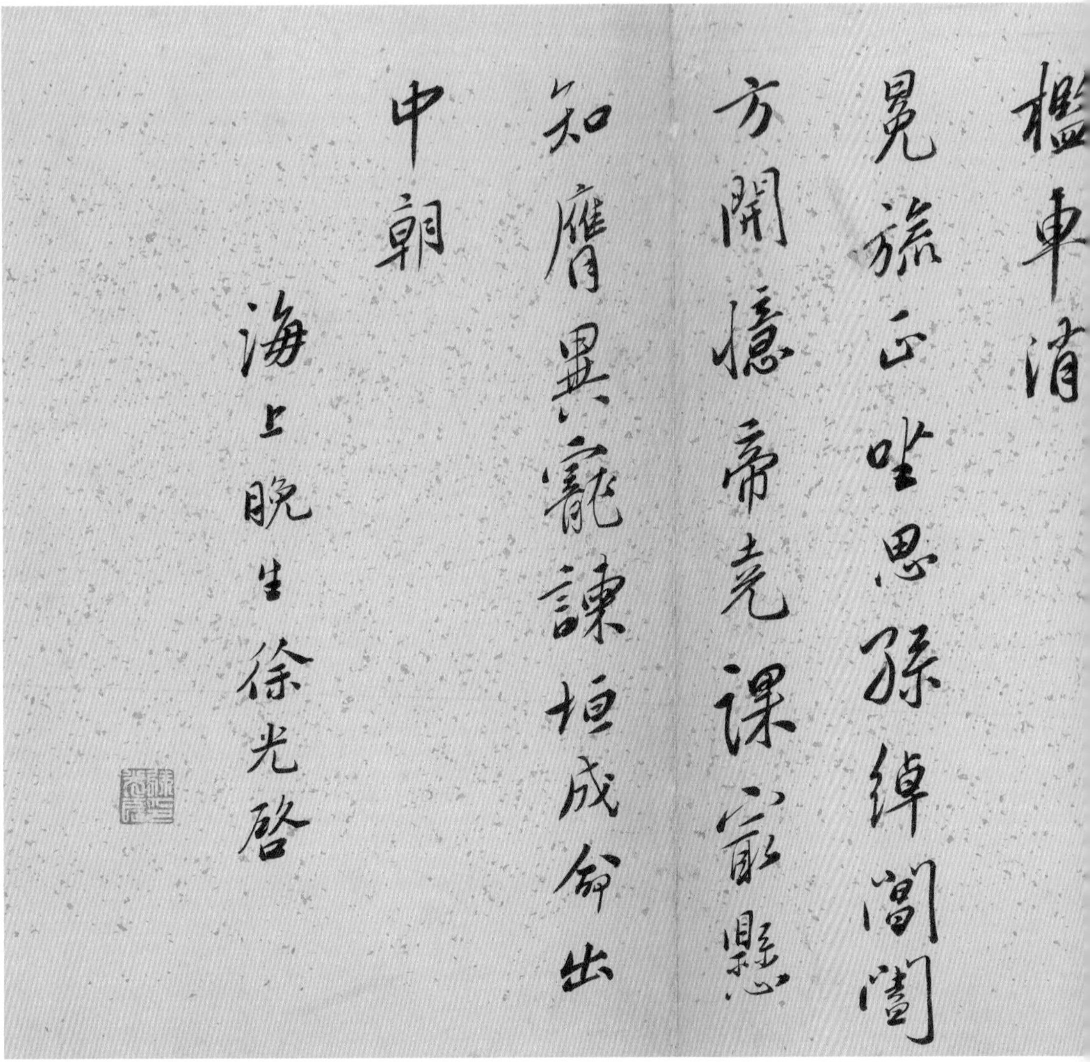

試種甘藷大獲成功。他破除了「風土不宜」的保守觀念，寫了〈甘藷疏〉向朝廷介紹甘藷的十三種優點。萬曆四十一年（1613），為解決南稻北運的耗費，他在天津南部開闢八百畝的實驗園區，嘗試在北方種稻，並栽種花草、藥草等新品種農作物，進行施肥、接種等科學實驗。流傳至今的農業百科全書《農政全書》，就是徐光啟畢生實踐的心血結晶。

在崇禎之前，明朝使用的曆書承襲元朝的《授時曆》，這部曆書已經使用三百多年，誤差很大。崇禎二年（1629），徐光啟建議改曆，皇帝因此開設曆局，委命徐光啟編修曆書。精通西洋曆學，也會製造天文儀器的徐光啟，將西方的天文學知識結合中國傳統曆法，使一般民眾都能瞭解並使用曆學。他在病榻上，還手捧曆書稿本校對，可謂鞠躬盡瘁。我們今日所使用的曆法，正是以《崇禎曆書》為基礎所修訂，從清初沿用至今。

徐光啟從接受西學的經驗中體悟到，科學的傳揚與發展能提升國家競爭力，因此產生「欲求超勝，必先會通」與「分曹」的理念。所謂超勝，就是透過西學的翻譯與國人的研發，達到與西方並駕甚至超越的目的；分曹則是分科發展，再進行學科整合。徐光啟曾經向崇禎皇帝提出「度數旁通十事」，建議在曆局內開展以數學為根

本，旁及氣象、水利、軍事、地理、醫學、會計、建築、音樂等分科研究，這樣的理念實際上也相當於明朝的國家科學院的規模了。

徐光啟講求變通、融會中西的學術精神，被學者們稱為「中西文化會通第一人」。

陳元贇

日本「起倒流」柔道創始者

陳元贇十八歲時科舉落榜，從此浪跡天涯，以讀書、作文、寫字、繪畫自娛。為了生活，也學過燒陶等技藝和日語。二十七歲時，更到河南少林寺學武術。萬曆四十七年（1619），他渡海到日本長崎，此後一直寓居日本。明朝滅亡後，他決心留在日本生活，並娶了日本妻子，生了一個兒子。最後病逝於名古屋。

陳元贇住在江戶的寺廟，教授寺中僧侶少林武功。後來他的徒弟們融合當時陳元贇所傳授的武術，創立了日本著名的「起倒流」柔道。陳元贇還將燒製陶器的技術帶到日本，被稱為「元贇燒」。

陳元贇（1587-1671），浙江杭州人，生於萬曆十五年，卒於康熙十年。

除了武術及陶藝，他還傳播公安派的文學主張。陳元贇與日本高僧元政上人為忘年之交，陳元贇年長於元政三十六歲，但因兩人都喜愛袁宏道的詩文，故有許多仿作與詩歌唱和。他們共同編纂的《元元唱和集》，是日本第一部公安派詩人的合集，對傳播公安派文學觀念有很大的作用。陳元贇還在日本廣泛行醫，他的醫術深受日本人推崇。他雖身居異鄉，卻不忘祖國，時常以「大明武林人」自稱，是對日傳播中國文化及崇揚氣節的重要人物。

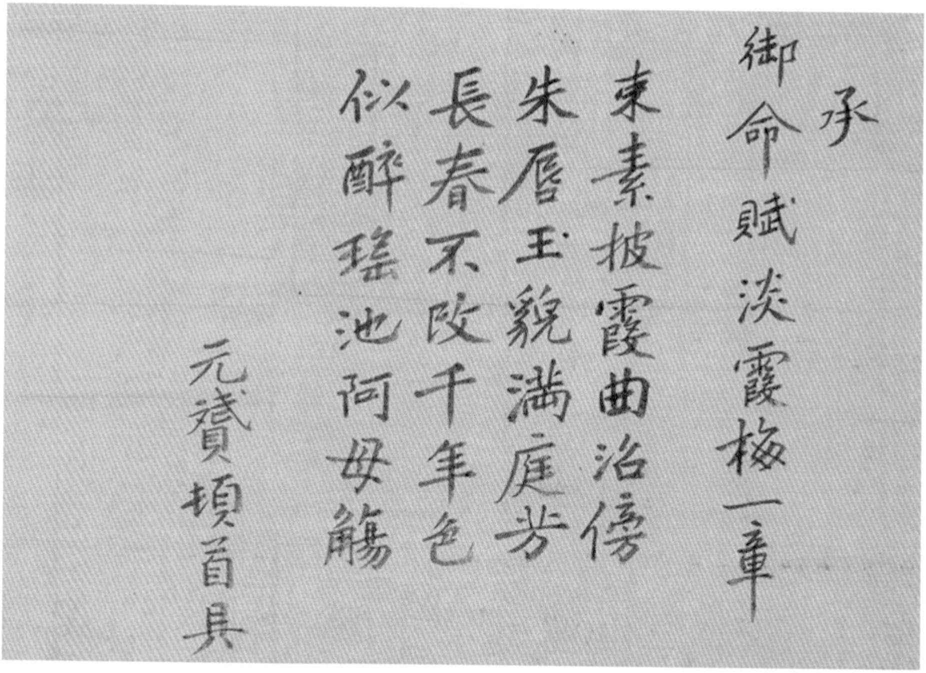

陳元贇，《承御命賦淡霞梅一章》。陳元贇是日本柔術「起倒流」的創始人，曾謁見江戶幕府第三代將軍德川家光，此詩即為奉將軍之命所作。

隱元隆琦

後水尾太上天皇的皈依師父

我去年到日本京都萬福寺參觀，買了寺中的佛經，我發現它漢字旁的日文注音竟是用中文發音，這在日本佛寺中是獨一無二的。現在寺廟住持雖然早已改由日本人擔任，但寺中的行事規範仍保留較多福建黃檗宗的樣貌。日本黃檗宗以萬福寺為大本山，之後開枝散葉，在日本各地有五百餘寺。

明末清初，福建沿海與日本商業往來漸多，留住日本長崎的中國商人逐次建立興福寺、福濟寺、崇福寺等「唐三寺」，招請福建福清黃檗山萬福寺的住持隱元隆琦東渡弘法。

隱元隆琦（1592-1673），俗姓林，福建福清人，生於萬曆二十年，卒於康熙十二年。

隱元隆琦於泰昌元年（1620）在福建黃檗山萬福寺出家。三十三歲赴金粟山（位於今浙江海鹽）隨密雲圓悟參禪。之後繼費隱通容為萬福寺住持，使黃檗山寺僧迅速發展，名震東南沿海。

日本萬福寺的經書，漢字用日文注音、中文發音。（作者提供）

順治十一年（1654），六十三歲高齡的隱元帶著二十多位弟子，搭乘鄭成

功的船艦到達長崎，唐三寺僧眾競相延請說法，崇尚明代禪宗新風氣和隱元高德的日本佛教信徒雲集而來。德川幕府四代將軍德川家綱、後水尾天皇都於此時皈依佛門，德川家綱選定山城國太和田（今京都宇治），賜地十萬坪給隱元建寺，並於萬治四年（1660）開工，四年後完成，名為「黃檗山萬福寺」。後即以此寺為傳禪基地，形成日本黃檗宗。

寬文四年（1664），隱元將住持位子傳給弟子木庵，退隱於松隱堂專心著述。寬文十三年（1673）病逝，後水尾太上皇賜號「大光普照國師」。嗣法弟子二十三人，其中木庵性瑫、即非如一專精書法，與隱元並稱「黃檗三筆」。

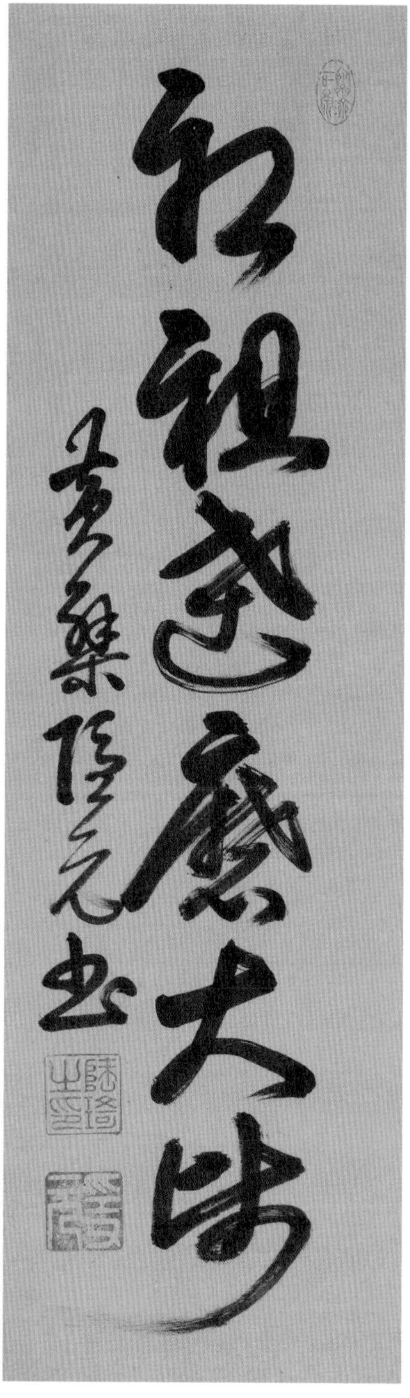

隱元隆琦，《初祖達摩大師》。隱元隆琦對日本佛教界影響很大，後水尾天皇皈依他，德川家綱更賜宇治的土地讓他建寺。

隱元在日本的影響非常大，以後水尾天皇為首的貴族、幕府人士，以及各地的商人相繼皈依黃檗宗。更發展出包含書法、茶道、建築、飲食、文學、雕塑多元面向的「黃檗文化」。

隱元所著《黃檗清規》，也成為日本禪宗清規改革修正的參考依據，給長期處於鎖國政策下，力圖擺脫形式化束縛的日本佛教，帶來新的活力。隱元將菜豆、扁豆東傳，日本人現在食用的豆類就有「隱元豆」。盛行於明代的煎茶，也由隱元傳入日本發展為「煎茶道」，成為品茶文化的重要形式。隱元隆琦在福建時，即與書法家張瑞圖友善，日後日本書壇喜愛張瑞圖書法，正是透過隱元的傳播而認識他的藝術價值。

獨立性易

將種痘術傳至日本

獨立性易是明末清初名醫、也是黃檗宗僧人、著名書家。少年時是儒生，博學能詩，還很會寫篆書和隸書。之後又從學於杭州龔廷賢，龔氏曾任太醫院醫官，獨立向他學習醫術，並對《素問》、《難經》等醫學名著有深入的研究。順治二年（1645），

獨立性易（1596-1672），杭州仁和人，原名觀胤，後易名笠，字子辰，號曼公，清初東渡日本後，以獨立性易名世。

南明弘光政權滅亡後，乃改名笠，以行醫為生，活動於浙江桐鄉、蘇州吳江一帶，與顧炎武等人參加「驚隱詩社」，以詩文抒寫明亡之痛。

明亡後，獨立與家人遠走他鄉，行醫餬口。順治十年（1653），他東渡長崎，時年五十八歲。數個月後，他結識了同樣住在長崎漢醫潁川入德家的朱舜水，二人共同生活了六個多月。著名的儒者安東省菴是潁川入德的病人，而潁川入德也是高僧隱元隆琦的贊助者。隱元隆琦於順治十一（1654）年東渡日本，獨立晤隱元禪師，薙髮出家，法名性易，字獨立，改號為「天外一閒人」。獨立自己形容他和朱舜水、安東省菴的相識是「千載一會」，對獨立性易與朱舜水的人生都有重大的影響。在寓居長崎時，獨立因為生活困苦，曾致書給朱舜水，勸他出家。朱舜水說，現在中國普天之下百姓都剃了頭，此事大不可草率為之，即認為出家人剃度和滿清薙

獨立性易，《養生銘》。相傳獨立性易精通醫術，並將種痘法傳至日本，有許多流傳在民間的醫書都託名為他所作。

髮之制非常類似，因而拒絕。獨立在七十七歲病危之時，致書朱舜水，文中提到「舊雨今雨，聲同聽同，……今復寄聲，不忘舊雨」，感念二人之間十九年的友誼。

獨立在日本剃度出家後，跟隨隱元和尚到攝津普門寺，司掌書記之職。之後去江戶，掛錫各寺。六十九歲那年，即非和尚在創建福聚寺時也曾前往協助勸化。這期間他除了弘傳黃檗宗外，更常以醫術濟世，遠近皆視其為神醫。他對詩文、翰墨、篆刻無一不精，亦僧亦儒，頗為時人所推崇。獨立在赴日之前即為明末知名學者及書家，在黃檗宗僧人中尤以善書著名。他的草書絕妙，書風與明末主要的書派不同，是僧侶之書，日本文人稱為「黃檗作品」，並且將他的書法懸掛於煎茶席中。當時的知名書家深見玄岱、池田嵩山都是他的弟子，對日本的書道文化有深遠的影響。

獨立曾說自己的醫學修養是親得真傳，他不只研讀醫書，更究心醫學三十餘年。他行醫的原則是臨機應變，如同他自己說的「術同道廣，治不視方，濟人及物，內外本行」。獨立最擅長痘科，在日本醫學史上評價極高。當時長崎一帶流行痘瘡（天花），獨立將治痘法與種痘法教給北山友松，並且培養出名醫池田正直。日本醫學史記載，獨立所著的種痘書籍有九種之多。在江戶末期，全日本著錄的痘科書共計八十三種，而署名戴曼公與他弟子的池田正直的醫書竟達四十一種之多。

自一六五三年東渡日本，到一六七二年逝世為止，將近二十年的時間，獨立性易以儒、釋、道、醫的身分，在中日文化交流史上留下寶貴的文化資產。日本史專家徐興慶教授說，獨立一生困頓，顛沛流離，由於情勢所逼，在儒、釋、道、醫之間游走，他的思想呈現出不斷突破瓶頸，在逆境中尋求新天地的努力。

朱舜水

日本孔夫子、傳拉麵到日本

我曾聽臺灣大學徐興慶教授說，日本三一一大地震時，茨城縣德川家族的墓都受到破壞，但是朱舜水的墓卻完好無缺。朱舜水是德川家族墓園之中唯一的異邦人，待

朱舜水（1600-1682），本名之瑜，號舜水，浙江餘姚人，生於萬曆二十八年，卒於日本天和二年（康熙二十一年）。

遇規格之高，可見他被尊為「日本孔夫子」的國師地位。我最近閱讀冲方丁撰寫的《光圀傳》，此書得到週刊朝日「年度最佳歷史小說」獎。書裡描繪了一段朱舜水製作拉麵和餃子給光圀吃的情節，原來德川光圀正是第一個吃拉麵的日本人！

崇禎十七年（1644，即順治元年），李自成率大軍攻入燕京，崇禎皇帝自縊，隨即清兵入關，攻破李自成，建立清朝。朱舜水雖不是明朝官員，卻仍極力奔走，意圖抗清，失敗後逃到安南國滯留。安南國王召見朱舜水，強迫他行跪拜之禮，朱舜水抵死不從。安南國王利誘他作官，他上書堅辭，並說：我流亡到此地只是苟且偷生，沒有其他的企圖，皇天后土都可以作我的見證。大王雖不以我無禮（不跪拜）而殺我，卻以召我作官傷害我的意志，這也等於殺害我。這段話表現了士可殺不可辱的遺民心志。之後，朱舜水仍不死心，為了募集反清的資金，在華南、日本、越南等三地從事海上貿易，將所得款項用來支持南明魯王和臺灣的鄭成功。他六十歲時甚至還參加了永曆十三年（1659，順治十六年）鄭成功發起的南京攻略戰。失敗後，朱舜水擔任鄭成功的使者，轉向日本求援。

同年冬，朱舜水來到日本長崎。次年，在筑後國（今福岡縣南部）柳川藩的學者安東省菴幫助下定居，結束流亡生活。日本寬文五年（1665，康熙四年）六月，常陸

冲方丁，《光圀傳》，新雨出版。

國（今茨城縣）的水戶藩藩主德川光圀*，愛到朱舜水德行的感召，力邀他治理藩政。朱舜水欽佩光圀將藩位讓予侄兒的高風，接受邀請，於同年七月抵達江戶，被聘為賓師（不居官而受到君主尊重的顧問職）。

水戶德川家是德川氏支系，御三家之一，所謂御三家是指除了德川將軍本家之外，擁有征夷大將軍繼承權的三大旁系，德川光圀的祖父是首代幕府將軍德川家康的第十一子賴房。朱舜水注重大義名分、實學實功，且尊敬天皇的思想，對德川光圀有深刻的影響。德川光圀發憤編纂《大日本史》，發揚正統，是日本尊王攘夷思想的肇始，促成幕府末期倒幕運動興起。末代幕府將軍是水戶藩德川慶喜，他以和平的方式將權力交還給天皇，史稱「大政奉還」。

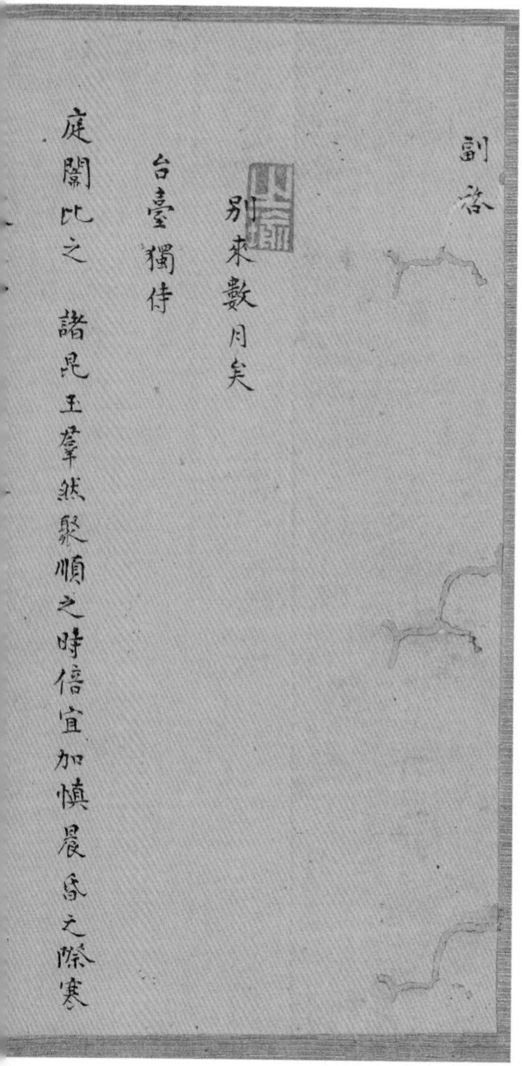
副啓
別來數月矣
台臺獨侍
庭闈比之　諸昆玉肇然聚順之時倍宜加慎晨昏之際寒

* 德川光圀就是日本電視劇中的水戶黃門。

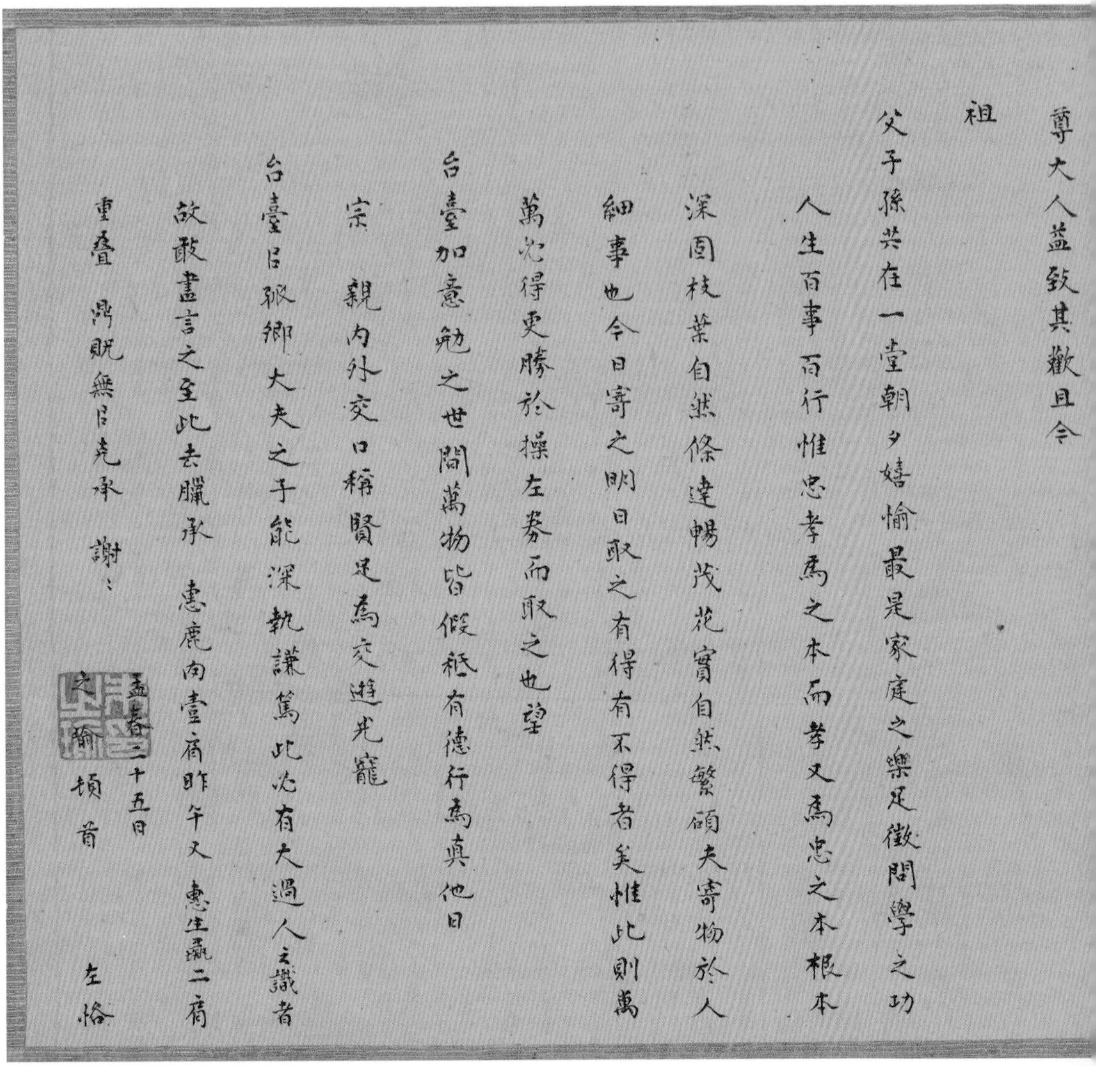

尊大人益致其歡且令
祖
父子孫共在一堂朝夕嬉愉最是家庭之樂足徵問學之功
人生百事百行惟忠孝爲之本而孝又爲忠之本根本
深固枝葉自然條達暢茂花實自然繁碩夫寄物於人
細事也今日寄之明日取之有得有不得者矣惟此則萬
萬必得更勝於操左券而取之也望
台臺加意勉之世間萬物皆假秖有德行爲真他日
宗　親內外交口稱賢足爲交遊光寵
台臺以賢卿大夫之子能深執謙篤此必有大過人之識者
故敢盡言之至此去臘承　惠鹿肉壹脔昨午又　惠生鰒二脔
重疊　渥貺無以克承　謝謝
孟春二十五日
之瑜　頓首
左右

朱舜水，《與德川光圀書》。朱舜水是水戶黃門德川光圀的恩師，影響了日本歷史與明治維新，他被安葬在德川家族的墓園，備受榮寵。

朱舜水一生身著明朝衣冠，志在恢復故國，受到日本人的尊敬。德川光圀送給他東京後樂園，朱舜水在其中建造明式園林。至今東京大學農學院內立有「朱舜水先生終焉之地」（朱舜水先生臨終之地）的石碑。朱舜水之墓在歷代水戶藩主的墓地瑞龍山（今茨城縣常陸太田市）。為了紀念他不忘故國，墓特地建為明朝的式樣。中、日、韓同在東亞文化的浸淫之下，透過頻繁的交流，各自保留了中國的傳統文化元素與精神，我們應當珍視這些極富特色的文化資產，並且薪火相傳，子孫永寶。

《與德川光圀書》

此信札未署收信人，但由內文中指收信人為「孤卿大夫之子」（「孤卿」相當於「納言」之官級，為正三品，乃朱之瑜對水戶藩主之尊稱），推測收信人為德川光圀（1628-1701），任水戶藩第二代藩主。信札中朱舜水談及家庭之樂、學問之本，並以忠孝勉勵德川一家，符合水戶學的基本精神。信中之稱謂用「台臺」，但信文充滿長者勸勉之意，也相當符合朱舜水比德川光圀年長三十多歲，但德川貴為藩主的年齡、身分之別。

我有一次欣賞東皐心越的畫作，發現上面竟有水戶藩主德川光圀的題字，很是驚喜，經過研究，發現東皐心越在中日文化交流史上有重要的地位。二〇〇〇年，日本水戶市出資在浙江浦江建造東皐心越紀念堂，之後更出資建立紀念碑，以紀念東皐心越對中日文化交流的貢獻。日本的琴道與篆刻文化，與明末高僧東皐心越有密切關係。心越是第一位將中國古琴帶至日本的僧人，而他的篆刻更開創了新的風氣。東皐心越是明末清初曹洞宗第三十五世僧侶，他八歲時在蘇州報恩寺剃髮，二十歲時奉覺浪道盛為師，道盛圓寂之後，再跟隨杭州顯孝寺闊堂大文求法。

闊堂圓寂之後，心越駐錫杭州永福寺。康熙十三年（1674），他參與吳三桂在浙閩一帶的反清起事，最終失敗。康熙十五年，心越正值三十七歲壯年，他應長崎興福寺澄一道亮之邀，以杜多儔或越杜多的化名自杭州東渡日本。當時正逢日本鎖國令，心越於康熙十六年至十七年（1677-1678）一直居住在長崎興福寺。在這期間，他與黃檗宗木庵性瑫和尚書信往返，木庵和尚非常盼望能見他一面。康熙十八年（1679），德川光圀的使者、朱舜水的學生今井弘濟與心越見面，表示德川光圀有意邀請心越至江戶。隔年，今井弘濟便與心越一同前往京都萬福寺，請求木庵性瑫的協助，然而最後仍被迫返回長崎。之後心越遭到誣告而下獄，被德川光圀救出，最後終於抵達江戶，入住德川光圀的別墅。後因德川的護持，心越移居天德寺，並

東皐心越（1639-1695），俗姓蔣，字心越，法名興儔，初名兆隱，號東皐，浙江浦江人，生於崇禎十二年，卒於日本元祿八年（康熙三十四年）。

改名為祇園寺，開堂說法，被尊為曹洞宗壽昌派開山祖師。

東皐心越曾向明末著名琴人莊蝶庵與褚虛舟學習古琴，開創了日本三百年的「琴道」。他以琴藝、書法和繪畫與日本人交往。流亡東瀛之時，他帶著國寶級的古琴五床赴日，其中有記載的是「虞舜」、「素王」、「萬壑松」這三床，價值不斐。「虞舜」由德川家收藏，藤田東湖在其琴匣上作記，目前收藏在東京國立博物館。他也帶去許多著名的琴譜，如嚴澂編輯的《松弦館琴譜》。著名的漢學家高羅佩曾撰寫一本《琴道》，肯定東皐心越對日本的影響。《日本琴史》一書也評價：「琴學盛於日本，實師（東皐）之功也。」心越也留下一本《東皐琴譜》，為圓寂後弟

東皐心越，《竹石花鳥圖》。畫面上方為德川光圀題字。東皐心越影響日本琴學，日本水戶市在浙江為其建紀念碑。

子所編纂。他的四傳弟子兒玉空空把心越尊為日本琴學的發軔者。心越的再傳弟子小野田東川也為他推波助瀾，著名琴人皆出其門下。弟子多達百人，盛況空前。

心越的篆刻作品也為日本篆刻注入新風象，他的治印風格有不少取法於漢印。現在日本茨城縣歷史博物館設有東皐心越的特別陳列室。

《竹石花鳥圖》

畫面上方有德川光圀題字：「好鳥不妄飛，孤栖石邊竹，風吹寒影動，恰恰雲相逐，西山題。光圀（花押）」。這件作品中的竹子被風吹過一陣，驚動了棲息在石頭上的八哥鳥，鳥兒抬頭張望觀察動靜，眼神正對著德川光圀的題詩，形成了巧妙的呼應。

第二篇

政治與軍事

自永樂爺九傳至於萬曆爺，此乃我朝第十一代的天子。這位天子，聰明神武，德福兼全，十歲登基，在位四十八年，削平了三處寇亂。……遠夷莫不畏服，爭來朝貢。真個是：一人有慶民安樂，四海無虞國太平。——馮夢龍《杜十娘怒沉百寶箱》

萬曆不上朝，文治武功表現出色

黃仁宇的《萬曆十五年》，書本內容描寫萬曆皇帝、張居正、李贄、戚繼光、海瑞這些不合流俗、富有創造力的人物，用盡全力也無法打破社會的體制和成規，最終走向悲劇的命運，而整個朝代也呈現大廈將傾的局勢。明朝給人政治黑暗、皇帝昏庸的刻板印象，直到我開始收藏研究明人的書法作品，在其中發現一個個令人景仰的大師們，我的想法完全改變了。黃仁宇描寫的是體制下掙扎的個人生命，我則想透過這些大師的生命歷程，呈現明代萬曆盛世的圖像及先賢的事跡。

萬曆皇帝數十年不上朝，被批評是荒廢朝政，進而導致明朝滅亡，我並不同意這樣的看法。假若不看萬曆皇帝的「出勤紀錄」，那我們要怎麼評價他做得好不好呢？我認為應該看他的文治與武功。然而《明史．神宗本紀》記載：「明之亡實亡於神宗」，清人趙翼《廿二史劄記》也說：「明之亡，不亡於崇禎而亡於萬曆。」這些話又是怎麼回事呢？清人寫明史有他們的政治立場和背景因素，不一定客觀。更何況現今是大數據時代，若根據其他文獻材料呈現的歷史事實來評價，萬曆朝的文治與武功是相當可圈可點的。

會選將、善用人，屢戰皆捷

大家耳熟能詳的「萬曆三大征」，是明朝在西北、東北、西南邊疆打贏的幾場戰役。

但我認為除了這三大征，還有另外幾場重要戰役。

萬曆十一年（1583），鄧子龍擊退進犯雲南的緬甸軍隊，直搗敵營，截斷緬軍糧道，活捉緬軍首腦，收復了部分失地。寧夏的蒙古人哱拜叛亂，全陝震動，李如松率軍前往救援，組織敢死隊，又決河攻城，平定了寧夏。播州土司楊氏家族治理西南七百多年，萬曆年間，第二十九代土司楊應龍盤據西南叛亂，戰火波及四川、貴州、湖廣，牽連數百萬人，郭子章臨危受命，到任貴州巡撫後迅速組建黔軍，平定亂事，被稱為「唐宋以來一大偉績」。蒙古部族三次進犯青海，都被龍膺打得落花流水，史稱「湟中三捷」。

萬曆十一年擒緬象千餘
烹象處
烹以享士　豫章武橋記

以上邊境的戰事，敵方軍力龐大，但是這些將領們都打贏漂亮的勝仗，全是因為萬曆帝會選將，善用人。更為困難的是渡海深入敵區的戰役。

鄧子龍手書「烹象處」之碑，在今雲南省保山市。為萬曆十一年（1583）鄧子龍大敗緬軍象陣，烹象犒賞軍士的地方。

抗倭援朝之戰，是日本國力最強的時候，明朝派出李如松、鄧子龍、楊鎬等老經驗的大將，予日軍迎頭痛擊，維持了東亞三百年的和平。沈有容擊退劫掠臺灣的「東番倭」，又以智勇諭退占據澎湖的荷蘭人。當時荷蘭東印度公司的軍力也是頂尖的，但明朝的水軍實力卻讓他們不敢小看，只能火速退出澎湖。海外戰役的後勤補給很困難，但明軍卻能審時度勢，屢戰屢勝。抗倭援朝時，有袁了凡擔任李如松的軍前贊畫，籌統後勤補給事宜，使明軍沒有後顧之憂，就是一個明證。萬曆皇帝與遼東督師熊廷弼更是相知相惜，熊廷弼一到任就把邊境的情勢穩定下來，還用「以夷攻夷」的方式發動女真部落和蒙古族來對抗努爾哈赤，讓他腹背受敵。

萬曆皇帝對於所選擇的將領全心依仗，對於他們提出的各種作戰策略，也都全力支持。戰事初期，即使兵敗也不陣前換將，他會給他們機會，直到勝利在望，這證明他是會用人的。

一五九八年，明朝海軍出動五百艘戰艦，開赴朝鮮露梁海與日本艦隊交戰，一舉擊沉日本戰船四百五十艘。（圖片來源：太田天洋《朝鮮戰役海戰圖屏風》）

內閣首輔，推動「萬曆新政」

《劍橋中國明代史》評價明代政府是同時代世界上最成功的龐大政府。明朝內閣乃

皇帝的諮詢機構，已具備現代西方內閣制的雛形。內閣首輔，相當於現代各國的「總理」或「首相」。萬曆朝的內閣首輔，每一位都是一時之選，可見萬曆皇帝的眼光很好。他們身居一人之下，萬民之上，既要為萬民謀福祉，又要為皇帝閱覽奏章及票擬，更要時刻提防被同僚攻擊。

萬曆朝以前，高拱招撫俺答，使邊患驟減，並開創隆萬年間改革的先河。楊一清計除宦官劉瑾，並且將茶馬制度由官方接管，確保軍需民用。明朝最著名的政治改革家張居正，在萬曆朝擔任首輔十年，使國庫稅收大增，並且支持名將戚繼光在薊北的軍事行動，使邊關十多年無戰事。徐階擊敗權臣嚴嵩，為王陽明立祠，又拯救清官海瑞，還為在嘉靖朝「大禮議」*事件獲罪的大臣全部平反。葉向高獨立處理內閣政務長達七年，還為傳教士利瑪竇爭取安葬北京。這些頂尖首輔是撐持明朝帝國的核心人物，他們權力很大，而且發揮監督皇帝的作用，創造了現代化的政治系統，值得敬佩與學習。

萬曆皇帝即位時才十歲，仰賴張居正為輔政大臣掌理政事，首要工作為整頓官場的混亂現象。在這之前，政府各機關中時常所用非人，導致弊政繁多，清代筆記《茶餘客話》中記載了明代官場諸多弊事，張居正上台後，創製「考成法」，請求裁撤

---

* 嘉靖年間因嘉靖皇帝生父稱號問題引起的一場政治鬥爭，發生於世宗登基不久之時。

政府中的冗官，並改變官員考核的辦法。京官每六年考核一次，地方官則為三年，以實際的政績來評定官員的升遷。嚴格要求各級官員遵循朝廷頒布的詔令，並且定期向朝廷報告地方的情況，加強中央對地方的控制。張居正改革明朝經濟的成就最為突出，他任用治水專家潘季馴治理黃河水患，使棄地轉為良田，漕運南北貫通，促進了貨物與糧食的流通。張居正推行「一條鞭法」，簡化原本繁雜的稅務，使沒有土地的農民免除勞役的負擔，而有田的農民可以直接繳稅，有更多的時間耕種。土地經過清查，增加了可耕種的面積，以田地面積計稅的方式，替國庫增加了大量的稅收。

經由這些能臣的推行政策，萬曆朝氣象一新。這讓我想到蔣經國時期執政的內閣官員，李國鼎、趙耀東、孫運璿這群人才，他們的功業可媲美明代名臣而操守過之，奠定了民國七十年代臺灣亞洲四小龍之首的地位。

東林人士：空有抱負，有志難伸

「風聲、雨聲、讀書聲，聲聲入耳；家事、國事、天下事，事事關心。」這是無錫東林書院的對聯，勉勵讀書人不僅要認真讀書，還要關心國家、政治、天下事，不

要讀死書。這種「事事關心」的心態，正與明代注重實學的精神互相輝映。

顧憲成、高攀龍是東林書院的創始人，他們毅然以國家為己任，影響了晚明大批知識份子。其後東林諸君子楊漣、左光斗、魏大中、周順昌、周宗建等人，雖因直言敢諫，被誣而死，他們的精神與正氣卻永遠浩然長存，印證了「富貴不能淫，貧賤不能移，威武不能屈」的大丈夫懷抱。

東林人士是專制皇權體制外的政治結盟，並且結合講學與社會實踐。他們主張為政應該「因民之好惡」，施政方針則必須「有益於民」。在經濟上，東林人士提出救荒之議，主張保護農民利益、扶植工商業發展。根據利瑪竇《中國札記》記載，東林人士心胸開放，在中西文化交流扮演舉足輕重的角色。然而，東林黨在後世的評價卻褒貶參半。東林黨成員的個人道德節操固然高尚，但東林黨人占據道德制高點，卻沒有看到實效。天啟朝初期，東林掌權，他們得到一展抱負的機會，然而並未達到改革明朝財政、軍事的目的。明朝人對東林黨人的評論是「今日之爭，起於門戶，門戶起於東林，東林起於顧憲成。」東林黨同伐異，激化朝廷中政治立場的對立，缺少容人的雅量，以致於後來有許多人投奔至魏忠賢黨。

東林書院，位於今江蘇省無錫市。（作者：Zhangzhugang, GFDL）

抗清烈士夏允彝看東林問題也提出了相對客觀的看法，他以實際的政績來評斷人，指出東林黨人也有敗類，在施政方面更顯現出眼高手低的破綻。非東林黨人也有有心為朝廷一振法紀之人，但二方一旦聚怨，朝廷變成了政治角力場，對國事就都毫無幫助了。

有一次，首輔王錫爵對顧憲成抱怨：「當今所最怪者，廟堂之是非，天下必欲反之」，顧憲成立即反唇相譏道：「吾見天下之是非，廟堂必欲反之耳！」這段對話明顯表現出施政者與士大夫立場迥然不同。顧憲成所言，代表了當時部分士大夫強調以天下之是非為是非的政治觀念。

東林黨過分注意抽象的道義之爭，但有些爭論點和百姓的利益實質上關係不大，最終仍無法依照他們的理念改變明朝走向衰亡的命運。

收藏本事

萬曆朝官員人才輩出，文治武功鼎盛，在言論方面十分寬鬆，罵皇帝也不會被殺頭。以現代的「幸福指數」而言，萬曆時代物價低廉、百業興盛、就業率高，人民很幸福。西班牙人門多薩（Gonzales de Mendoza, 1540-1617）讚嘆明代中國城市街道乾淨，認為中國是全世界最富饒的國家，百姓們的生活過得很好。萬曆盛世長達半個世紀，傑出的文官武將居功厥偉。

徐階

推倒嚴嵩，提拔張居正

《明史》描述徐階「短小白皙，善容止。性穎敏，有權略」。他從小就跟王守仁的門人交往學習，一直尊奉王守仁為理學宗師。嘉靖二年（1523）考中進士榜眼，為聶豹門生。嘉靖皇帝聽從內閣大學士張璁的建議，想去除孔子的王號，改稱為「至聖先師」，並降低祭孔的標準。徐階非常反對，和張璁爭論，張璁生氣喝道：「你竟敢背叛我！」徐階回答：「背叛來自於依附，我從未依附您，何來背叛之說！」因此被貶為福建延平府推官。

徐階在擔任福建延平府推官期間，成功處理了非法盜採銀礦的問題，並且提出「開

徐階（1503-1583），上海人，生於弘治十六年，卒於萬曆十一年。嘉靖二年（1523）進士，授翰林院編修。

礦不如市舶」的呼籲，一時聲名大噪。他創鄉社學，搗毀淫祠；更剷平大規模的海盜集團，捕獲為害鄉閭的盜賊一百二十人。可見王陽明的實學使學生們都有解決問題的能力。

徐階曾任浙江按察司僉事及江西提學副使，在地方上積極推動陽明學。嘉靖十七年（1538），他邀請九江教授薛應旂擔任白鹿洞書院的院長。他還創建了王陽明及其後學的祠堂，使陽明學在江西廣泛傳播。由此可見，陽明學的傳播是靠學生們大力推廣的。

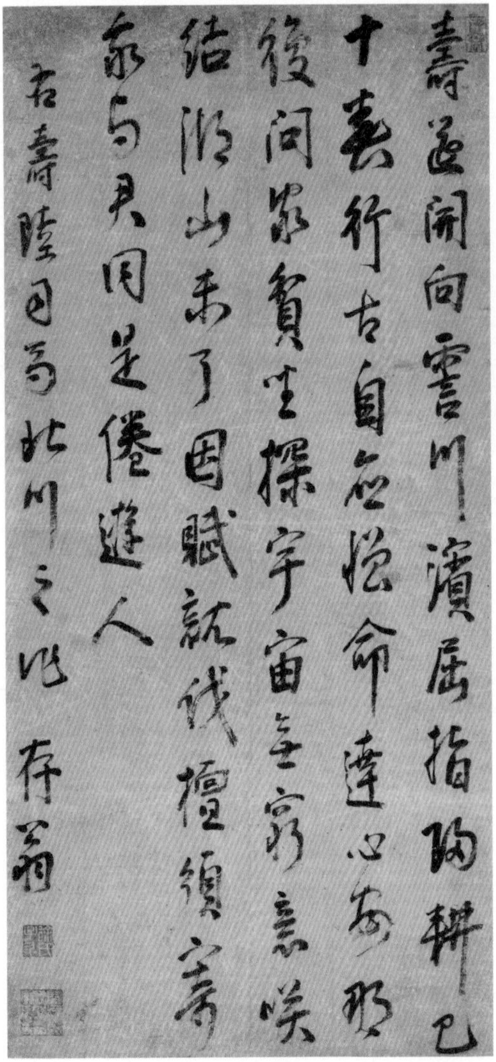

徐階，《壽陸司馬北川詩》。此詩作表現出文人放達的襟懷。徐階奉行陽明學，並創建王陽明及其後學的祠堂，使陽明學在江西一帶廣為傳播。

徐階起初不肯依附嚴嵩，於是嚴嵩經常在皇帝面前說他壞話。這使他認識到不能以卵擊石，於是改變策略，事事順著嚴嵩，從不與他爭執。他為得到嚴嵩信任，還把自己的孫女嫁給嚴嵩的孫子。嚴嵩的兒子嚴世蕃多次對他無禮，他也忍氣吞聲。就這樣，徐階慢慢升官，接著兼任文淵閣大學士，進入內閣，參預機務，地位僅次於嚴嵩。世宗居住的永寧宮失火後，想要營建新的宮殿，嚴嵩勸皇帝回大內居住，但徐階了解皇帝的心思，建議用宮殿燒毀後的剩餘材料建造新宮殿，世宗因此逐漸疏遠嚴嵩而親近徐階。嘉靖四十一年（1562），皇帝下令逮捕嚴世蕃，勒令嚴嵩退休，六十歲的徐階就取代了嚴嵩成為首輔。

徐階繼任首輔後，大力革除嚴嵩弊政。他注重官員選拔，知人善任，先後舉薦高拱、張居正等人入內閣。他也很愛惜人才，大力營救因上疏指責皇帝過失而被定死罪的戶部主事海瑞。

嘉靖皇帝去世之後，徐階起草遺詔，力除弊政，停止一切齋醮，把宮裡的道士都趕走，並且為因「大禮議」案獲罪的大臣全部平反。徐階執政期間，減輕百姓負擔，並糾正嚴嵩任首輔時的亂政、怠政現象，朝野因此稱他為名相。

高拱

開放海禁，與蒙古議和

嘉靖三十一年（1552），高拱擔任裕王朱載垕（後來的隆慶皇帝）的老師。嘉靖四十五年（1566），首輔徐階推薦，高拱擔任文淵閣大學士。徐階退休後，高拱繼位首輔。

隆慶六年（1572），穆宗病危，召高拱、張居正等人為顧命大臣，皇帝握著高拱的手說：「我將天下託付先生了。」高拱是「隆慶新政」的決策者，嘉靖年間，倭寇作亂，朝廷於是禁止沿海民眾下海貿易。高拱甚有遠見，在隆慶元年（1567）同意福建巡撫徐澤民的請求，開放海禁，准許漳州、泉州商民，由福建月港*出洋貿易，史稱「隆慶開港」。這是繼鄭和下西洋後的大事，標誌著官方獨占的海外貿易，讓位給民間。這影響直至明朝滅亡，海外流入明朝的白銀約三億三千萬兩，為當時世界白銀生產量三分之一，全球三分之二的貿易都與中國有關，同時因為銀的大量流通，使得中國成為使用銀本位的國家。

高拱的第二項政績是「俺答封貢」，此舉結束了明朝與蒙古長達二百年的戰爭，更

高拱（1513-1578），河南新鄭人，生於正德八年，卒於萬曆六年。嘉靖二十年（1541）進士。

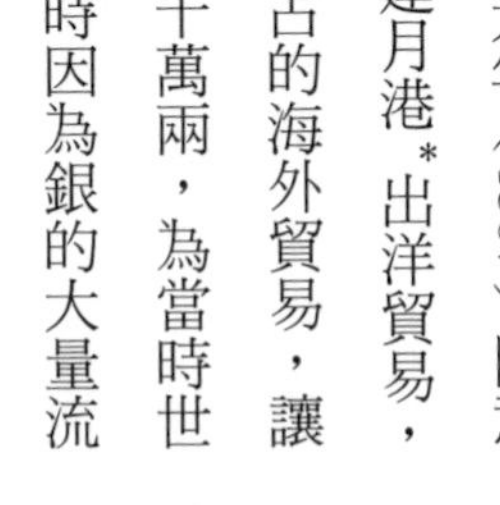

*月港即今福建漳州市海澄鎮，位於九龍江出海口。由於為內河港口，港道不深，逐漸被廈門取代。

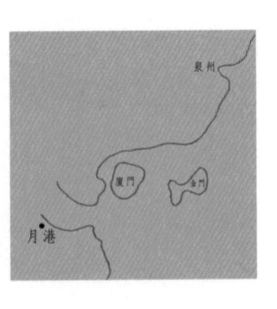

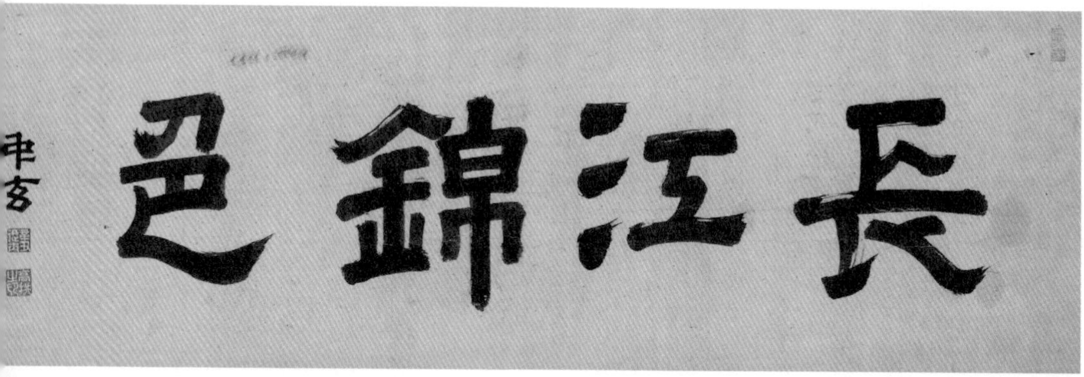

保持了之後二百年的和平。英宗土木堡之變後，內蒙古的俺答長期入侵。嘉靖年間，多次要求貿易，甚至以武力兵臨北京，迫使明朝開放山西的宣府、大同進行馬匹交易。後來，明朝關閉馬市，又再開戰。隆慶四年（1570），俺答汗的孫子把漢那吉因為與祖父發生衝突，率眾來降，高拱主張受降，加以厚待。俺答汗得知此事，決意與明朝和好，請求封貢。高拱引用明成祖封瓦剌、韃靼諸王的故事，封俺答汗為順義王，開放邊境貿易，俺答表示永不侵犯。晚明西北流寇興起，俺答也遵守承諾，並沒有趁機進犯明朝的領土。

萬曆皇帝十歲即位，高拱認為年紀太小，想要將司禮監的權力收回。司禮監在內廷權力最大，可與首輔匹敵。高拱此舉是避免皇帝被太監控制，出現宦官專權的局面。司禮太監馮保從張居正得知此消息，深感威脅，故意在皇太后面前說，高拱曾說十

高拱，《長江錦色》。高拱是「隆慶新政」的決策者，更以封貢互市的方法和平解決明朝西北的邊患。

歲的孩子如何當得了皇帝。皇太后聽了大驚，在早朝時下旨，指責高拱專權，完全不許皇帝作主，不知想做何打算？六十一歲的高拱聽旨後，面如死灰，汗如雨下，被迫遵命回鄉，最後在家鄉去世。高拱是一位很有能力的官員，但他在萬曆朝沒有機會像在隆慶朝時和同僚合作治國，非常可惜。

張居正

梁啟超眼中明朝唯一的政治家

一般文史愛好者對張居正的第一印象，多來自朱東潤的《張居正大傳》和黃仁宇的《萬曆十五年》。大陸中央電視台甚至以他的故事為背景，推出「大明王朝一五六六」與「萬曆首輔張居正」兩部連續劇。而我對張居正最深刻的印象，則來自熊召政的歷史小說《萬曆首輔張居正》。這位被譽為「中興宰相」的改革家，十二歲就考取秀才，從一介布衣榮升大明首輔，除了憑藉自己的努力，還得利於貴人相助。

嘉靖十五年（1536），荊州知府李士翺在翻閱試卷時，對十二歲的張白圭所寫的文章特別欣賞，到州府報到時，李士翺首先點名張白圭，讓他更名「居正」，希望他日後成為正直之士，為國盡忠。

張居正（1525-1582），小名白圭，字叔大，號太岳，湖廣江陵（今屬湖北）人，又稱張江陵，生於嘉靖四年，卒於萬曆十年。嘉靖二十六年（1547）進士。

隔年鄉試，湖廣巡撫顧璘聽說這位少年英才，在讀了他的文章後立刻召見，讓他即席賦詩。張居正在詩中表達了平步青雲的志向，顧璘非常欣賞他，並送他犀牛角腰帶做為勉勵，預祝他日後更上一層。那年鄉試，顧璘刻意不錄取張居正，給予他落榜的挫折，警惕他不可過於自負。三年後，張居正考中舉人，嘉靖二十六年（1547）中進士。張居正後來回憶起這段往事，很感激顧璘的用心良苦，他說自己的心中一直感念顧璘的知遇之恩，至死不忘。

後來張居正擔任萬曆皇帝的老師，對幼帝的教育格外用心。鑑於神宗年幼，不適合講太多高深

張居正，《七律詩扇》。內容紀念教導皇帝古代治國箴言的場景。此扇面寫給當時的二把手太監張宏（號容齋），可見張居正知道，推行政務需要得到太監們的支持。

的典籍，便請講官查考古代賢君事蹟八十一例，不賢者三十六例，每例配上一圖，加以簡單的文字說明，類似現今的漫畫書，引導幼帝的學習興趣，名之為《帝鑑圖說》。萬曆皇帝日後治國知人善任，用人唯才，在他任內國家富強且能平定動亂，這都得力於張居正成功的教導。

張居正初入仕途即有改革之心，二十五歲時曾向嘉靖皇帝呈上〈論時政疏〉，可惜人微言輕不被採用。萬曆皇帝十歲登基，帝師張居正輔國，抓住這個改革契機，推行一條鞭法，丈量國家土地，加強中央對糧食的控管，還派遣潘季馴治理黃河。軍事上則革除軍備廢弛的弊端，整頓海防，加強軍隊訓練，重修長城，起用戚繼光與李成梁固守邊防，維繫了國家的長治久安。又實施考成法，使官吏升遷制度步入穩定的軌道。張居正奠定了萬曆朝的中興氣象，使國家步上國富民強的新局面，成為當時世界上獨強的超級大國。

梁啟超所舉「中國六大政治家」，將張居正與管仲、商鞅、諸葛亮、李德裕、王安石並列，又稱他為「明朝唯一的政治家」；黃仁宇譽其為「智慧的象徵」。

葉向高

支持東林、推廣西學的福建首輔

萬曆二十七年（1599），葉向高在南京任禮部右侍郎時，結識了傳教士利瑪竇，並與他切磋圍棋技藝，兩人相談甚歡。利瑪竇於萬曆二十九年（1601）到北京居住，萬曆三十八年（1610）因積勞成疾去世。照規定，客死中國的傳教士須遷返澳門安葬。葉向高促成皇帝賜北京葬地給利瑪竇。葉向高認為憑利瑪竇翻譯《幾何原本》的貢獻，以及他的道德風範，就應該讓他安葬在北京。

義大利傳教士艾儒略在福建傳教時，葉向高、曹學佺曾與他進行為期兩天的討論

葉向高（1559-1627），福建福清人，生於嘉靖三十八年，卒於天啟七年。萬曆十一年（1583）進士，選翰林院庶吉士、授編修，任國子監司業，曾兩次擔任內閣首輔。

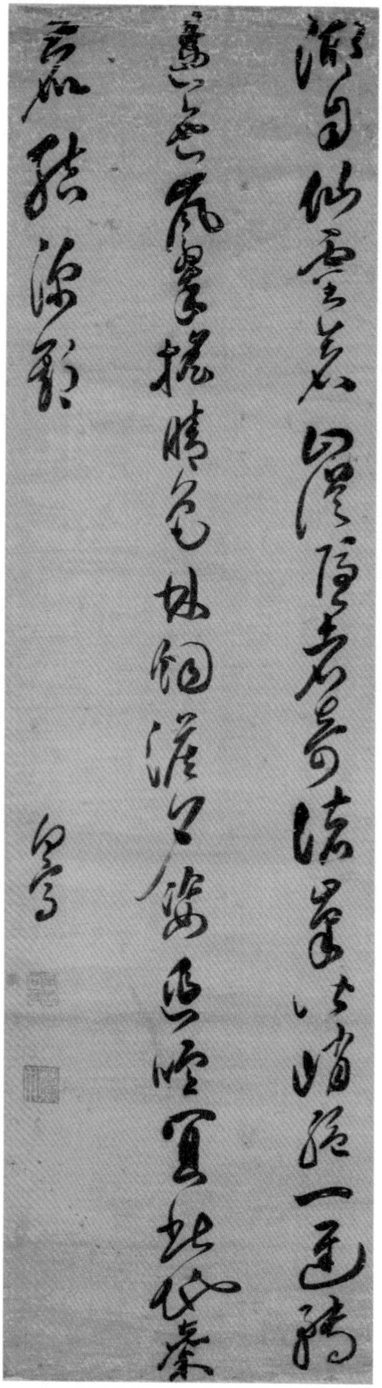

會。葉向高提出了許多對天主教的質疑，艾儒略一一加以解說，史稱為「三山論學」（三山是福州的別稱）。

葉向高致仕後閒居在家，但仍關心朝政，並對日本很有戒心，一直擔憂日本企圖占領臺灣的野心。萬曆四十四年（1616），他向福建巡撫推薦老友沈有容領軍抗擊占領臺澎的倭寇。沈後來被任命為水師參將，相當於今日的海軍准將，擊退了倭寇，並以智慧與勇氣迫使荷蘭人撤離澎湖，對臺灣做出巨大的貢獻。

石星

拯救朝鮮的兵部尚書

我偶然在拍賣圖錄上看到石星的信札，內容提到封貢之事，提及人名「王荊老」、「行長」，並出現「關白」、「宋經略」等官名，我知道是指王錫爵、小西行長、豐臣秀吉與宋應昌，內心一時為之震動，因為這正是萬曆朝鮮戰爭的第一手史料！能夠收藏十幾件與抗倭援朝相關的明人書跡，真是緣分！

這封信的作者石星，是萬曆朝的兵部尚書，為人正直、敢言、務實。在第一次抗倭

葉向高，《行書五律》。葉向高對利瑪竇相當敬佩，請求萬曆皇帝賜北京葬地給利瑪竇。

石星（1538-1599），山東東明人，生於嘉靖十七年，卒於萬曆二十七年。嘉靖三十八年（1559）進士，歷任工部、戶部、兵部尚書。

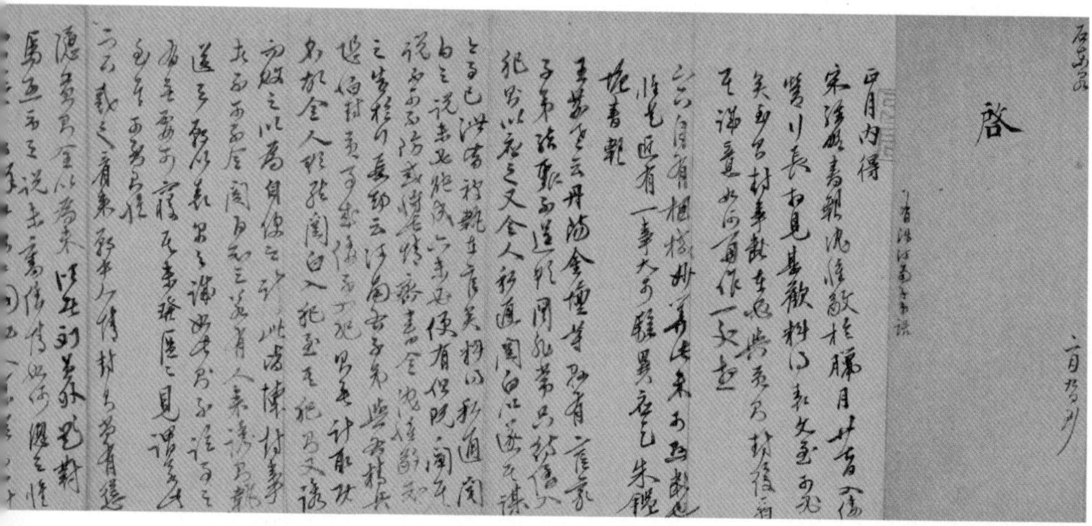

援朝戰役初始，石星是主張出兵保衛朝鮮的主要決策人，直至明軍收復平壤，大勝豐臣秀吉，並燒毀日軍糧倉。石星評估情勢，轉為支持議和，任用沈惟敬前往日本冊封豐臣秀吉。後來冊封失敗，朝臣交相指責石星，他受懲奪職，病死獄中。葛兆光教授曾說，歷史的真相也要從周邊國家的視角來觀察，才能看到不一樣的視野與關懷。查閱《朝鮮李朝實錄》，萬曆二十七年（1599）宣祖李昖聽聞石星下獄的消息後說：「石尚書大人救援平壤，再造東方，常切感激。」而向宣祖傳達此消息的都司吳宗道也說：「惟敬，不足道也，石星，只為國也，可惜！」可見當時親身參戰的明將與朝鮮君王皆敬重石星，也肯定他在這場戰事中的貢獻。萬曆三十一年

石星，《與某人書》。此信札中提到抗倭援朝戰役中的許多重要人物，是第一手史料。石星主持中日和談，朝鮮君臣肯定他做出的重大貢獻。

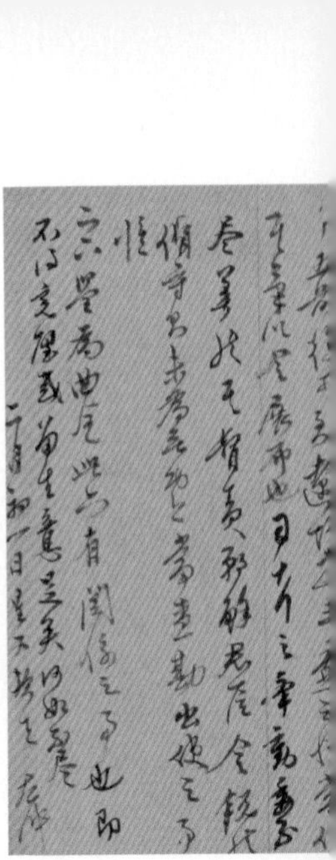

（1603），朝鮮在平壤建立武烈祠崇祀石星。直到朝鮮正祖年間，朝鮮君臣還很照顧居住在朝鮮的石星後人，可見朝鮮對石星的感激之情。

倘若當年和談冊封成功，第二次朝鮮戰爭或許不會發動，豐臣秀吉不會損失精銳部隊，導致實力削弱，敗給德川家康。明朝也不會花費巨資，導致軍費短缺而無力對抗女真。而實力遠弱於豐臣秀吉的努爾哈赤，更沒有機會趁勢而起了！

石星在信中強調一切惟以「保全朝鮮，計安中國」為原則，這是他身為兵部尚書的職責所在。反思當今世界局勢，和平是全人類共同心願，和談成功，避免戰爭，更能保衛國家與人民，我想這或許才是石星當時主和的初衷吧！

郭子章

刊印利瑪竇《坤輿萬國全圖》

明朝學術講求務實致用，也就是復社宗旨標榜的「務為有用」。回顧郭子章一生的勳業，可說是經世濟民潮流下的代表人物。

郭子章（1542-1618），字相奎，號青螺，江西吉安人，生於嘉靖二十一年，卒於萬曆四十六年。隆慶五年（1571）進士。

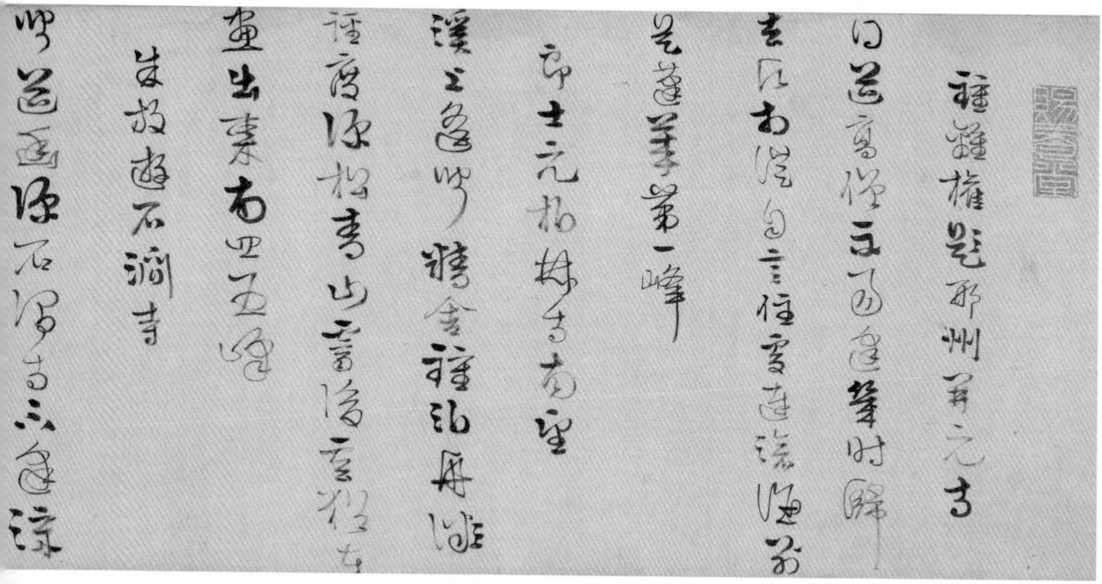

萬曆二十七年（1599），播酋楊應龍在雲南、貴州、四川一帶作亂，影響的範圍非常廣大。郭子章任貴州巡撫，兼治四川等地，御賜尚方寶劍，頒旨剿楊應龍部眾。當時軍中缺糧餉，郭子章連續奏疏萬曆皇帝，皇帝受他感動，前後得餉銀一百四十萬兩，漕糧三十萬石。郭子章精簡文武僚吏，以重兵守貴陽，用計使播州孤立，隔年結合川貴、湖廣兵力，於百日內平定貴州、貴陽、播州，楊應龍闔室自焚。此戰之重要性，在於徹底消滅了盤踞播州八百年的楊氏土司，也因此被譽為「萬曆三大征」之一。

耶穌會士傳入西學之際，郭子章是

郭子章，《唐詩卷》局部。抄錄唐人遊諸寺詩十首。郭子章以雄才大略平定播州楊應龍之亂，更翻刻流布利瑪竇的《坤輿萬國全圖》。

最早為西學發聲正名的人。萬曆十七年（1589），郭子章與利瑪竇相識於肇慶，在利瑪竇的介紹下，對西方天文、數學、地理有了初步的了解，並熱心支持。萬曆三十二年（1604）獲得利瑪竇新刊的《坤輿萬國全圖》後，不但加以翻刻，還撰寫序文一篇，介紹西方的地圓說。

郭子章除了是傑出的軍事家，也是著名的思想家，萬曆末年與吉安名士鄒元標等人講學於家鄉的青原山、白鷺洲，籌資建造會館傳播陽明學說，一時盛況空前，是江右王學代表人物。王陽明的弟子們，大多數都能文能武，學識廣博，格局極大，令人欽佩。

李如松

大敗豐臣秀吉軍的名將

著名的萬曆三大征中，李如松參與了寧夏之役與朝鮮之役，皆取得勝利。尤其在抗擊日本軍隊入侵朝鮮的戰役中，他打敗了豐臣秀吉愛將小西行長的軍隊，取得人生最輝煌的戰功。

李如松（1549-1598），遼寧鐵嶺人，生於嘉靖二十八年，卒於萬曆二十六年，武進士出身。

李如松出身將門，是明朝鎮守遼東三十年的總兵李成梁長子。李成梁的九個兒子皆驍勇善戰，有「李家九虎將」的美譽。李如松承襲父親的功蔭，充寧遠伯勳衛，這是功臣之子才有的榮譽。萬曆初年，抗倭名將戚繼光介紹李如松向徐渭學習軍事策略。除了文藝成就外，徐渭還是抗倭英雄胡宗憲的首席幕僚，嘉靖年間曾用計幫助胡宗憲平定浙江的倭寇。

萬曆二十年（1592）是李如松屢建戰功的開始。當時韃靼人（東蒙古族人）哱拜反叛寧夏，李如松官拜提督陝西總兵，六月抵達寧夏，用水攻戰術，三個月就攻克寧夏城，又圍住哱拜家，迫使他全家自盡。

同年四月，豐臣秀吉派兵十二萬進攻朝鮮。五月，豐臣秀吉的精銳軍小西行長率軍

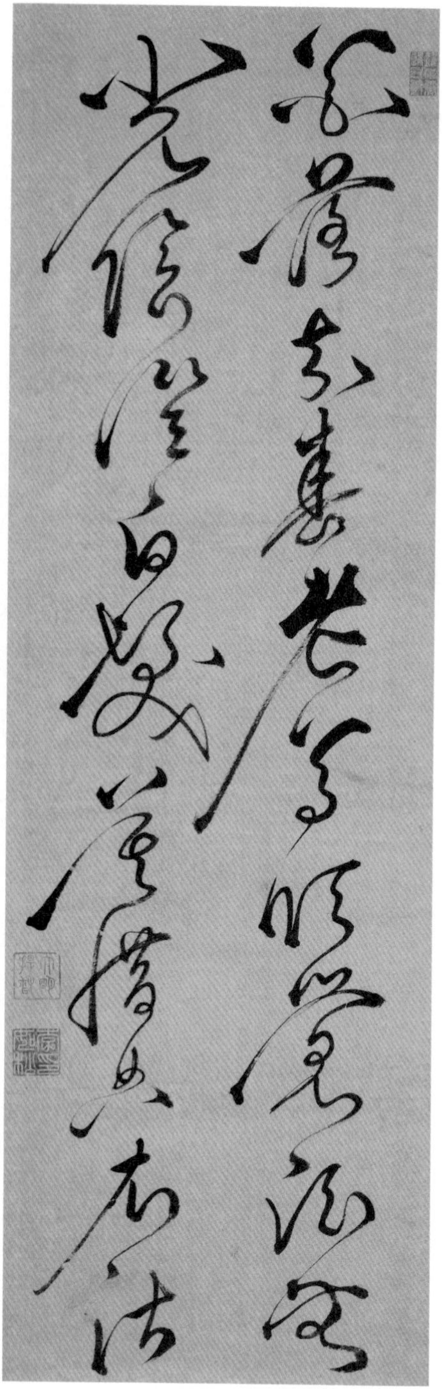

在釜山登陸，二個月即攻下漢城（今首爾）、平壤。朝鮮國王向中國求救，明朝研判日本的目的是中國，決定派兵援助。李如松因為寧夏戰功，在同年十二月被任命為東征提督、遼東總兵，弟弟李如梅、李如柏任副總兵，率領由戚家軍、宣大精騎、廣西狼兵和遼東精騎組成的四萬精兵，東渡鴨綠江，抵達朝鮮，殲滅日軍一萬二千餘人，使小西行長的正規軍損失了六成，史稱「平壤大捷」。

萬曆二十一年（1593）正月，李如松乘勝追擊，但在碧蹄館與日軍立花宗茂、小早川隆景遭遇。剛開始時，李如松以三千軍力對上日本大軍萬餘人，兩軍激戰六小時直至黃昏。這時，明軍副總兵楊元率五千援軍，用大砲轟擊日軍。小早川隆景擔憂李如松在退兵的途中埋有伏兵，勸退追擊的日軍。碧蹄館之役由於朝鮮方面傳來的軍事情報不準確，加以李如松輕敵，在以少對多的狀況下，遭到大批敵軍包圍還能順利脫身，相當了不起，而由於朝鮮方面一直無法穩定提供軍馬所需的糧草，最終李如松只好退守開城。

碧蹄館遇襲後不到一個月，李如松整軍再發，準備收復漢城。他自知兵力不足，改變攻擊策略，先採圍攻之勢，趁日軍轉攻漢城西北方時，派敢死隊焚燒日軍後方的糧草數十萬石。日軍由於缺糧，全軍撤出漢城，退往釜山，準備渡海回到日本，向

李如松，《草書五絕》。此件書跡上有「大明提督」之印。李如松先後參與寧夏之役與朝鮮之役，皆能出奇制勝。

明朝請求議和。李如松因為此戰功，在十二月班師回朝後，被加封太子太保的頭銜，官拜正一品中軍都督府左都督。

沈有容

保臺英雄，智退荷蘭

沈有容少年時便立志從軍報國，萬曆七年（1579）中武舉人，先後在薊遼、閩浙、登萊沿海地區防守。他是歷史上最早進入臺灣，擊退倭寇的英雄。萬曆三十年（1602），沈有容親率二十一艘水師戰艦祕密由金門出海駛往臺南，將占據臺灣的倭寇掃蕩殆盡。在這場戰役中，共擊沉日艦六艘，斬首十五級，救回被劫持的百姓三百七十人，俘虜倭人數百。臺灣百姓感謝他擊退倭寇，紛紛說：「沈將軍再造我也！」他是保臺英雄第一人，早在鄭成功前六十年就從倭寇手中收復臺灣。當時跟隨沈有容來到臺灣的福建儒生陳第撰寫《東番記》，是最早記錄臺灣居民生活習俗與地理風光的重要文獻。

倭寇敗退後，西班牙人和葡萄牙人先後來到臺灣，以其為對華貿易的基地。荷蘭人也想如法炮製，便在萬曆三十一年（1603）派兵強占澎湖，並賄賂福建稅監，想取

沈有容（1557-1627），安徽宣城人，生於嘉靖三十六年，卒於天啟七年。

「沈有容諭退紅毛番韋麻郎等」碑，保存於澎湖馬公市天后宮。（圖片來源：http://www.qxkjb.com）

得閩海貿易的主導權。沈有容認為荷蘭人絕不只有商業目的，將來還可能危及國土安全。但對方並非海盜，而是商人，貿然出兵攻打也不盡合理，便自告奮勇前往澎湖與荷蘭人談判。他只帶了翻譯，乘小船來到澎湖，荷蘭將領韋麻郎初始不把他放在眼裡，堅持不退兵，旁邊的將官也拔劍作勢威脅。沈有容厲聲喝斥說：「中國軍隊殺賊慣了，你們自稱是商人，我們才對你們優厚包容。你們竟提開戰，想必原本就有造反之意。你們沒見過天朝的兵威嗎？」又說：「難道你們不曾聽說，我在東海大敗倭寇時，海面都被血水染紅了？我可不忍讓你們步上倭寇的後塵啊！」隨後，翻譯官告訴荷蘭人，明軍水師已派出五十艘戰艦包圍荷蘭船隻。韋麻郎見情勢不利，就率兵退出了盤據半年的澎湖。

大埔石刻。（圖片來源：馬祖民俗文物館內大埔石刻模型，攝影／賀廣義）

現置於澎湖馬公大天后宮清風閣的「沈有容諭退紅毛番韋麻郎等」碑，是臺灣現存最古老的漢人石碑，立於萬曆三十二年（1604），就是沈有容以謀略和口才迫使荷蘭人撤離澎湖的事蹟明證。萬曆四十五年（1617），據報東沙（今馬祖東莒）有倭寇盤據，沈有容派水兵圍東沙島，生擒倭寇六十九人，現今馬祖東莒島上的大埔石刻上還記載著這次的壯舉。

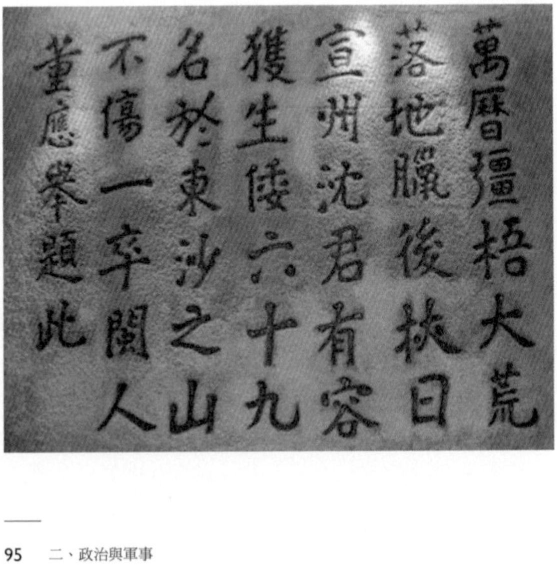

南居益

驅逐荷軍，收復澎湖

在收藏研究的過程中，我發現南居益這個人原來這麼了不起。他擊退占領澎湖的荷蘭人，立下大功，在當時蔚為盛事。福建出身的葉向高為他寫了一篇文章叫〈中丞二太南公平紅夷碑〉，說南居益打荷蘭人是「還我版圖」的壯舉，並說平夷之後，福建人終於可以安居樂業了。

天啟三年（1623），南居益擢為右副都御史，巡撫福建，當時荷蘭聯合日本，屢次騷擾東南沿海福建漳州、泉州一帶。南居益招降日本海賊首領李旦，荷將高文律恐懼，便派使者前來講和。南居益上疏道：「羈縻之術已窮，天討之誅必加。」準備武力征討荷蘭。兵部同意他的主張，天啟皇帝且下旨說：「督率將吏，悉心防禦，作速驅除」，並且聽任將領便宜行事，動用國庫銀兩，可見相當重視這次的攘夷行動。天啟三年十一月，南居益與總兵謝弘儀密謀，邀請荷蘭使者團到廈門談判，趁機囚禁代表團，並燒毀了入侵明朝沿海的荷蘭船艦，沿海的亂事因此平息。

天啟四年（1624）正月，南居益出兵收復澎湖，由澎湖吉貝進攻鎮海港，並在澎湖

南居益（1565-1644），字思受，號二太，陝西渭南人，生於嘉靖四十四年，卒於崇禎十七年。萬曆二十九年（1601）進士。

娘媽宮（今澎湖天后宮）前跨海用火炮對準荷蘭人的城堡，逼使荷蘭人退守風櫃。終使荷蘭豎白旗投降。

天啟五年（1625），南居益遷工部右侍郎，總督河道。後遭魏忠賢攻擊倚傍門戶，被削籍罷官。崇禎初年，南

南居益，《月落千山圖》。整幅畫作水墨淋漓，藉由筆墨來表現雨後的翠潤。南居益打敗荷蘭、收復澎湖，讓福建人民能夠安居樂業。

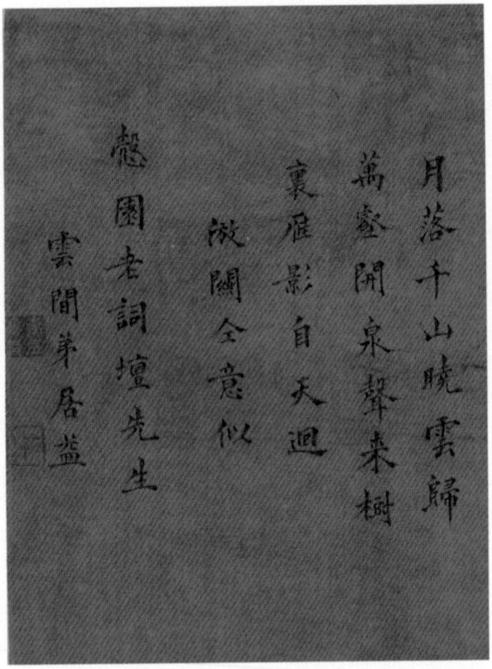

月落千山曉雲歸
萬壑開泉聲来樹
裏雁影自天迴
倣關仝意似
愨園老詞壇先生
雲間弟居益

題畫詩為：「月落千山曉，雲歸萬壑開。泉聲來樹裏，雁影自天迴。倣關仝意，似愨園老詞壇先生。雲間弟居益」。

居益向崇禎皇帝上〈謹陳閩事始末疏〉，說明驅逐荷蘭人的戰事始末，並希望崇禎能重視南方海防，完成南居益原本的規劃。此疏內容描述戰事來龍去脈甚詳。南居益說，荷蘭的戰艦船堅炮利，能毀滅十里之外的船隻，明軍的船艦再多，也無計可施。南居益誘敵至廈門港口，生擒荷將高文律，並用火攻焚燒其精銳部隊，使荷軍氣勢大減。之後南居益親至金門督戰，乘勝追擊，動用兵力一萬人，兵船八百艘，費時八個月，荷軍的糧食消耗殆盡，便拆除城池，連夜遁逃，澎湖至此平定。此役前後歷時四年，軍費支出在從臣及地方官的控制下，發揮最大效益，此役也為福建除去了百年來的隱禍。

福建百姓感念南居益驅逐荷軍的大德，派代表向皇帝陳情未果，便為南居益立生祠祭祀，並於澎湖及平遠臺建碑紀念。崇禎元年（1628），南居益起戶部右侍郎，總督倉場。當時陝西鎮缺餉三十多個月，南居益請求從陝西上繳的賦稅中，留三十萬以紓困，獲得准許。北京戒嚴時，南居益在通州，規畫了完備的守城計策。適逢工部尚書張鳳翔因軍械未備齊下獄論罪，遂詔南居益代理工部尚書一職。過了不久，因事被參劾，削籍歸。後因守城有功而復職。

崇禎十六年（1643），李自成攻破渭南，招降南居益，施以炮烙之刑，終不投降。

次年正月，南居益與族弟南居業絕食七日而死。

熊廷弼

努爾哈赤也敬畏的儒將

熊廷弼一生經略遼東，成也在此，敗也在此，也在此留下了後世英名。遼東自努爾哈赤以降，就是明朝大患。萬曆三十四年（1606），鎮守遼東三十年的總兵李成梁將四萬餘人遷往內地，打算放棄遼東，大受譴責。萬曆三十六年（1608），熊廷弼以御史的身分視察遼東，他雖是文臣，卻有謀略，建議採取築城屯糧的戰略，修建七百餘里邊牆，抵擋女真入侵，三年之內屯積糧穀三十萬石，準備長期抗戰。又讓女真各部族互相攻擊，制止努爾哈赤坐大。此策略為萬曆皇帝採用，努爾哈赤被逼求和，退還取得的土地。

萬曆四十六年（1618），努爾哈赤以七大恨告天，正式起兵反明。明朝派遣楊鎬督軍四路進攻卻慘敗，此即薩爾滸之戰。朝廷迫不得已，起用熊廷弼為兵部右侍郎，再次經略遼東。熊廷弼除了繼續屯兵築城之外，採用「實內固外」和「以夷攻夷」的策略，穩定遼東情勢，並將軍隊分成四路，每路三萬人，在農忙季節進行騷擾，

熊廷弼（1569-1625），湖北武昌人，生於隆慶三年，卒於天啟五年。萬曆二十六年（1598）進士，歷任直隸保定府推官、監察御史、兵部尚書。

使當地不得耕種，讓努爾哈赤陷入了困境。萬曆皇帝對他非常信任，即使沒有上朝，熊廷弼呈上的奏章也會火速親閱，並且給予完全的支持，還欽賜尚方寶劍。然而這已是萬曆在位最後一年多的時間。

天啟元年（1621），朝中的政敵散布流言，攻擊熊廷弼沒有積極進攻，他於是又被罷職。同年，重要戰略地瀋陽、遼陽失守，皇帝請求五十三歲的熊廷弼再為朝廷一戰。他復出後，擬定三方布置戰略，在廣寧以馬步軍阻止努爾哈赤；在山東登州、萊州和河北天津設置軍隊；水師襲擾遼東半島沿海。在山海關適當的地方，設置經略官，節制以上三方。戰略雖好，卻無法執行，因為朝廷又指派王化貞為巡撫，分

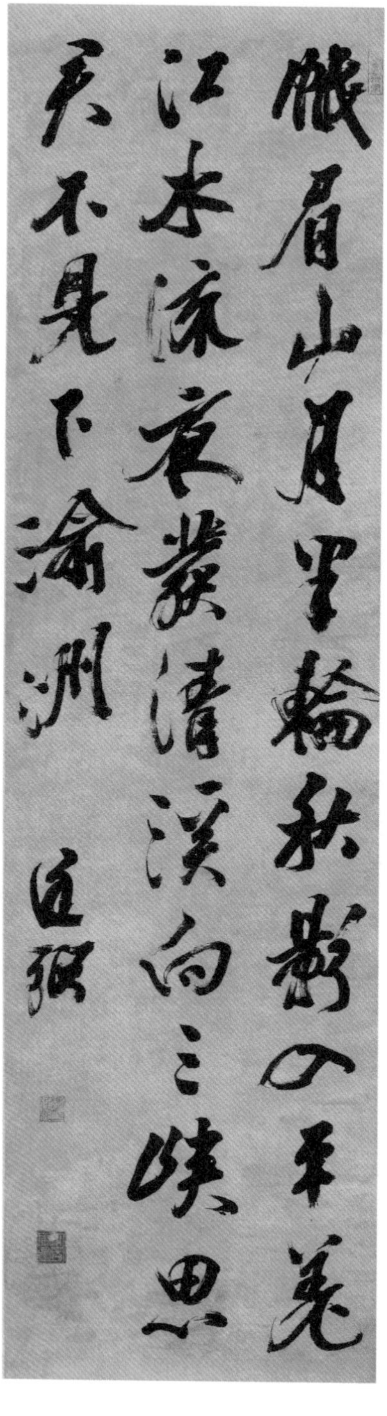

散了兵權，熊廷弼要兵無兵，十分懊惱。天啟二年（1622），努爾哈赤渡過遼河，大舉進攻。王化貞採納孫得功計謀，撤下廣寧的守軍，但孫得功早已投降努爾哈赤，一交戰就連聲大喊兵敗了，率先逃跑，以致明朝全軍覆沒。王化貞逃亡途中遇到熊廷弼，熊得知戰局後質問王化貞：「六萬軍隊，一次被殲滅，還能如何？」全軍退入山海關內，遼東陷落。熊廷弼最後被問罪棄市，傳首九邊，真是英雄悲歌。

我聽好友楊儒賓教授說，熊廷弼下台是在東林執政時。民國學者熊十力是他的後人，每次講到這件事都相當憤慨。我時常想，要是萬曆皇帝多活二年，就能讓熊廷弼大展身手。又假如東林人士完全執政的天啟朝，也能像萬曆皇帝那麼信任熊廷弼，可能歷史就改寫了。

熊廷弼，《李白〈蛾眉山月歌〉》。熊廷弼經略遼東有成，長年在外征戰，想必對此詩的內容深有體會。

楊鎬

抗倭援朝，救朝鮮於存亡旦夕

萬曆二十一年（1593），楊鎬任山東參議，分守遼海道。曾在雪夜率軍度過墨山，襲擊蒙古炒花帳，大有斬獲，因功進為遼東副使。楊鎬熟知練兵、屯田事宜，在任時開墾荒田百三十餘頃，一年就累積了粟米一萬八千餘石。

楊鎬（？-1629），河南商丘人，生年不詳，卒於崇禎二年。萬曆八年（1580）進士，曾任江西南昌、蠡縣知縣。

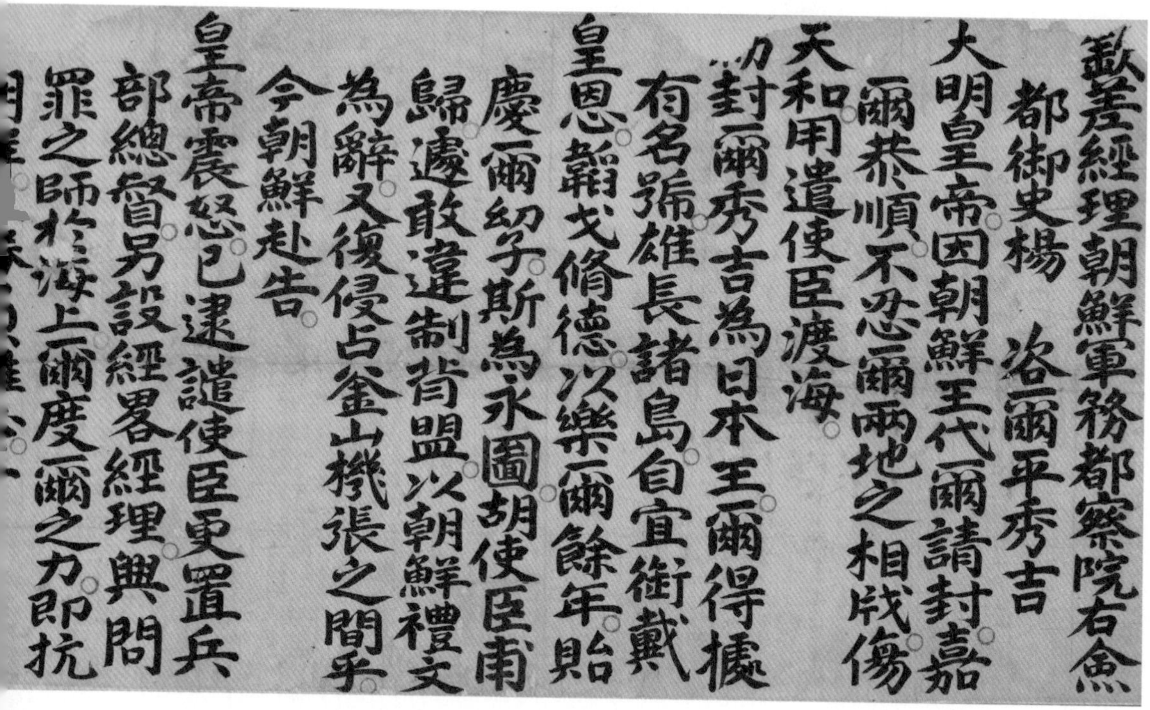
欽差經理朝鮮軍務都察院右僉
都御史楊　洛爾平秀吉
大明皇帝因朝鮮王代爾請封嘉
爾恭順不忍爾兩地之相戕傷
天和用遣使臣渡海
勑封爾秀吉為日本王爾得擁
有名號雄長諸島自宜銜戴
皇恩韜戈脩德以樂爾餘年貽
慶爾紉子斯為永圖胡使臣甫
歸遽敢違制背盟以朝鮮禮文
為辭又復侵占釜山機張之間乎
今朝鮮赴告
皇帝震怒已逮譴使臣更置兵
部總督另設經略經理興問
罪之師於海上爾度爾之力即抗

萬曆二十五年（1597），日本豐臣秀吉第二次出兵朝鮮，楊鎬以右僉都御史之職，經略朝鮮軍務。當他率軍渡過鴨綠江，快到平壤時，聽說倭寇的先鋒部隊已迫近漢城，朝鮮王也準備棄城逃亡。他立即請朝鮮昭敬王留守京城，切勿輕言退逃，以免百姓們恐慌。同時也連夜兼程前往漢城穩定局勢，隨後在稷山大捷、蔚山激戰，成功攔阻倭寇，使漢城不致陷落敵手。後來楊鎬被參劾罷職，必須回到中國，朝鮮君臣為他深感

楊鎬，《與豐臣秀吉書》局部。信文中曉之以理，動之以情，提醒豐臣秀吉年事漸高，莫輕易征伐朝鮮。戰爭開始後，楊鎬以稷山大捷拯救了漢城。

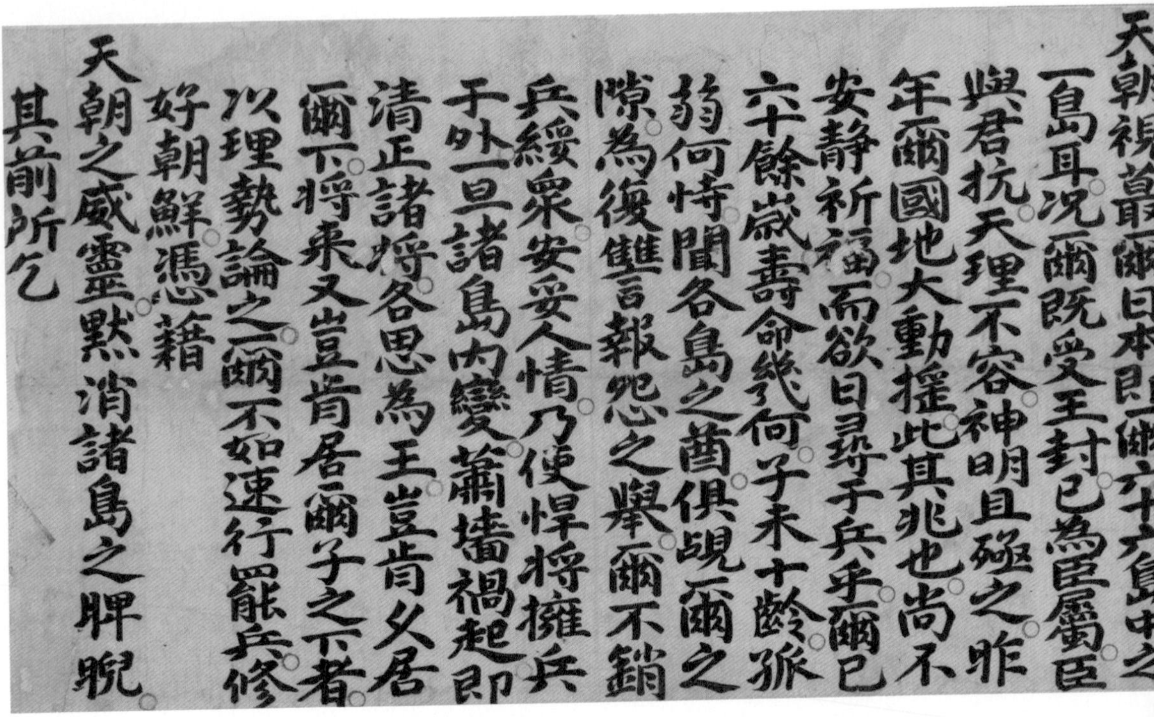

天朝視蕞爾日本[illegible]六十六島中之
一島耳況爾既受王封已為臣屬臣
與君抗天理不容神明且殛之非
年爾國地大動搖此其兆也尚不
安靜祈福而欲日尋干兵乎爾已
六十餘歲壽命幾何子未十齡孤
弱何恃聞各島之酋俱覬爾之
隙為復讎報怨之舉爾不銷
兵緩衆安人情乃使悍將擁兵
于外一旦諸島內變蕭墻禍起即
清正諸將各思為王豈肯久居
爾下將來又豈肯居爾子之下者
以理勢論之爾不如速行罷兵修
好朝鮮憑藉
天朝之威靈默消諸島之睥睨
其前所乞

不平。萬曆四十六年（1618），後金努爾哈赤出兵，攻下了撫順。楊鎬因熟悉遼東軍事，再度被起用。但戰事不利，將兵損失無算，他最終遭到彈劾，被判死罪。雖然歷史總以成敗論英雄，但楊鎬在抗倭援朝時遣軍援救朝鮮，做出扭轉乾坤的重大貢獻，卻是不爭的史實。

楊鎬去思碑，現存於韓國首爾大新高等學校內。（攝影／沈明珠）

朝鮮君臣為感念楊鎬的再造之恩，建立去思碑，碑文盛讚楊鎬的稷山大

捷實為朝鮮重生的契機。

我收藏了一件寫於萬曆二十五年五月十六日，楊鎬致日本豐臣秀吉的國書。時值豐臣秀吉第二度調大軍渡海進攻朝鮮，楊鎬在咨文中先對豐臣秀吉曉之以理，再動之以情。這封國書恫嚇豐臣秀吉「臣與君抗，天理不容」，並指日本在前一年發生大地震，這是「神明殛（懲罰）之」。且豐臣秀吉已六十多歲，但兒子還未滿十歲，奉勸他「壽命幾何，子未十齡孤弱何恃」，還不如速行罷兵休養生息。國書中有關日本的情況後來都一一應驗，說明了他對日本有深入的了解。

高攀龍

東林領袖，一代大儒

高攀龍家居時，與顧憲成一同講學於東林書院，主張篤行踏實、存誠主靜，一時儒者都奉為宗師。海內士人不管認不認識高攀龍，都對高、顧二人的名聲如雷貫耳。在高攀龍削官歸里時，東林書院也被詔毀，崇禎即位後，地方官與學者們募資將它重建恢復。

高攀龍（1562-1626），字存之，又字雲從，號景逸先生，江蘇無錫人，生於嘉靖四十一年，卒於天啟六年。東林七賢（東林七君子）之一。

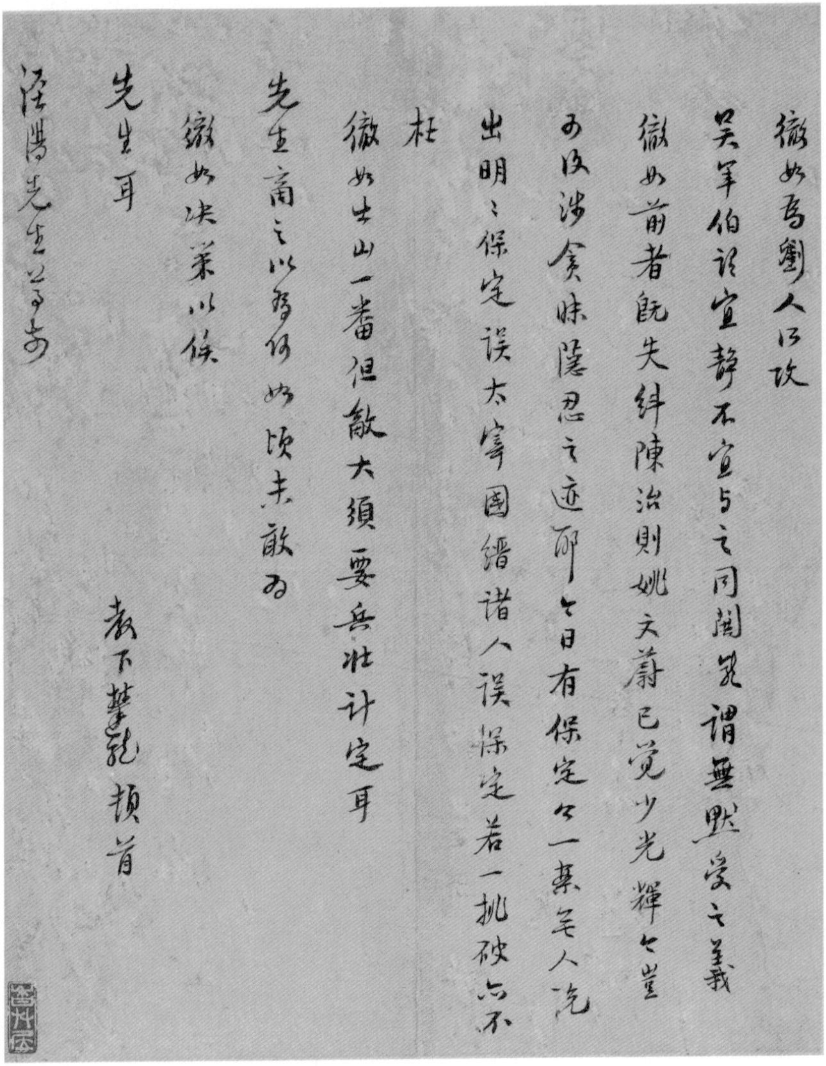

高攀龍，《與顧憲成書》。高攀龍是東林領袖，為當時士人們的精神導師，最終為了理想犧牲生命。

高攀龍曾撰寫〈山居課程〉，文中呈現了大儒的日常生活。他每天早晨五更（凌晨四點）起床，凝神靜坐，到天明時小憩一下。之後梳洗、焚香、玩味《易經》。吃

完早餐後徐行百步，教小孩日課，澆花灌木，接著入室讀書。午餐後散散步，睡個午覺。起來後品茗焚香，再繼續讀書至日落。傍晚時再靜坐一柱香的時間，然後出門遠望大自然。晚餐簡單清淡，小酌一番。再點燈隨意翻書，興盡而止，最後靜坐直到睡意浮現，然後就寢。高攀龍這種「一日三分，一分靜坐」的自我修養法門對後世影響極大。他還有「復七規」，類似打禪七的一套方法，「結七日之期，默坐體認」。直到明亡以後，他的弟子還按照老師的這種作息來過生活。

高攀龍曾與顧憲成論東林，他說，「東林人士如果有罪，罪名當是『心腸不冷』。」聖人在外，必定會關心國政。即使在家，也會略為聽聞外面的消息。這種古道熱腸的態度，和顧憲成撰寫的東林書院對聯不謀而合。「風聲、雨聲、讀書聲，聲聲入耳；家事、國事、天下事，事事關心」，表達的正是知識份子以天下為己任的胸懷。

天啟四年（1624），楊漣揭發魏忠賢二十四大罪，遭到魏忠賢報復，一時楊漣、左光斗、魏大中、袁化中、顧大章、周朝瑞等六人都被下獄迫害至死。魏大中被押解路過蘇州時，受到周順昌的照顧，兩人還結為親家，周順昌因此遭到逮捕。高攀龍也在逮捕名單之中。

高攀龍當天早晨先至宋儒楊龜山祠拜謁，回家後，與二位門生、弟弟到後園池上飲酒，聽說周順昌已經被抓走，笑著說：「我視死如歸，今果然矣！」回到屋裡和夫人談話，就像平時一樣。之後寫了二張紙，要二個孫子明日拿給錦衣衛官校，之後便閉門不出。過了一陣子，家人推門入室，發現室內只留了一盞微弱的燈光，高攀龍已經投水自盡了。他留下遺書寫道：「我雖然已被奪官，但從前是大臣，大臣受辱，就是國家受辱。我謹北向叩頭，追隨屈原留下的典範。」他向門人華允誠道別的書信中說：「我一生的學問，至此終於發揮了作用。」語調嚴正不悔，令人悽然。卒年六十五歲。

繆昌期

以名節自勵的東林君子

天啟年間，宦官魏忠賢把持朝政，趨炎附勢者形成閹黨集團。對立的一方則是以楊漣、左光斗、魏大中、高攀龍為首的東林黨。美國學者賀凱（Charles O. Hucker）評價東林人士：「是一支重整道德的十字軍，但不是一個改革政治的士大夫團體。」東林黨爭代表傳統儒家價值觀與現實惡劣政治勢力鬥爭的典型。江陰人繆昌期與東林人士志同道合，以名節自勵，力主除弊圖新，是東林黨中的靈魂人物。

繆昌期（1562-1626），字當時，號西溪，生於嘉靖四十一年，卒於天啟六年。東林七賢之一。

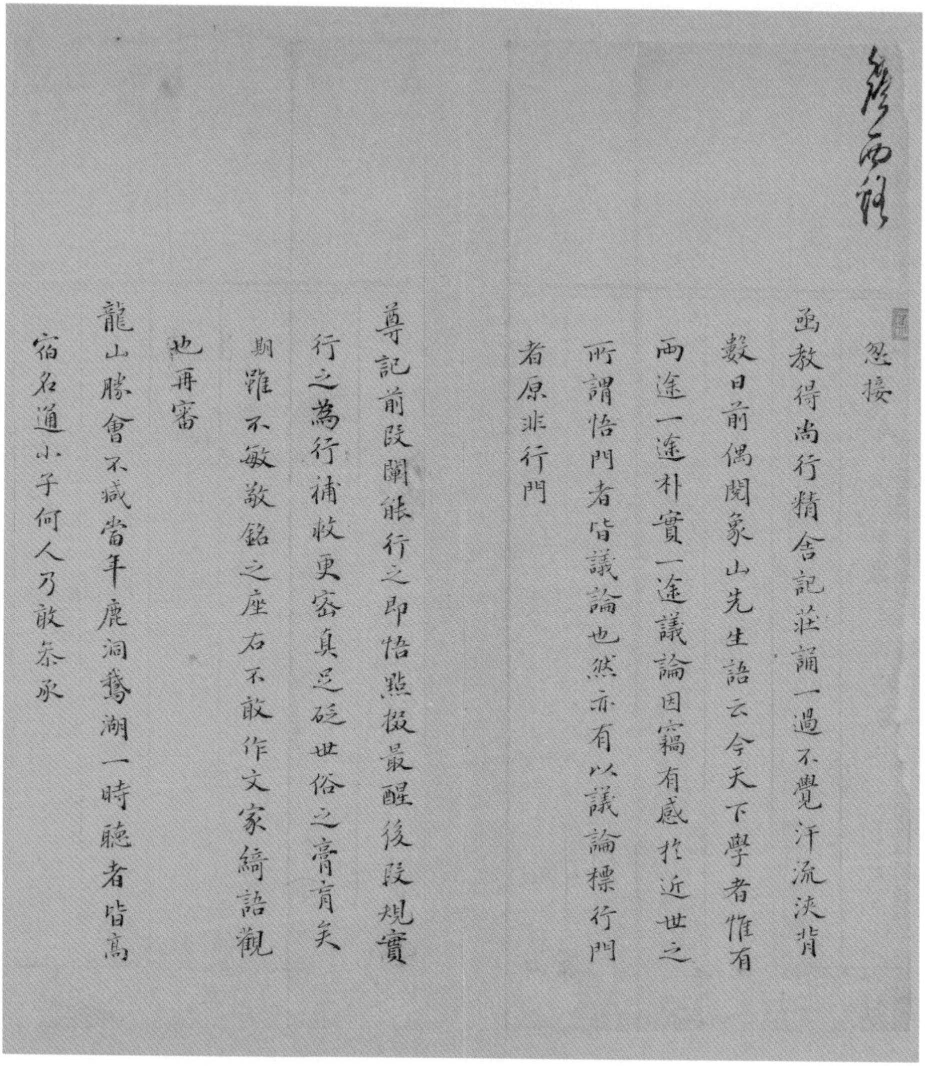

忽接
函教得尚行精舍記莊誦一過不覺汗流浹背
數日前偶閱象山先生語云今天下學者惟有
兩途一途朴實一途議論因竊有感於近世之
所謂悟門者皆議論也然亦有以議論標行門
者原非行門
尊記前段闡能行之即悟點撥最醒後段規實
行之為行補救更容臭足砭世俗之膏肓矣
期雖不敏敬銘之座右不敢作文家綺語觀
也再審
龍山勝會不減當年鹿洞鵝湖一時聽者皆高
宿名道小子何人乃敢忝承

繆昌期，《與顧憲成書》局部。由信文內容可知，顧憲成邀請繆昌期赴講會，並且將所作〈尚行精舍記〉示於他。

他與東林人士結緣甚早，十九歲就與錢謙益意氣相投，結為「同志」、「同黨」。二十九歲那年，吏部文選郎中顧憲成因忤帝意居於鄉，聽聞他的俊秀優異，特聘至無錫顧府擔任家庭教師。任職三年期間，繆昌期常與顧憲成議論國事，此後兩人始終維持亦師亦友的關係。

我收藏的一件繆昌期寫給顧憲成的信札，很能看出兩人的情誼。顧憲成於萬曆二十六年（1598）八月，與吳中文人於無錫惠山天下第二泉旁研講，力駁陽明學「無善無惡心之體」之說，一時賢朋滿堂，名播天下，史稱「龍山勝會，不減鹿洞鵝湖」。顧憲成在信中邀請繆昌期參加講會，並寄上所作〈尚行精舍記〉。繆昌期讀後盛讚該文闡揚「能行之即悟」、「實行之為行」，重視實行，而非空口議論的修行之道。這種精神正是東林所標榜的「家事、國事、天下事，事事關心」。

此外，繆昌期與同鄉徐霞客因文章道義成為好友，他的孫女因此嫁給徐霞客長子。

天啟四年（1624），東林黨人上奏彈劾魏忠賢，楊漣的參劾奏疏列舉魏忠賢二十四大罪狀，引起朝野鼎沸，當時盛傳此疏出自繆昌期手筆。不久後楊漣、左光斗遇害，繆昌期也被削籍歸家。天啟六年（1626），繆昌期被捕，入獄前作自述千言以表心

志。在獄中受盡凌虐，十指全被打落，隨即壯烈犧牲，卒年六十五歲。

崇禎即位後，繆昌期獲得平反。康熙三十年（1691），將他與同期遇難的李應升入祀江陰文廟雙忠祠。

楊漣

保護天啟帝登基，彈劾魏忠賢

楊漣年輕時就以敢言著稱，在光宗（年號泰昌）病危時曾上疏罵了光宗一頓。楊漣當時只是一位七品官，任給事中，光宗卻覺得他能不顧生命直言上疏，是位忠臣，任命他當顧命大臣。光宗駕崩後，有一位受寵的康妃李選侍住在乾清宮，挾持著將即位的太子，想要把持朝政。當時楊漣挺身而出，率領官員闖進宮中，將年僅十六歲的小皇帝由李選侍的手中奪回，擁入太和殿登基，這位太子就是後來的天啟皇帝。

天啟即位之初，朝廷中「東林勢盛，眾正盈朝」，氣象為之一新。但東林三君子之一，吏部尚書趙南星排斥異己，於是非東林人士轉而投向魏忠賢。楊漣於天啟四年

楊漣（1572-1625），湖北廣水人，生於隆慶六年，卒於天啟五年。萬曆三十五年（1607）進士。東林六君子之一。

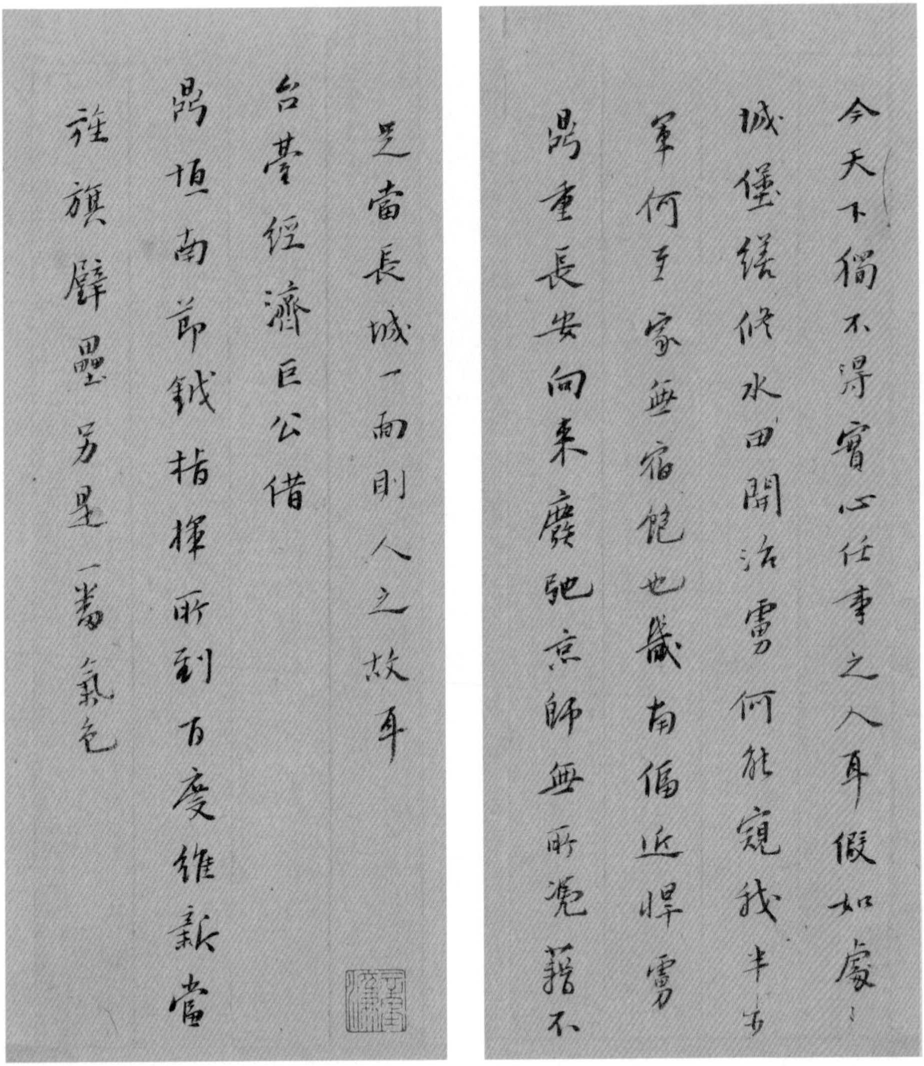

楊漣，《與某人書》局部。楊漣受魏忠賢黨陷害而死，在行刑前曾留下血書一封，表達自己忠君愛國之情，後來被公諸於世，罪名終於獲得平反。

（1624）六月上疏劾奏魏忠賢二十四條大罪，指責他把持宮中府中大小事宜，該當處死。天啟未加採信，但魏忠賢從此對楊漣懷恨在心，於是設計誣告他貪污，將左光斗、周順昌、魏大中等人都抓進監獄，並對楊漣嚴刑拷打，以致最後慘死獄中。他的冤情直到崇禎年間才獲平反，謚號忠烈。

楊漣在獄中曾用血書留下絕命詞，大意是：我一生奉行仁義，最後生命卻在獄中結束，實在不能說是死得其所。但我身為左副都御史，曾受先帝的顧命。孔子曾說：「受人託付孤子之命，就算面臨大難也不能失去氣節。」抱持著這個信念，我就有臉去見天上的先帝，也對得起我的祖先、皇天后土和天下百姓了！

《與某人書》

楊漣在《與某人書》中說：「今天下獨不得實心任事之人耳！」如今虜患未滅，軍士「家無宿飽」，而「京師無所憑藉，不足當長城一面」，國事敗壞的原因乃在於「人」，用人不當，國勢也無有起色。由於已經受人猜忌，爭之未便，告歸鄉里後不能參與決策。由此信札實可見得楊漣以國家君主為己任之心，以及對君子蒙塵，百口莫辯的憂慮之情。

左光斗

史可法的恩師

方苞曾寫〈左忠毅公軼事〉一文，其中史可法冒死入獄探視老師左光斗的一段，讀來令人動容。左光斗為了保全最器重的學生史可法，鐵著心腸逼迫他趕緊離開是非之地的監獄。

早年左光斗任督學時，有一天外出視察，正好遇到大風雪，他路經一座古寺，看到一個學子趴在桌子上睡著了，旁邊放著剛寫好的文章。左光斗看完文章後，解下自己身上的貂皮披風給他保暖，這個學子就是史可法。史可法後來在考童子試時被左光斗錄取，左光斗向妻子介紹史可法說：「吾諸兒碌碌，他日繼吾志事，惟此生耳。」

明朝末年，史可法帶兵守備鳳廬道，抵抗張獻忠，常好幾個月不就枕，坐在營帳外面，讓兵卒輪流讓他靠著背打個盹。有人勸他稍微休息一下，他說：「我怕辜負朝廷對我的重用，更怕辜負我老師的教誨！」清軍南下時，史可法堅守揚州，以〈復多爾袞書〉拒絕清將多爾袞的勸降。揚州城被攻破後，史可法殉難。死前遺書說：

左光斗（1575-1625），安徽桐城人，生於萬曆三年，卒於天啟五年。萬曆三十五年（1607）進士，授中書舍人。東林六君子之一。

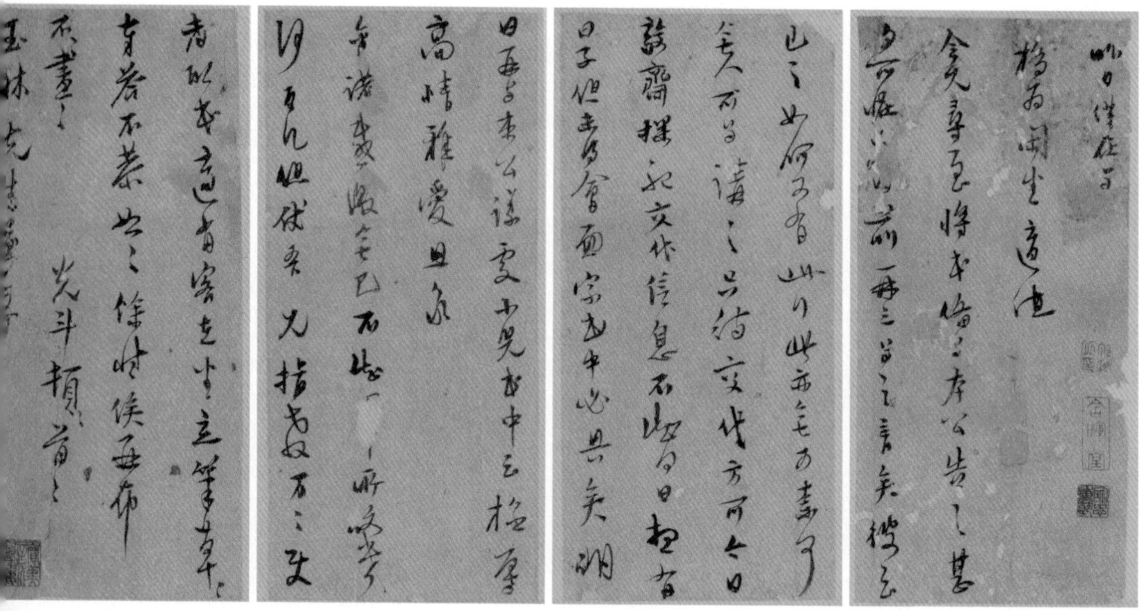

「城亡與亡，我意已決，即劈屍萬段，甘之如飴。但揚州百萬生靈，既屬於爾，當示以寬大，萬不可殺！」但是揚州百姓仍然遭受屠城之難。

史可法與左光斗的遇合，乃是國士之遇。左光斗是東林人士，萬曆三十五年（1607）與楊漣考中同年進士。天啟四年（1624），楊漣上了一份奏章揭發魏忠賢二十四條罪狀，左光斗等七十餘人大力支持他。魏忠賢誣陷他接受熊廷弼賄賂，五十歲的左光斗被捕下獄，最終受酷刑折磨而死。他的精神傳承給弟子史可法，兩人的死都重於泰山。

左光斗，《與玉林（卞世忠）書》。左光斗於信文末感謝卞世忠對兒子的提攜與照顧。

錢謙益

一代文宗，鄭成功的老師

錢謙益是晚明文壇祭酒、東林領袖、鄭成功的恩師，屈節仕清，之後又投身復明運動，他的身分多元且複雜。清代史學家閻若璩認為明末清初讀書廣博又精深的人只有三個——黃宗羲、顧炎武、錢謙益。天啟年間，錢謙益擔任《神宗實錄》編纂。崇禎年間，錢謙益由禮部右侍郎升為禮部尚書。南明弘光朝時，他曾上疏表示非常時期應當用人惟才，而不應放大個人的道德瑕疵，本意是大敵當前，東林與閹黨應放下爭鬥，可惜最後仍未成功。不久，清軍攻破南京城，錢謙益等人率眾迎降，他因此背負降清罵名，但實際上是保全了南京城百姓的生命。

順治三年（1646），錢謙益任禮部侍郎，充修《明史》副總裁。不久辭職，當官時間不到半年。

錢謙益辭官後，祕密從事抗清復明活動。顧誠在《南明史》中寫道：「幕後聯絡東南和西南復明勢力高層人物的正是錢謙益。」而我們所熟知的鄭成功，就是錢謙益的學生。崇禎十一年（1638）鄭成功考中秀才，後來進南京國子監深造，拜入錢謙

錢謙益（1582-1664），字受之，號牧齋、蒙叟，江蘇常熟人，生於萬曆十年，卒於康熙三年。萬曆三十八年（1610）登進士。

益門下。錢謙益替他起「大木」為字，期許成為國家棟樑，將來能有用於社稷。鄭成功起兵由長江攻入，包圍南京時，錢謙益更和杜甫〈秋興詩〉為凱歌。鄭成功的復明行動之所以能初步成功，是靠著錢謙益居中運作。

他晚年鄉居白茆之芙蓉莊，與遺民如黃宗羲、熊開元、弘儲、歸莊、屈大均、呂留良往來密切。特別是黃宗羲，住過錢家的拂水山莊、半野堂、絳雲樓，錢謙益還邀他來此作伴讀書。在錢謙益生命最後一年，健康狀況不允許他過度工作，此時黃宗羲過訪錢家，錢謙益請他代償文

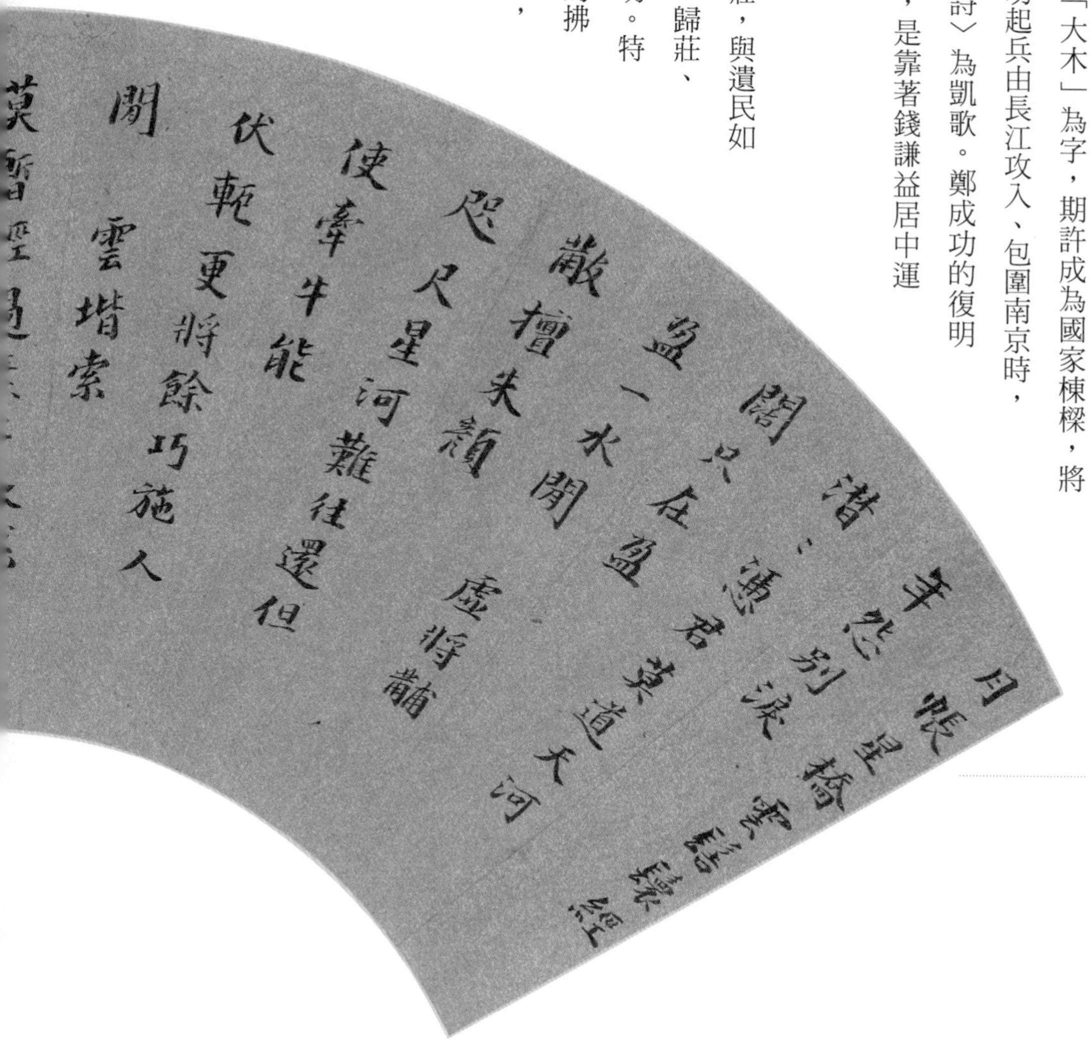

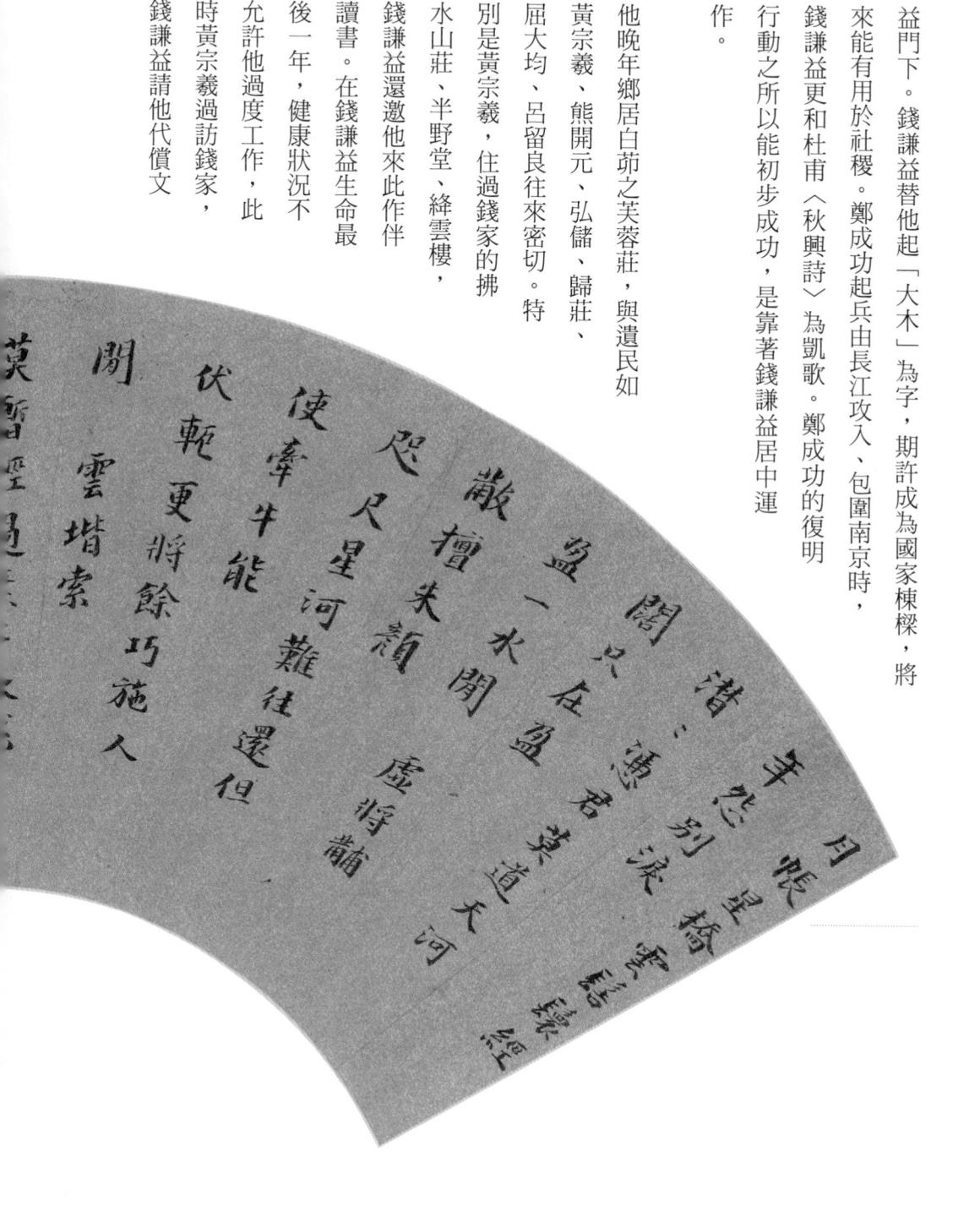

債三篇，黃宗羲一氣呵成，完成好友的託付。錢謙益在明清之際文名極盛，號為一代文宗，開創虞山派。又與吳偉業、龔鼎孳號為「江左三大家」。

錢謙益與柳如是的相戀，是晚明文壇的一段佳話。清軍占領南京後，柳如是曾勸錢謙益殉國以保全大節。乾隆編纂《貳臣傳》，將他列名其中。但國學大師陳寅恪認為錢謙益是「復國之英雄」，應該寬恕他入清任官的失節，嘉勉他後來贖罪的心情。陳寅恪並且稱讚錢謙益、柳如是兩人的詩文足以「表彰我民族獨立之精神，自由之思想」。

錢謙益，《七夕四絕句詩扇》。錢謙益是晚明文壇祭酒，東林領袖，鄭成功的老師。

第三篇

科學與技術

幸生聖明極盛之世，滇南車馬，縱貫遼陽，嶺徼宦商，衡遊薊北。為方萬里中，何事何物不可見見聞聞？——宋應星《天工開物．序》

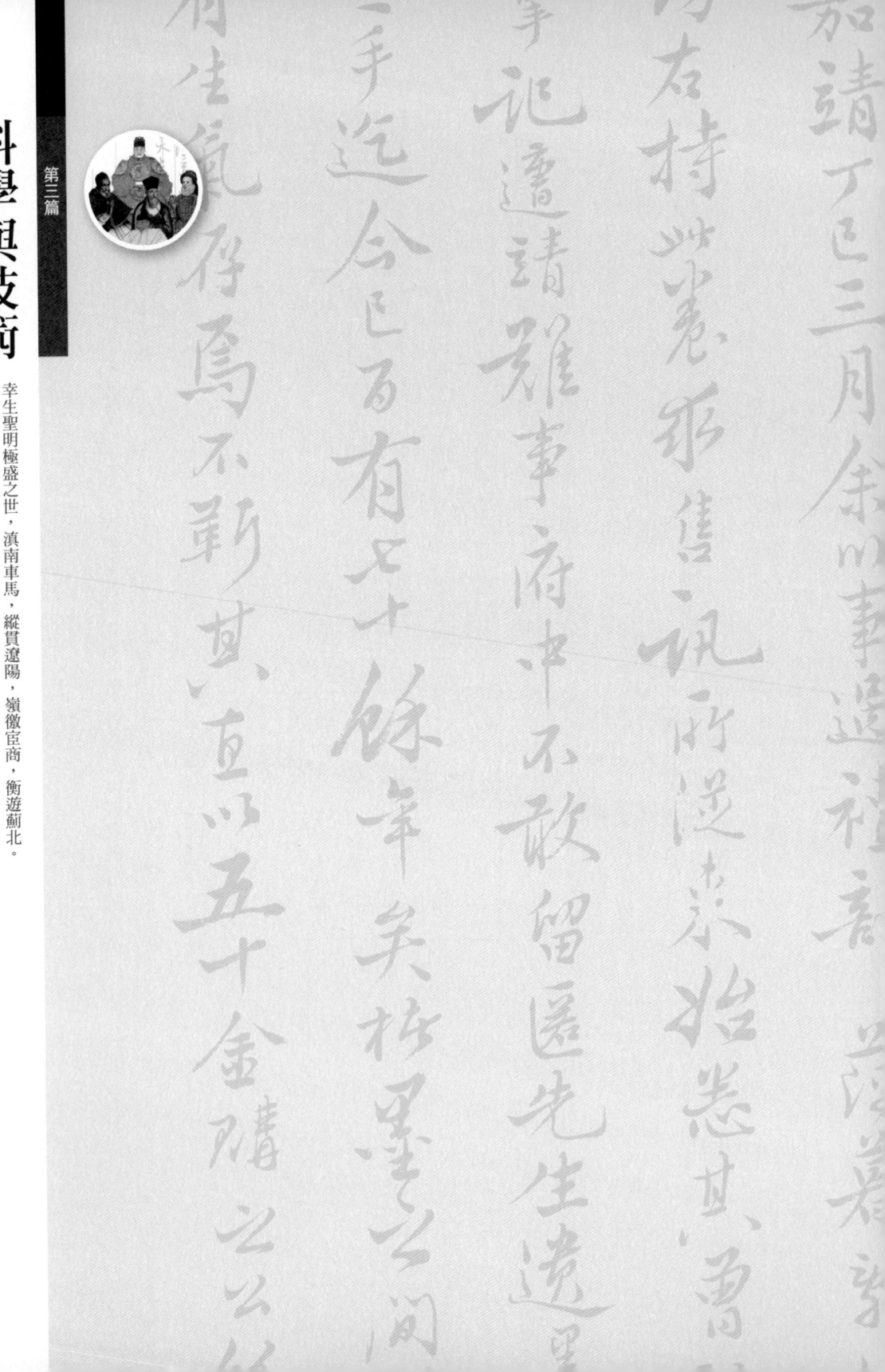

總結經驗，集其大成

早在宋、明時代，中國就已是科技大國，尤其是晚明，更是科學與技術成就的高峰。這些生長在明朝的科技大師，在王陽明「知行合一」的思潮影響之下，每個人都注重紮實的學問根柢及親身實踐，展現出明代實學的最高成就。明代的科學家具備總結前人經驗、集大成的態度，並進一步積極改良內容與方法，極富創意。

藥聖李時珍的巨著《本草綱目》，總結了十六世紀以前的藥物學知識，重新分類藥物和動植物，開創了當時世界上最先進的分類法。他採用田野調查方法，帶著兒子與門徒到各地採集藥物，並且詳細詢問當地的農民和耆老。歷經三十餘年時間，終於完成了《本草綱目》。治水名臣潘季馴撰寫《河防一覽》，書中總結了古代前人的治水經驗，他進一步根據實地考察，提出「束水攻沙」的辦法，既治河、又治沙。朱載堉發明十二平均律，則力排眾議，捨棄了中國傳統音樂樂律計算的三分損益法，經過複雜的數學計算以及實際樂器的實驗得出結果。

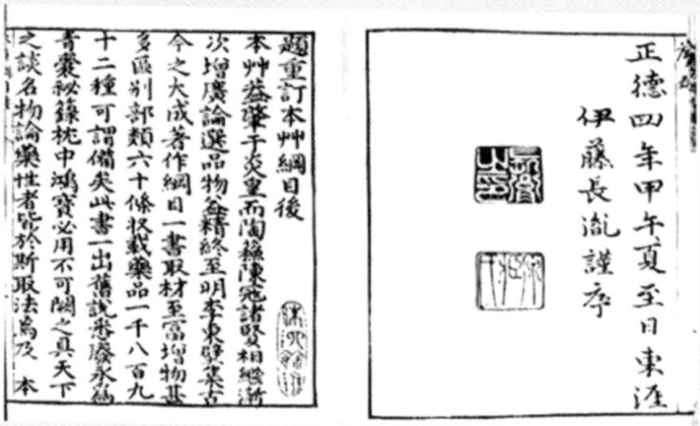
正德四年甲午夏至日東涯
伊藤長胤謹序

題重訂本艸綱目後

李時珍《本草綱目》是中國歷史上集本草學、植物和博物學大成的重要著作。

萬曆年間著名的造園家計成撰寫《園冶》，是目前所知世界上最早的造園專書，內容總結了中國傳統園林的構造原則，至今仍然適用於中國古建築及園林的建造與分析。現今上海同濟大學中的「明成樓」，其「明」字代表明朝，「成」字來自計成，以表彰明代園林藝術家計成對中國園林文化的貢獻。

明朝有不少士大夫以開放的心態接受外來語言、文化及科學技術。徐光啟是晚明中西文化交流的重要人物，他接納了天主教信仰，並且隨著利瑪竇學習數學與曆法，兩人合譯《幾何原本》。王徵是中國第一位學習拉丁文的人，並且也受洗入教，他將鄧玉函口譯的《遠西奇器圖說》筆述並繪圖出版，把當時歐洲最先進的機械學基礎知識引進中國。另一位全才型學者方以智幼年時就曾與熟悉西學的熊明遇一起論學，他也引述傳教士「腦主思維」的說法，介紹了西方關於人體骨骼、肌肉等方面的知識。方以智曾說：「生今之世，承諸聖之表章，經群英之辯難，我得以坐集千古之智，折中其間，豈不幸乎！」和牛頓謙稱自己「站在巨人的肩膀上」有同工之妙，展現了晚明時科學成果豐厚的積累，以及接納外來知識、集其大成、承前啟後的特性。

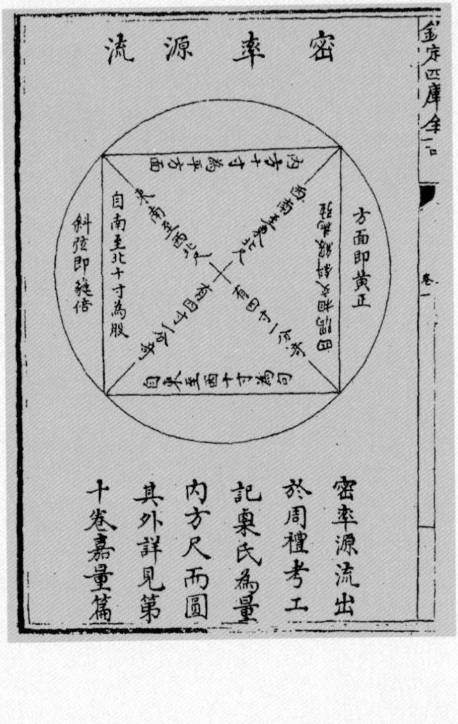

朱載堉發明十二平均律，是全世界第一人。

科技發展來自日常生活

如今我們耳熟能詳的宋應星《天工開物》，是中國明代以前農業、工業及手工業成就的集大成，書中內容與民生日用最為相關，可說是一部技術百科全書。由於萬曆時代天下承平，交通無遠弗屆，人們眼界大開，求知若渴，《天工開物》就是因應這種需求而誕生的。被人稱為「小諸葛亮」的王徵，除了翻譯引介西方器械，更留心發明、改良最貼近百姓生活的農具和日常用具，以便利勞動者。李時珍將植物分類整理成《本草綱目》，標明每種植物的藥效，更直接關係到每個人的身體與生命。

其他日用科技，如地圖學與地理學，也有長足進步。明初鄭和下西洋時繪製的地圖，被中國科技史權威李約瑟稱讚為「一幅真正的航海圖」。明代傑出的地圖學家羅洪先更精心繪製《廣輿圖》，開創新式的圖例，是中國歷史上最早的分省地圖集。萬曆時期，利瑪竇製作的《坤輿萬國全圖》帶來新的地理知識，推動了中國地圖學的發展。據說現存中國最早的地球儀是在晚明製作的，現藏於英國大英博物館。

明代的地理學著作，較為著名的有張岱高祖父張天復所作的《皇輿考》、郭子章《郡縣釋名》、曹學佺《大明一統名勝志》、李日華《輿圖摘要》、方孔炤《全邊記略》。最為人所熟知的是地理學家兼旅行家徐霞客，他的足跡遍布十六省，並記錄所到之處的人

文、地理現象與動植物，彙集為《徐霞客遊記》。徐霞客對石灰岩地貌的成因進行深入研究，並重新考察長江的源頭為金沙江，糾正了千年以來的謬誤。

採礦與冶金、造紙與印刷技術提升

明代的採礦與冶金技術提高，採礦的安全性大幅提升。宋元以前，礦工時常受到礦坑中毒氣的侵襲，以前只能被動的躲避。到了明代，礦工們會先取竹枝插入礦土中，將毒氣導出礦坑，大幅減少工人的職業傷害。在冶金方面，明代中期冶煉出金屬鋅，當時叫做「倭鉛」，歐洲一直到十七世紀才掌握這項技術。宋應星《天工開物．五金》中記載：「以其似鉛而性猛，故名之曰『倭』云。」明代冶煉黃銅的技術也有了重要發展，人們又再將鋅與黃銅合煉為「鋅黃銅」，成為明代嘉靖以後錢幣的主要材料。

《天工開物》中描繪鋅（倭鉛）的冶煉方式，影響了明代通行貨幣的材料。

明代的造紙業與印刷術也在嘉靖到萬曆年間達於極盛。竹紙是最常使用的紙張，故發展最快。明代中期，福建地區製作出高級竹紙。明朝人極講究箋紙，屠隆《考槃餘事》中記載：江西鉛山出奏本紙，浙江常山出榜紙，江西臨川出小箋紙，浙江上虞出大箋紙、大內用細密灑金五色粉箋，當時印金花五色箋、磁青紙、無紋灑金箋也很流行。可知明朝

箋紙根據不同的用途，款式琳琅滿目。明代是中國古代印刷業的高峰期，印刷品的種類和數量都遠超過前代。利瑪竇在《中國札記》中稱讚中文印刷既簡便、成本又低廉，一個熟練的印刷工人，每天可印刷一千五百張紙，所以書籍大量發行流通，售價便宜，促進了知識普及。在印刷技術上，雕版、活字版和彩色印刷都有普遍的應用。活字不僅有木活字，更出現了銅、錫等金屬活字。彩色印刷是在雕版印刷的基礎上，採用各色分版套印。另有一種拱花印刷，類似今天的凹凸版印刷，呈現出浮雕的效果，是明代的創舉。

軍事科技領先西方

明代的軍事科技也有長足進步。一五四九年，明朝海軍已製造出水雷，比西方早了二百多年。萬曆年間抗倭援朝時，明朝海軍曾用水雷一舉擊沉日本的大型戰艦。明朝也開發出大型遠程火箭，名叫「火龍出水」，可在水面上飛行數公里，直接攻擊對方的艦艇。明代工匠也製造出最早的觸發式地雷，並用它重創進犯浙江地區的倭寇。抗倭名將戚繼光軍中使用一種輕便的火炮——虎蹲炮，這是最早的迫擊炮，用於山地作戰非常機動。

明代後期引進許多西方先進武器，並且加以改良。紅夷大炮在天啟年間自葡萄牙引進，精通西學的徐光啟改良大炮的鑄造技術，更引進炮規、銃尺等儀器增加準度。徐光啟的學生孫元化還邀請外國顧問訓練了一支精良的炮兵部隊，袁崇煥把紅夷大炮架在寧遠城

牆上，炮擊後金努爾哈赤的騎兵部隊，據說努爾哈赤也為大炮所傷，是為寧遠大捷，由此可知明朝後期的軍事技術相當精良。

走在尖端的醫學與農學

明代的醫學成就突出，除了將古代的醫學理論進行整理外，更有許多創新。吳有性提出瘟疫是由於「戾氣」病從口入，撰寫《瘟疫論》，是病毒學、細菌學的先行者。明代醫學在臨床治療方面也累積了大量經驗，名醫張景岳的醫案《景岳全書》內有實用的治療方案，他也一直是山陰祁彪佳家族的專用醫生。

中國古代的「種痘」始於明朝，用以預防天花（古代叫痘瘡）。清代醫家俞茂鯤《痘科金鏡賦集解》記載，種痘法始於明隆慶年間，方法是先讓健康的人感染輕微的天花，得到抗體。而中國種痘技術，十七世紀開始傳到國外。俞正《癸巳存稿》記載，清朝康熙年間，俄國請求派醫師學習種痘。其後朝鮮、日本等國，也先後學會種痘技術，據說日本的種痘法是由獨立性易傳播過去的。英國人琴納就是在中國種人痘的基礎上發明種牛

上圖：虎蹲炮（繪圖／鄭靖非）
下圖：紅夷大炮（攝影／Ying yo ban）

痘的。明末清初杭州名醫張遂辰（1587-1667），與當時另一位名醫盧之頤，以杭州侶山堂為主要場所，招同學友人講論其中，形成了中國醫學史上集講學、醫療與研究於一體的錢塘醫派，影響至今。這個例子讓我想到，這不就像是臺大醫學院、研究所，和臺大醫院之間的關係嗎？可說是世界醫科大學的前身。

張遂辰與同學友人帶動、形成了集講學、醫療和研究於一體的錢塘醫派。

明代的外傷科也有卓越成就。陳實功從青年時期就專門研究外科，在一六一七年寫成《外科正宗》，主張治療外科疾病應該手術與內服並重，書中還有惡性腫瘤和乳癌最早的治療紀錄。另一位著名的醫家王肯堂是傑出的外科醫生，他能夠動手術切除眼睛旁邊的腫瘤，此外還會醫治精神疾病。他著有《瘍醫證治準繩》，主張骨傷科醫生必須了解骨骼結構，書中對耳廓、唇、舌、外傷的整形術有詳細介紹。他還提出腫瘤不能用手術根治，是走在醫療尖端的認識。

中國以農立國，農學的重要性不言而喻。明代有各式各樣的農學著作，萬曆二十四年（1596），屠本畯撰寫中國最早的海洋生物專書《閩中海錯疏》，介紹了二百多種水族生物的生活習性。徐光啟《農政全書》集中國古代農學之大成，內容總結了農業的生產經驗，並吸收了先進的西洋水利——泰西水法。此書也是首部系統地介紹甘藷種植法的著作。明代農業還有一項重大的變革，就是引進了許多農作物。如玉米、甘藷、辣椒等

食物，都在明代時傳入中國並大量推廣種植。

多元開放，大師輩出

時代創造大師，大師創造時代。有人說，十七世紀的西方科學界為「天才的世紀」，中國晚明時期也同樣天才輩出！明代多元開放的風氣培養出這些科學大師，李時珍、徐光啟、宋應星、徐霞客、方以智，他們都透過親身實踐的方式發展了科學方面的興趣，對人類歷史作出巨大貢獻。李時珍《本草綱目》、徐光啟《農政全書》、宋應星《天工開物》、方以智《物理小識》皆附有精美的插圖，這些插圖結合了科學與藝術，對傳播各種知識的實際操作方法有極大的幫助。在那個沒有照相機的時代，人們更該感激這些繪製插圖的無名英雄。由此更可以知道這幾位科學大師，不僅僅是要以書本展示他們的學問，更希望平民百姓，甚至是不識字的人，能夠透過圖片掌握知識。

明代科學家的成就來自大量吸收前人的研究成果，但是又抱持開放、懷疑的科學精神，且能融會中學與西學。他們抱著張載「為天地立心，為生民立命，為往聖繼絕學，為萬世開太平」，仁民愛物的精神，以及王陽明注重民生的實踐態度，努力不懈地為天下蒼生整理、歸納出有益民生的知識。這些經由博學之士親身實踐的科學知識，是晚明時代留給中華文明最豐富的文化資產。他們的精神是我們這一代人學習的典範。

收藏本事

明代的科技大師個個都極具創造力，也具備史學家陳寅恪所說「獨立的精神，自由的思想」，他們都具有開放的胸襟，能夠接納外來的新事物與新思想，所有的發明與改良皆貼近日常生活所需，講求實用性，以百姓的利益為優先考量。

李時珍

《本草綱目》：達爾文評為中國百科全書

《進化論》作者達爾文評價《本草綱目》為「一五九六年出版的中國百科全書」，可知李時珍對人類的文明是很有貢獻的。原本我以為《本草綱目》在當年一定是本被書商立刻出版的暢銷書。但事實上，此書完稿多年，都沒有人願意刊印。《錄元胡用中詩》這一件作品，正好是在李時珍找到出版商那一年寫成的，從歡慶的內容可知他心情相當愉快，能夠收藏這件作品也是一個緣分。

李時珍不只是一位植物學、藥學專家，他最有名的《本草綱目》，從書名上來看只是研究「本草」一類。然而更深入瞭解他之後，發現他還撰寫了《瀕湖醫案》等各種臨床醫學著作。《本草綱目》的內容其實包羅萬象，是一部藥物百科全書，內容

李時珍（1518-1593），字東璧，晚年自號瀕湖山人，蘄州（今湖北蘄春縣）人，生於正德十三年，卒於萬曆二十一年。

共有十六大類：水、火、土、金石、草、穀、菜、果、木、服器、蟲、鱗、介、禽、獸、人，全書近二百萬字。不僅僅是「本草」，李時珍全面地考察了人類日常生活食衣住行周遭的事物。因此，稱他為「博物學家」更加妥貼。

李時珍的祖父是行走江湖的鈴醫，父親也是家鄉的名醫。幼年時生過一場大病，在

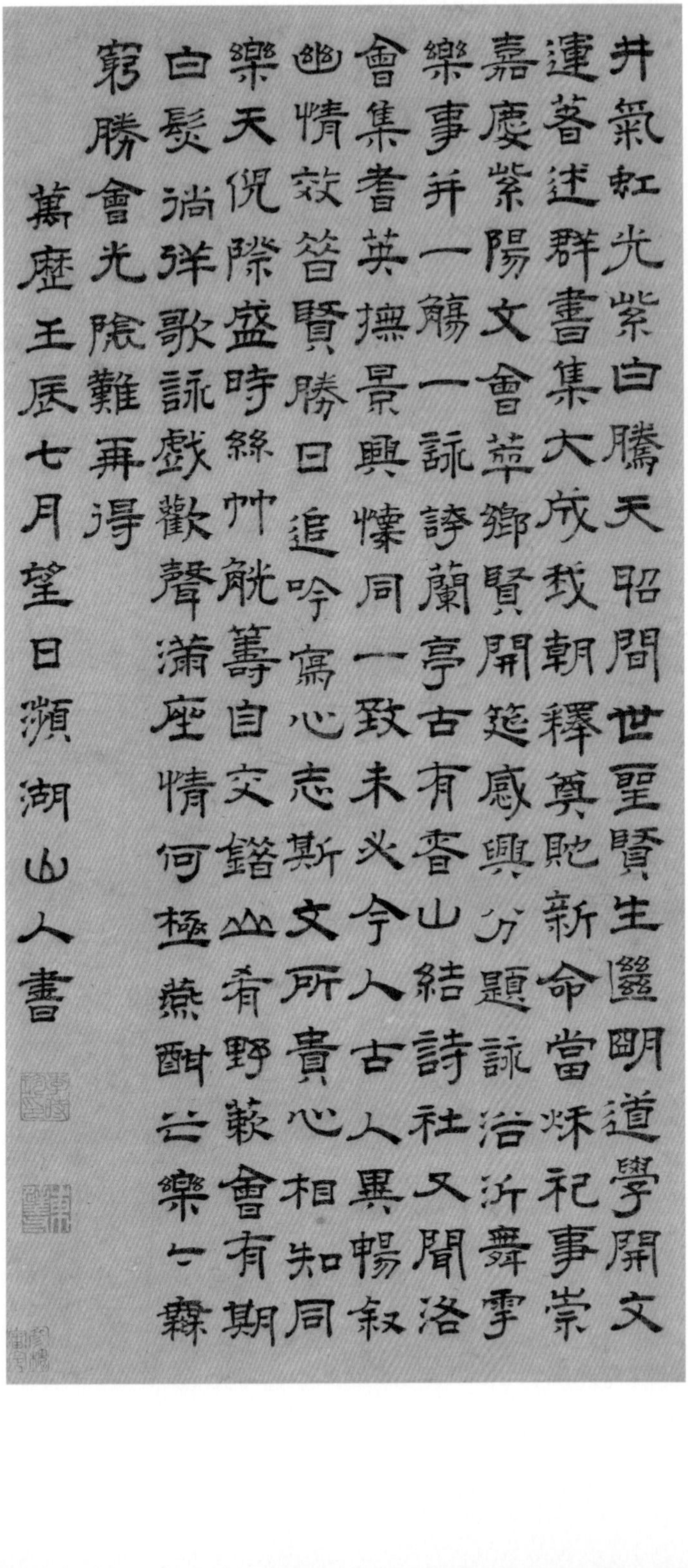

李時珍，《錄元胡用中詩》。此件作品書寫時間為萬曆二十年（1592），也是李時珍去世前一年，這年他終於找到出版商願意刊印《本草綱目》的書稿，此作內容歡欣和暢，可以想見他當時的心情。

父親悉心診治之下痊癒，因此對醫學產生興趣。十四歲成為秀才，但之後三次考舉人都落榜，轉而向父親學習醫術，立志重新整理《本草綱目》，並且用「通考據」、「詢野人」的方法，校正、整理大量的相關書籍，還採用了類似現代田野調查的方法，親自記錄自己的所見所聞。

為了要讓百姓能正確的認識本草與藥材，李時珍帶著兒子和門徒，走遍大江南北，親自考察，足跡遍及湖北、安徽、江西、湖南、江蘇等地，採集了許多珍貴的藥物標本。又虛心地向所到之處的老農夫、漁夫、樵夫和鈴醫請教，寫下了數百萬字的訪問記錄。他總結了十六世紀以前的藥物學知識，重新分類藥物和動植物，開創了當時世界上最先進的分類法。歷經三十餘年時間，終於完成了《本草綱目》。《本草綱目》刻本一出，很快流傳到日本、朝鮮、越南等地。十八世紀到二十世紀期間，又被譯成多種語言廣泛流傳。

李約瑟在《中國科學技術史》第一卷中寫道：「毫無疑問，明代最偉大的科學成就，是李時珍那部在本草書中登峰造極的著作《本草綱目》。」

潘季馴

「束水攻沙」，治理黃河的水利專家

有一次，我看國家地理頻道「偉大工程巡禮」的節目，介紹中國建造青藏鐵路的艱苦與成就。同時，我看到一篇報導說，青藏鐵路使用束風攻沙的方法，來防止穿過沙漠的鐵路沿線受到沙塵干擾，這個方法最早的發明人，正是潘季馴。他提出築堤束水攻沙之法來治理黃河氾濫，利用因受堤防之限而增強的水勢沖去河中淤泥。青藏鐵路由於穿過沙漠地帶，當代工程師也仿照築堤束水攻沙的原理，用集風的方式增強風力吹去沙子，使沙土不致於堆積。

萬曆年間，黃河時常氾濫成災，致使居民流離失所。內閣首輔張居正起用潘季馴來治河。他一生四次奉命總督治河，歷時二十七年之久。黃河和淮河經他治理後，漕運多年保持穩定。後來他將治河經驗寫成《河防一覽》，是古代最重要的河工專著之一，全書三分之二是總結從前治河的歷史經驗。他七十一歲時，還拖著病弱的身體親自前往徐州、邳州、淮安等處沿河督察，由於行走不便，只能抱病坐在船上，靠著意志力一一勘察受災地區，並主持賑濟災民事宜。

潘季馴（1521-1595），浙江烏程人，生於正德十六年，卒於萬曆二十三年。補博士弟子員，嘉靖二十九年（1550）進士。

潘季馴曾總結自己一生的治河經歷說：「自嘉靖四十四年至今，我四次以治河侍奉君王。我因治河而成長、衰老，早晚都為此勞心。有時我採納民意，有時按親眼目擊的情況安排，有時運用以往的經驗，有時驗證於未來。水有其性情，不可忤逆。河道也應有防備，不可鬆懈。地形受地勢限制，不可勉強，治河有正確的方法，不

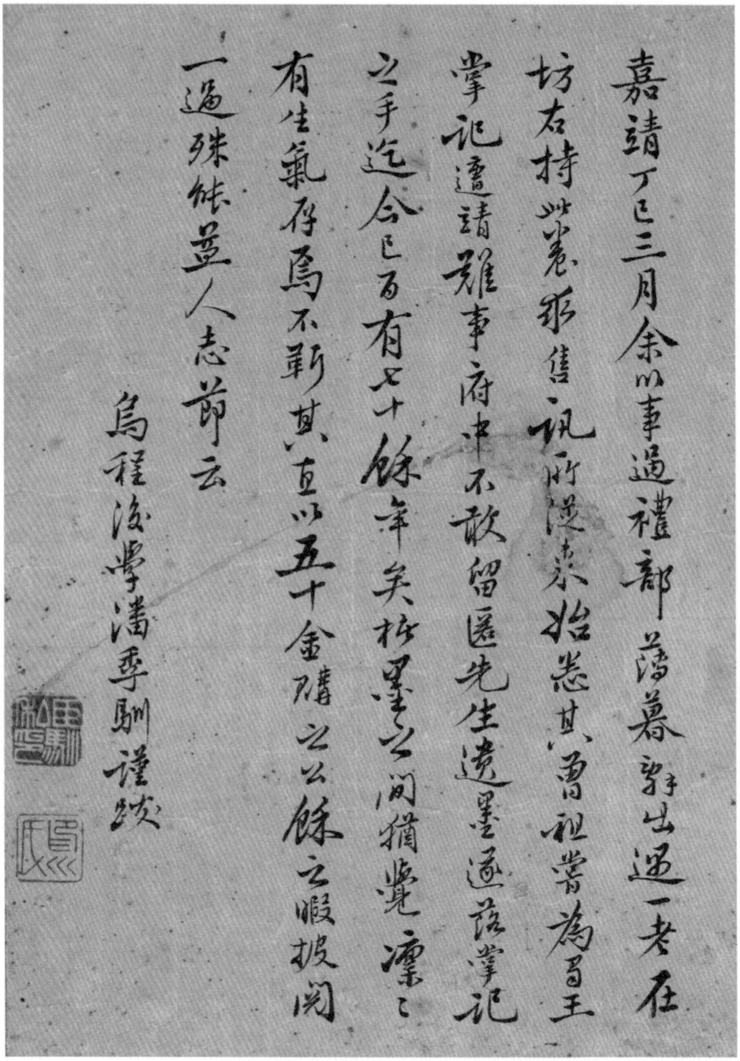
嘉靖丁巳三月余以事過禮部蒲暮邸出逢一老在
坊右持此卷求售訊所從來始悉其曾祖嘗為蜀王
掌記遭靖難事府中不敢留匿先生遺墨遂落掌記
之手迄今已百有七十餘年矣於墨之間猶覺凜凜
有生氣存焉不靳其直以五十金購之公餘之暇披閱
一過殊然益人志節云
烏程後學潘季馴謹跋

潘季馴，《蜀王遺墨跋》。此跋乃書於明宗藩蜀王遺墨之後，表現出潘季馴寶愛前人書跡的心意。他的治河著作提出束水攻沙的方法，影響了現代青藏鐵路的工程技法。

可貿然開鑿！」

首輔張居正去世後被論罪抄家，長子張敬修自殺，全家餓死十餘口。潘季馴曾受張居正的提拔和重用，於是上疏給神宗，說他對張居正一家判決過急，以致家中老小頓失依靠，連路人見了都心生憐憫。經過潘季馴建議後，張居正的母親獲釋，並且保留了十畝土地維生。

朱載堉

媲美達文西的科學全才

一九九一年，我以家母之名設立「傳成賢音樂獎學金」，支持兩岸的音樂學子。由於這樣的因緣，對音樂方面特別重視。音樂家王光祈的《中國音樂史》中就提到了朱載堉十二平均律。劉半農更說：「惟有明朝末年，朱載堉先生所發明的十二等律，卻是一個一做就做到登峰造極的地步的大發明……，他的發明至少可以比得上貝爾的電話和愛迪生的留聲機。」可惜我們收藏不到他的作品。明代王子有他們辛苦的一面，生活上也有不少限制。朱載堉在父親鄭恭王朱厚烷謝世後，寫了七道奏疏放棄藩王的繼承權，讓出爵位。萬曆皇帝非常感動，特別為他建造了一座牌坊——玉

朱載堉（1536-1610），字伯勤，號句曲山人，生於嘉靖十五年，卒於萬曆三十八年。

音坊，上面刻著「讓國高風」四個字，一時間天下稱頌，傳為美談。

明朝的宗室中人才濟濟，在詩詞、小說、書畫各領域都出現名家。其中朱載堉在科學與音樂領域揚名國際，影響深遠，尤為後人景仰。

朱載堉以自創的八十一檔雙排大算盤，加以上等竹子研發出的各種尺寸律管，經過反覆的驗證，在萬曆十二年（1584）刊行的《樂律新書》中提出「新法密率」，最先算出以比率 =1.059463094359295264561825，精確到小數點後二十五位數，將八度音平均等分為十二個音，成功解決了千百年來八個音調的轉調問題。這個理論也就是現代音樂學的「十二平均律」，可說是音樂史上重大的發明。一六三八年法國科學家才正式提出十二平均律的概念。之後十二平均律被廣泛應用在鍵盤樂器理論上，而巴哈譜寫著名的《平均律鍵盤曲集》，則比朱載堉晚了將近一百五十年。

簡單地說，十二平均律發明後，才有固定的調律作為調音的準則，記譜與作曲因此更為普及方便。民國初年，國人

朱戴堉是樂律學家、音樂家、數學家、舞學家、樂器製造家、物理學家、天文學家、散曲作家，可謂「東方達文西」。

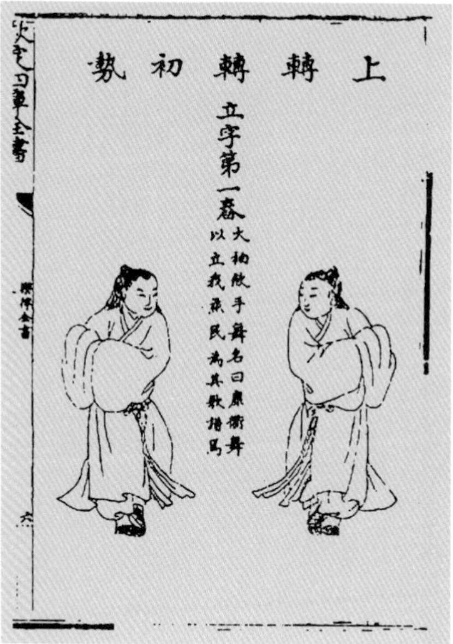

常以為十二平均律是西方的產物，劉半農因此在民國二十二年（1933）發表著名的學術論文〈十二等律發明者朱載堉〉，對中西十二平均律的發展做比較，力證朱載堉是十二平均律的原創者。

朱載堉在地理學上也有重大的成就，他是歷史上第一位算出北京地理位置的科學家。他還經過精密的計算，推論出計算回歸年長度的公式，也因此修正了當時曆法對於每年長度的誤差。此外，他在物理學上，精確算出水銀的比重。朱載堉的研究領域還包括樂器製造、舞蹈、文學、繪畫等，二十世紀研究中國科技史的權威李約瑟，稱讚朱載堉為「中國文藝復興的聖人」。

王徵

第一位兼通西學的機械工程師

中研院院士黃一農先生撰寫專著《兩頭蛇》，介紹晚明天主教士人。我拜讀後，對西學東漸及中國天主教有所了解。黃一農說，他編寫了一部電影劇本，叫《天主與妾》，故事中提到晚明信仰天主教的科學家王徵，等待有一天能夠拍成電影，我聽了感到很佩服，也對王徵這個人產生濃厚的興趣。

王徵（1571-1644），陝西咸陽人，生於隆慶五年，卒於順治元年。天啟二年（1622）進士。

王徵的父親王應選是一位私塾老師，對於教數學特別有心得，舅舅張鑒善製器械，他七歲起隨舅舅讀書，因而對科學產生很大興趣。進京做官前，他在家鄉教學、寫書，改良農具與生活器具，曾發明改良水力、風力和載重的機械，儼然是個機械發明家。他曾參考諸葛亮的木牛流馬，發明了自行車（樣本），鄉里都稱他「小諸葛亮」，這個發明比西方早了將近二百年，在他的《遠西奇器圖說》一書中都有記載。

王徵從二十五歲起開始參加科舉，五十二歲才考中進士。這段期間，他結識了傳教士金尼閣、湯若望、龍華民、鄧玉函，交往十分密切，還向他們學習科學，並成為第一個學拉丁文的中國人，也是中國第一位機械工程學家。他還協助金尼閣完成《西儒耳目資》一書，是中國第一部用羅馬字注音的語言學專著，成為第一批用西方語言知識研究漢語音韻的學者之一。

他根據鄧玉函口授，譯著了《遠西奇器圖說》一書，是中國第一部介紹近代歐洲機械工程學、物理學的書，《四庫全書總目提要》讚評「其製器之巧，實為甲於古今，寸有所長，自宜節取。且書中所載皆裨益民生之具，其法至便，而其用至溥」，說明了《遠西奇器圖說》在當時是幫助國家富強和民生發展最重要又最簡便的一本書。王徵介紹西洋科學不遺餘力，可與徐光啟齊名，以致當時有「南徐北王」的說

法。他也是中國第一批接受天主教的官員，與徐光啟、李之藻、楊廷筠並稱為「中國天主教四賢」。

王徵也有管理與軍事才能，他在進京會考時，曾以舉人身分上書皇帝，願以「布衣從戎」，他參考古代兵書寫成《兵約》、《客問》二書，提出制敵方略。他任直隸廣平府推官時，拯救了無數受白蓮教牽連的百姓。後補揚州府推官，瑞、桂、惠三位藩王向百姓收取重稅，王徵向三王上疏免除百姓的傜役，三王皆敬佩他的為人，折節應允。當時大江南北都爭著建魏忠賢生祠，只有王徵和淮海道僉事來復毅然拒絕，人稱「關西二勁」。崇禎元年（1628），登萊叛將劉興治作亂，王徵以山東按

王徵，《溪山車馬圖》。畫風學習北宋山水。在王徵的身上可以看到中國傳統文化與西學的衝突，他迫於家庭壓力而納妾，但因篤信天主教，便不與妾過夫妻生活，兩人相敬如賓。

察司僉事監軍遼海，到任數月後，斬劉興治，恢復了金、復、海、蓋諸州。後因登州戰事失利，自繫請罪，之後獲赦還鄉。李自成起兵後，關中情況危急，王徵與縣令一同募兵守禦。

崇禎十六年（1643），李自成占領西安，想徵召王徵出仕。王徵拒絕，後絕食殉國。

涂紹煃

《天工開物》出版的關鍵人物

《天工開物》是大家耳熟能詳的一部綜合性科學技術著作，即便沒有讀過，也都從中學歷史課本知道它的重要性。而這部書之所以能夠付梓傳世，是由於一個關鍵人物——涂紹煃。

涂紹煃與宋應升、宋應星兄弟為同門，並同為萬曆四十三年（1615）舉人，一起進京趕考，

涂紹煃（1582?-1645），江西新建人，字伯聚，號映薇，大約生於萬曆十年，卒於順治二年。萬曆四十七年（1619）進士。

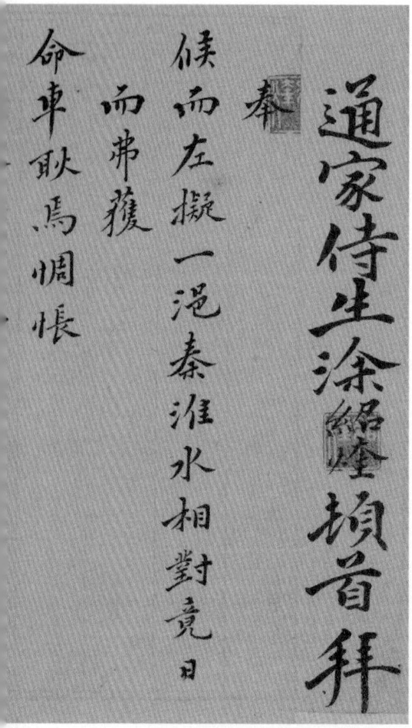
通家侍生涂紹煃頓首拜
奉
候而左擬一泥秦淮水相對竟日
而弗獲
命車耿馬惆悵

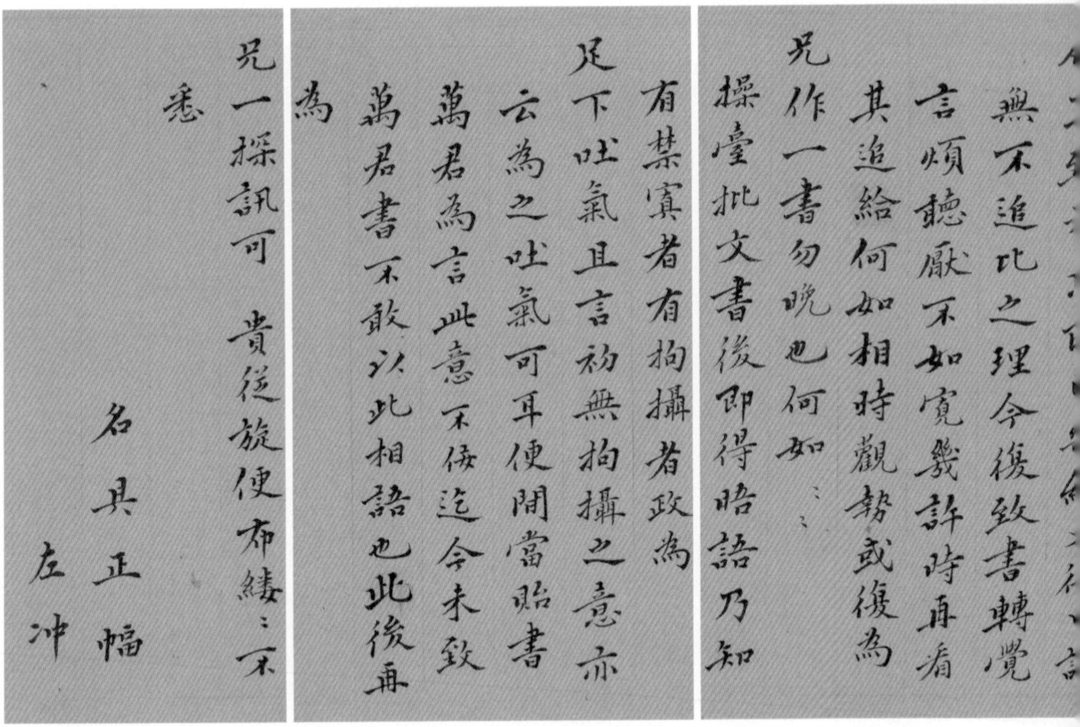
無不追比之理今後致書轉覺
言煩聽厭不如寬幾許時再看
其追給何如相時觀勢或復為
兄作一書勿晚也何如何如
操臺批文書後即得暗語乃知
有禁寘者有拘攝者致為
足下吐氣且言初無拘攝之意亦
云為之吐氣可耳便閒當貽書
萬君為言此意不佞迄今未致
萬君書不敢以此相語也此後再
為
兄一採訊可 貴從旋便布縷縷不
悉
名具正幅
左沖

情同手足。日後又與宋應升結為兒女親家。

涂紹煃是思想先進的知識份子，初入仕途就主張發展工業。在工部任職時更加深對科學的興趣。他在四川、河南任官，曾邀請宋應星前往當地做科學考察。

宋應星在《天工開物》序中說道，以自己的財力無法刊行這部書，但是「吾友涂伯聚先生，誠意動天，心靈格物，凡古今一言之嘉，寸長

涂紹煃，《與某人書》。內容應與審理案件之事有關。涂紹煃是宋應星《天工開物》的贊助人，也是熊文舉的老師。

可取，必勤勤懇懇而契合焉。昨歲《畫音歸正》，由先生而受梓。茲有後命，復取此卷而繼起為之，此亦夙緣之所召哉。」從這段文字可明白，沒有涂紹煃的解囊相助，就沒有這部巨作的問世。崇禎十年（1637）刊行的《天工開物》是最早的刻本，為表彰涂紹煃贊助出版之功，學界稱此本為「涂本」或「涂伯聚本」。

順治二年（1645），清軍攻入江西，涂紹煃不肯歸順清廷，於是將族人託給宋應星照料，自己帶家人出走，但船行到洞庭湖時突起大風，全家遇難。

涂紹煃在政治上傾向東林，官宦生涯也有政績，但他以《天工開物》贊助人的歷史形象，為後代銘記歌頌。他的事蹟讓我體會到，我們當不了宋應星，卻可以學習涂紹煃。或許並非每個人都有能力成就流芳百世的功業，但若我們願意奉獻自己的能力，成為偉大事業背後的推手，也能夠利益全人類。

吳有性

從疫區經驗實踐發展出「瘟疫論」

前年，我看了電影《大明劫》，內容描寫大明王朝面臨兵禍與疾病的劫難與考驗。

吳有性（1582-1652），字又可，號淡齋，江蘇吳縣人，生於萬曆十年，卒於順治九年。

吳有性，《瘟疫論》選。他提出瘟疫來自由口鼻而入的「戾氣」，開啟中醫傳染病學研究的先河。

電影中的二位主要角色是陝西督師孫傳庭及晚明名醫吳有性。故事的背景是崇禎十五年（1642），孫傳庭抗擊李自成軍隊，當時正逢瘟疫流行，史書記載染病死亡的人高達二十萬人。吳有性用大規模隔離的方式來壓制病情的傳播，原來 SARS 用的隔離方式早在明朝就已實施。

吳有性提出瘟疫「非風、非寒、非暑、非濕，乃天地間別有一種異氣所感」，並且歸納出有效的治療辦法，活人無數。這真是劃時代的貢獻，可見明代醫學思想是非常進步的。崇禎十四年（1641），山東、浙江南北兩直隸爆發瘟疫大流行。當時的醫生用對待傷寒的方法來治療瘟疫，導致誤

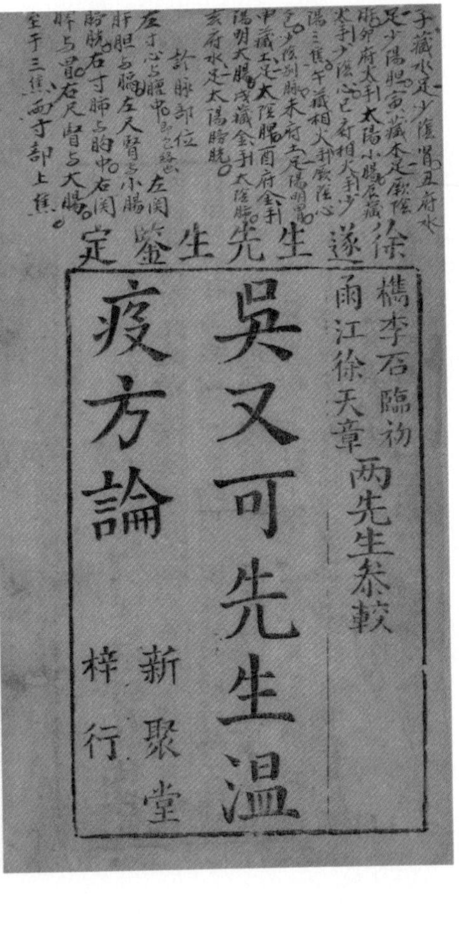
徐遂生先生鑒定
檇李石臨初 甬江徐天章 兩先生叅較
吳又可先生溫疫方論
新聚堂梓行

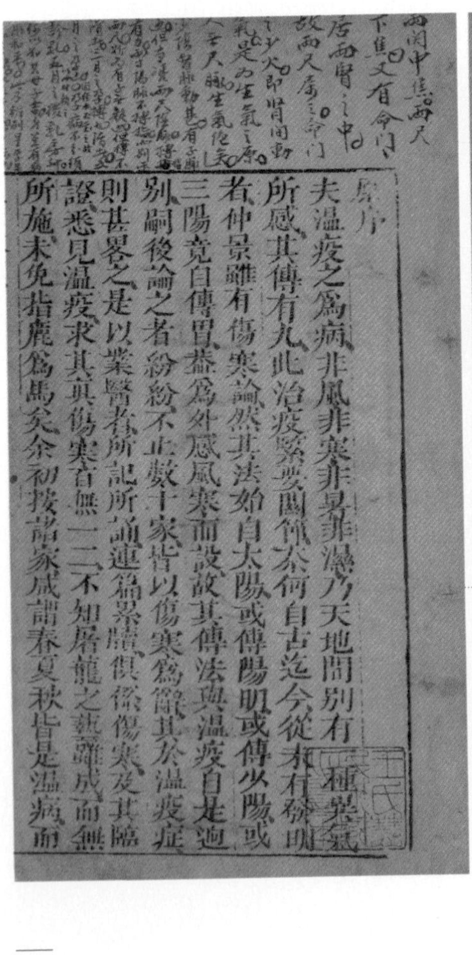
原序
夫溫疫之為病非風非寒非暑非濕乃天地間別有一種異氣所感其傳有九此治疫緊要關節奈何自古迄今從未有發明者仲景雖有傷寒論然其法始自太陽或傳陽明或傳少陽或三陽竟自傳胃蓋為外感風寒而設故其傳法與溫疫自是迥別嗣後論之者紛紛不止數十家皆以傷寒為辭其於溫疫症則甚略之是以業醫者所記所誦連篇累牘俱係傷寒及其臨證悉見溫疫求其真傷寒百無一二不知屠龍之藝雖成而無所施未免指鹿為馬矣余初按諸家咸謂春夏秋皆是溫病而

診，使許多人命喪黃泉。吳有性說此病乃一種「戾氣」由口鼻而入，且具有傳染性，雖然當時還沒有病毒的觀念，但吳有性能發現瘟疫經由口鼻傳染，在細菌學說還沒有形成以前，這是非常高明的判斷。他參考古今醫案，辨證瘟疫與傷寒的不同，提出許多實用的治療方法，並撰寫《瘟疫論》，這是第一部瘟疫專書。自吳有性《瘟疫論》出版後，醫家治療瘟疫才有了準則，貢獻至大。

徐霞客

《徐霞客遊記》：中國最重要的地理著作

徐弘祖，以「徐霞客」之名為後人所知。高祖父是江陰巨富，和好友唐寅一同赴京考試，捲入會試舞弊案。也許因為這個緣故，徐霞客之父無意為官，隱於鄉中。徐霞客的家業非常富裕，年少時即與吳中名賢交遊，例如東林黨人顧憲成、高攀龍、繆昌期、文震孟等。

徐霞客自幼喜歡閱讀歷史地理著作，使他產生親自旅行考察的願望，但顧及老母在堂，不便遠遊，內心十分矛盾。他非常孝順，初始的旅遊活動總作「有方之遊」，按時回家探望母親，母親也喜歡聽他講述旅遊的故事。徐母經營紡織業，樂善好施

徐霞客（1587-1641），名弘祖，字振之，號霞客，江蘇江陰人，生於萬曆十五年，卒於崇禎十四年。

且累積大量財富，她認為「志在四方，男子事也」，不必被「父母在不遠遊」的觀念所限制，因此給他各方面的支援，並且要他每年回家講旅遊奇遇給家人聽，我常想，這會不會就是《徐霞客遊記》誕生的原因？

在長年的壯遊生涯中，徐霞客也結下珍貴的友誼，他的朋友陳繼儒、黃道周、陳函煇，都是晚明文化史上的重要人物。徐霞客晚年臥病，聽說黃道周被下獄，於是派大兒子親赴探望。黃道周曾說，一生朋友甚多，唯有徐霞客堪稱生死之交。

徐霞客的旅遊，並非只是遊樂性質的「遊山玩水」，而是以生命注入其中的冒險壯遊。他沒有登山鞋，沒有防水衣，沒有登山杖，沒有生火用的瓦斯爐，更沒有中央補助。這樣的旅程，往往是在生命受威脅的狀態下與大自然搏鬥。然而他的探險行為並非盲目涉險，而是通讀了史地著作後，有計畫目的按圖索驥。

徐霞客曾說：「凡世間奇險瑰麗之觀，常在險處。」既告訴人們要有冒險精神，又鼓勵人們追求美的體驗。清初文人錢謙益讚美《徐霞客遊記》是「世間真文字、大文字、奇文字」；潘耒稱徐霞客的「不避風雨，不憚虎狼，不計程期，不求伴侶」之遊，是「以性靈遊，以軀命遊」。李約瑟評論：「《徐霞客遊記》讀起來並不像

十七世紀的文人所寫的作品，倒像一部二十世紀的野外勘察記錄。」

《徐霞客遊記》是古代旅遊文學中最傑出的作品。徐霞客深刻瞭解中國地形地貌，並提出了明確的科學觀點。他是世界上對石灰岩地貌作詳細記錄和深入研究的第一

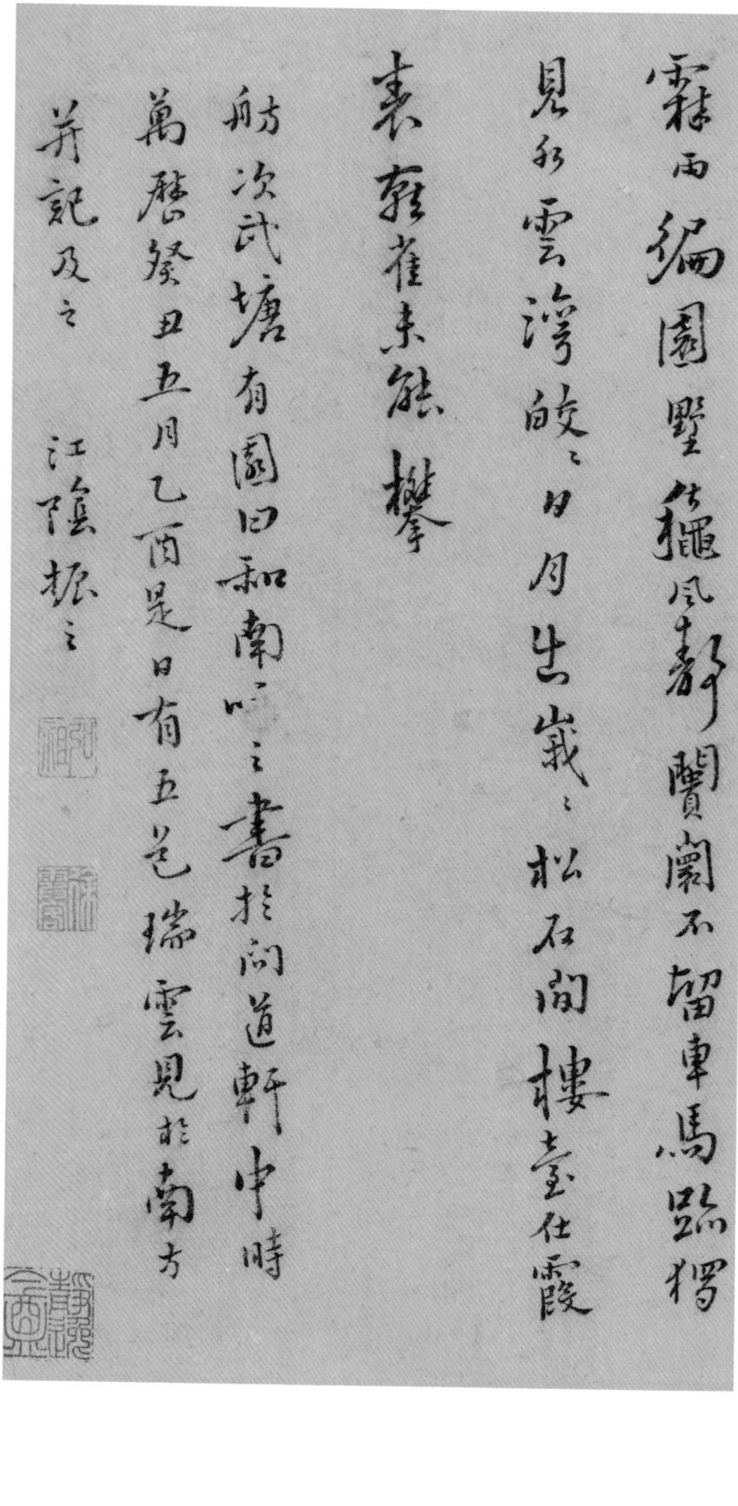

人。這本書也因此有多種語言的譯本行世，深受世界各地讀者喜愛。二〇一四年基金會在上海展出這件作品時，一批研究徐霞客的專家還特地前來參觀致意。

有鑑於這本書的影響深遠，徐霞客可說是現代旅遊家的遠祖，因此大陸國務院以開篇的「癸丑之三月晦」（亦即一六一三年五月十九日）為紀念，訂每年的五月十九日為「中國旅遊日」。

《行書五律》

現存的《徐霞客遊記》中，記錄了萬曆四十一年（1613）四月和六月的遊記，卻獨缺五月。此件作品記載了此年五月在揚州附近武塘（今嘉善）的遊記，與前後月正好是同一路線。當中記載南方天空中有五色瑞雲，武塘有個名為「和南」的園林，徐霞客在園中的「問道軒」暫泊，寫下一首詩。他觀察天空的景象，不是單純欣賞美景，而是從地理學的角度記錄氣候現象。

徐霞客，《行書五律》。此件書跡寫於萬曆四十一年（1613）農曆五月，可以補充《徐霞客遊記》中缺失的部分。

第四篇

思想與宗教

中國缺乏西方意義下的「自由主義」，但並非不重視自由，尤其在明代理學中，保存了許多自由傾向（liberal tendencies）的價值。——美國哥倫比亞大學榮譽教授狄百瑞（William Theodore de Bary）

實學思潮，知行合一

明代最重要的思想家是王陽明，他不僅影響了整個明代中晚期後的思想，更綿延至今。王陽明提倡「致良知」與「知行合一」，並說道「知是行之始，行是知之成」。傳至晚明清初，誕生了劉宗周、黃宗羲等大儒。這股實學思潮，促使許多科學家深入民間，進行調查、訪問、觀察、試驗，寫出了《本草綱目》、《樂律全書》、《農政全書》、《徐霞客遊記》、《天工開物》等科學巨著，還推動了一批政治家和學者，投身於各種改革事業，如徐階、張居正、海瑞，以及後來的東林人士、復社成員等。王陽明的學說影響了日本明治維新時的海軍大將東鄉平八郎，他曾經打敗清朝北洋艦隊、擊敗俄國海軍，這位被日本人稱為「軍神」的大將，隨身佩戴了一枚印章，上頭刻著「一生伏首拜陽明」，對王陽明佩服得五體投地。可以說，日本明治維新

日本海軍大將東鄉平八郎深受陽明學的影響，隨身佩戴「一生伏首拜陽明」之印。圖為王陽明畫像。

最重要的精神資源，就是陽明學。

此外，還有「前七子」王廷相偏向唯物主義的思想，否定佛道、揚棄理學，並且注重自然科學。他不贊成「性善」或「性惡」說，認為「性成於習」，意即人的本性是來自於習慣的養成，主張應當讓兒童在幼年時期就養成良好的習慣，這讓我聯想到現代的蒙特梭利幼兒教育。他認為知識應當來自見聞，必須在實踐中練習，而非在書房中空虛的講讀，值得現代學人反思。

主體意識覺醒

除了致良知、注重實學以外，明代中晚期，隨著社會風氣逐漸開放，重商的思想興起，商人地位也逐漸提高。如上海浦東陸家嘴陸氏望族出身的陸楫。陸楫撰寫〈禁奢辨〉，反對禁奢，他認為奢侈對社會有利。一個地區的生活奢侈，當地的百姓則易於維生。當各種奢侈商業行為的需求提高，各行各業的「就業率」也隨之增加，進而促進經濟發展。

同時，個人的主體意識也覺醒了。李贄標舉「童心說」，強調「情」的價值，突破了道德與禁欲主義的藩籬。婦女也在思想解放之列，明代白話小說「三言二拍」中，有許多婦女自由婚戀或改嫁的故事。藝伎的社會地位也不若以往低微，所來往的對象都是社會

名流與知識份子。社會上結社集會的風氣盛行，輿論相對自由，印刷技術進步與普及，各類書籍大量出版，也大幅提升了一般百姓的知識水準、思想與文化。

三教一理兼容宗派

聖嚴法師的《明代佛教研究》指出，明末是中國佛教復興的時代，在中國佛教思想史上有重要地位，上承宋元，下啟清民，將宗派分張歸於統一。對教內主張禪淨律密不可分

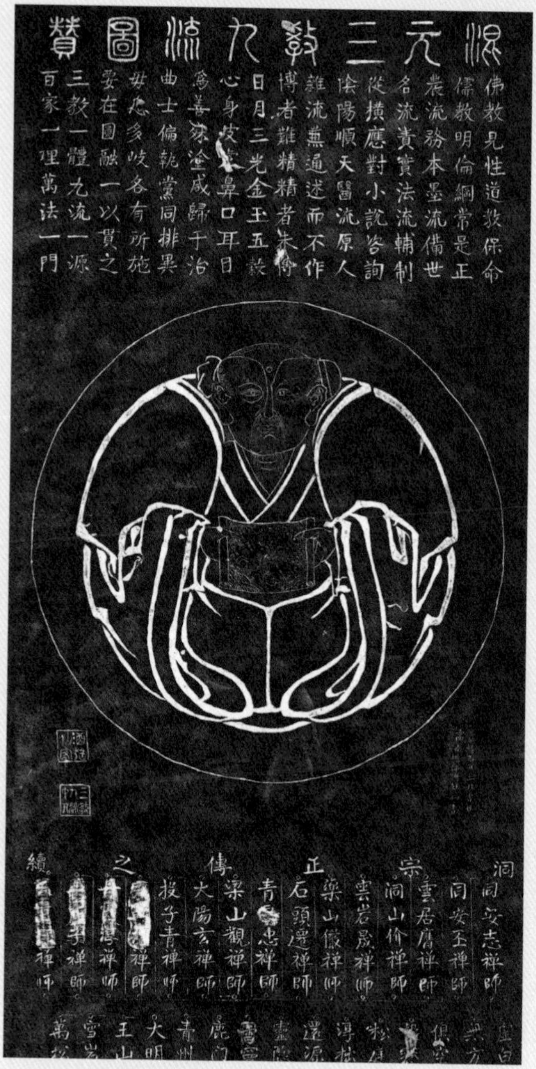

朱載堉繪製《混元三教九流圖》，指出儒釋道三家本是一體，九流學派同出一源。（圖片來源：http://www.amtb.tw/）

割，對教外的儒道二教，更採取融通疏導的態度。此外，明末傑出而有影響力的僧人及居士，也幾乎都有著述流傳後世，他們不僅重視禪宗語錄、教史的編撰，並且從事經書的註釋。明末佛教的興盛，和高僧的文化素養有很大關係，再加上許多傑出的僧人，都有相當深厚的宗教經驗和悟道的境界，所以既能弘法當時，也能教化後世。

明末的四大高僧，雲棲（蓮池）袾宏、紫柏達觀、憨山德清、蕅益智旭，在出家之前都是飽學之士。例如，蓮池大師出身書香世家，十七歲曾中秀才。憨山大師幼師孔子，少時師老莊。他們都飽讀詩書、博覽儒釋道經典，因此在弘揚佛法上抱持著開放的態度，宣講三教一理，主張調和佛教各宗派的思想，融會貫通。

明清之際，很多遺民都選擇逃禪，而不願歸順清朝，我認為這也是因為明代佛教興盛的關係。

這些佛教高僧並不只顧著隱居修行，而是雲遊各地，深入社會各階層弘法，同時也不忘行善濟世。但他們雖是方外之人，卻仍逃脫不了當時的政治風雲。憨山大師無端被捲入朝中「國本之爭」而致流放充軍，一生顛簸流離。至交紫柏大師仗義救他，卻被拘刑拷打，傷重圓寂。然而，他們的淡泊守道、為國為教的犧牲奉獻，以及樂善好施的風範，始終為後世相傳、景仰與師法，並且對臺灣的佛教影響深遠。

收藏本事

明代是思想開放、科技發達、文化創意高漲的時代，大師紛紛湧現。面對這些大師，我們應當表示最高敬意。而晚明的佛教被稱為佛教的復興，僧人的人格魅力和弘法廣度，是其他時代所不及的。這些思想大師及著名高僧，引領了時代思潮，達致極高的文化成就。

李贄

思想啟蒙大師

好幾年前，我在國父紀念館欣賞越劇《藏書之家》，劇情是描述一位名叫花如箋的姑娘，為了看「天一閣」的藏書，自願嫁進寧波范家。李贄是范家范容的精神導師，為了收集李贄的著作，范容不惜傾家蕩產、飽受苦難。而自稱擁有李贄《焚書》的世交竟要求再嫁花如箋「以人換書」，使范容陷入兩難。這齣戲的劇情雖是虛構，但是卻讓我見識到了，李贄的《焚書》原來有這麼重要的價值。

李贄是嘉靖三十年（1551）舉人，曾任河南共城教諭、南京國子監博士、北京禮部司務、雲南姚安知府，三年後棄官。他討厭假道學，認為與其做偽君子，還不如當個市井小民、販夫走卒來得踏實。

李贄（1527-1602），福建泉州人，生於嘉靖六年，卒於萬曆三十年。

李贄提出「童心說」，主張人該保持赤子之心，表達自己真實感受。他在家鄉教書時，不僅收男學生，也收女學生。有人認為女人沒有見識，不如男人，李贄卻不同意。他認為像漢代卓文君年輕時就守寡，她後來決定再嫁司馬相如，是很正確的作法。李贄的想法和當時大多數人都不同，代表一種對傳統封建禮教的反抗，可說是明代思想的改革先驅。

李贄晚年到北京附近的通州傳播他的思想，後來被以「敢倡亂道、惑世誣民」的罪名下獄，即是認為他妖言惑眾。李贄的老友湯顯祖聽聞好友下獄，寫信給大學士馮琦，希望他出面營救。後來未判李贄死刑，而是改判他遣回原籍，由地方官監管。李贄聽到判決，感慨地說：「我年七十有六，死以歸為？」便在獄中奪剃刀自刎而死。

李贄的《焚書》在晚明大為暢銷，書中內容主旨是反對迷信與盲從，也反對一切的偶像崇拜；提倡尊重個性，強調「合乎民情之所欲」；揭露和批判「假道學」，並主張「童心說」。李贄在明末被視為「異端」，但他的思想對後世影響很大。湯顯祖創作《牡丹亭》就深受「童心說」的影響，開啟了明末追求個性解放的風氣。

劉宗周

曾任北京市長的理學名臣

我收藏一件劉宗周寫給學生的信札，內容是教學生怎麼養生，不要誤用偏方，要愛惜生命，但他自己卻在南明朝滅亡後，選擇用絕食的方式結束自己的生命，這種堅定意志力令人震撼，我讀了他的作品，非常感動。

劉宗周出生前，他父親就去世了，靠母親一手撫養長大。外祖父章穎很有學問，徐階、陶望齡都是他的學生。劉宗周幼年跟著外祖父讀書，後來考中萬曆二十九年（1601）進士，因服喪家居七年後才補官，期間拜許孚遠為師。許孚遠教導他要時常自我督促，並節制欲望，同時提醒他做學問不是只了解知識，更必須注重實踐。

劉宗周後來受朝廷起用為行人，為官剛正，敢於直言上諫。天啟年間，因得罪太監魏忠賢，被削籍為民。崇禎皇帝繼位後，他替楊漣、左光斗等人平反冤情。崇禎二年（1629）任順天府尹（北京市長）。任內上疏請求減稅，並設立特區給貧民居住，還訂立保甲法，安頓北京一帶的流民。南明朝時，劉宗周還當過福王的左都御史，負責監察文武百官有無怠忽職守，後因直言參劾馬士英、阮大鋮，被罷官歸里。

劉宗周（1578-1645），浙江紹興人，生於萬曆六年，卒於順治二年。

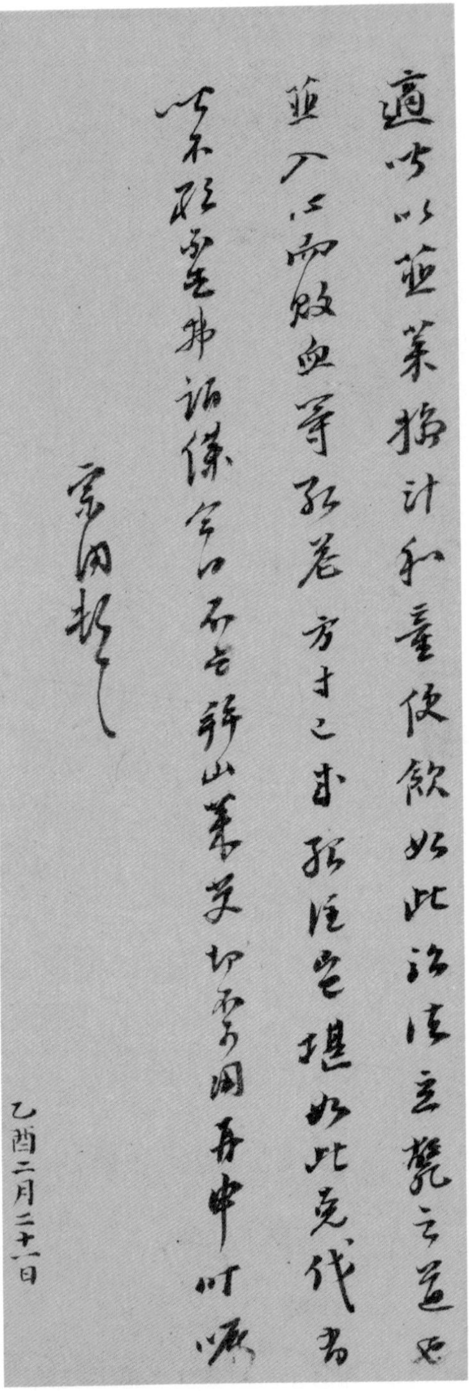

劉宗周，《與祝淵書》。此信札末記有時間「乙酉二月二十一日」，為順治二年，即劉宗周絕食殉國該年。他是浙東學派重要代表人物。

劉宗周一生致力於讀書與講學，他創辦「證人書院」，後來和陶奭齡一同在此處講學。著名學者黃宗羲、陳確都是他的學生。劉宗周修正了陽明學，標舉「慎獨」為最重要的道德修養方法。他希望通過內省的功夫收拾人心，使人人都能向善，以解救混亂的世道。

順治二年（1645），多鐸率清軍攻陷杭州，六十八歲的劉宗周當時正在吃飯，聽到消息後推開餐食，放聲慟哭，決定絕食殉國。其他的學生勸他：「死若對天下有益，那麼可以死。但若死對天下無益，為什麼還要輕易捨棄這個有用的身體與生命呢？」劉宗周回答道：「我早已知道應該圖謀起事，而非自殺，但我已經老了。」便絕食二十日後逝世。

黃宗羲

民本思想早於盧梭

根據記載，黃宗羲的長相有古人風範，但有點口吃，體格強壯能舉起鼎。他從小遍讀史書，並跟隨大儒劉宗周學習。父親黃尊素為東林名士，但被魏忠賢陷害而死。黃宗羲的一生，經歷了孤兒、孤臣、遺臣的身分，最終成為一位大儒。

黃宗羲十九歲時，祖父過世，便一個人前往北京，打算為父親報仇。當時崇禎皇帝剛即位，全力鏟除魏忠賢黨羽。魏忠賢自殺後，他的手下受審，黃宗羲也參加了會審，並衝上前去，用事先藏好的鐵錘，將許顯純打得鮮血直流，再痛打崔應元，將他的鬍鬚扯下來，拿回家放在他父親的牌位前祭祀。接著又追殺虐待其父致死的兩位獄卒。後來黃尊素的冤情昭雪，黃宗羲便回鄉讀書結社，並遵照父親遺願，拜劉宗周為師。清兵南下時，他召募義兵，成立「世忠營」，武裝抵抗清軍，被魯王任命為左副都御史。明亡後，他隱居著述，屢次拒絕清廷徵召。

黃宗羲讀書極廣，他家的書都讀完了還不夠，再向同鄉的藏書家借書看，更南遊到許多著名的藏書樓看書。康熙七年（1668），黃宗羲接受寧波學者之邀，在白雲

黃宗羲（1610-1695），浙江寧波人，生於萬曆十年，卒於康熙三十四年。

莊「證人書院」講學。在寧波期間，他還在著名藏書家范欽的曾孫幫助下，破例登上原本不讓外人進入的「天一閣」藏書樓，這在當時是轟動全國的大事。他不僅翻閱了樓中全部的藏書，還親自編著《天一閣書目》，撰寫了《天一閣藏書記》。

黃宗羲學問廣博，天文、算術、樂律、經史百家以及釋道之書無不研讀，史學方面的成就尤其大。他所著的《明儒學案》，開浙東史學研究風氣，是中國第一部學術史。另一部著作《明夷待訪錄》更具備了

浙江寧波范氏天一閣。（作者：Zhangzhugang，採用創用 CC 姓名標示 - 相同方式分享 3.0）

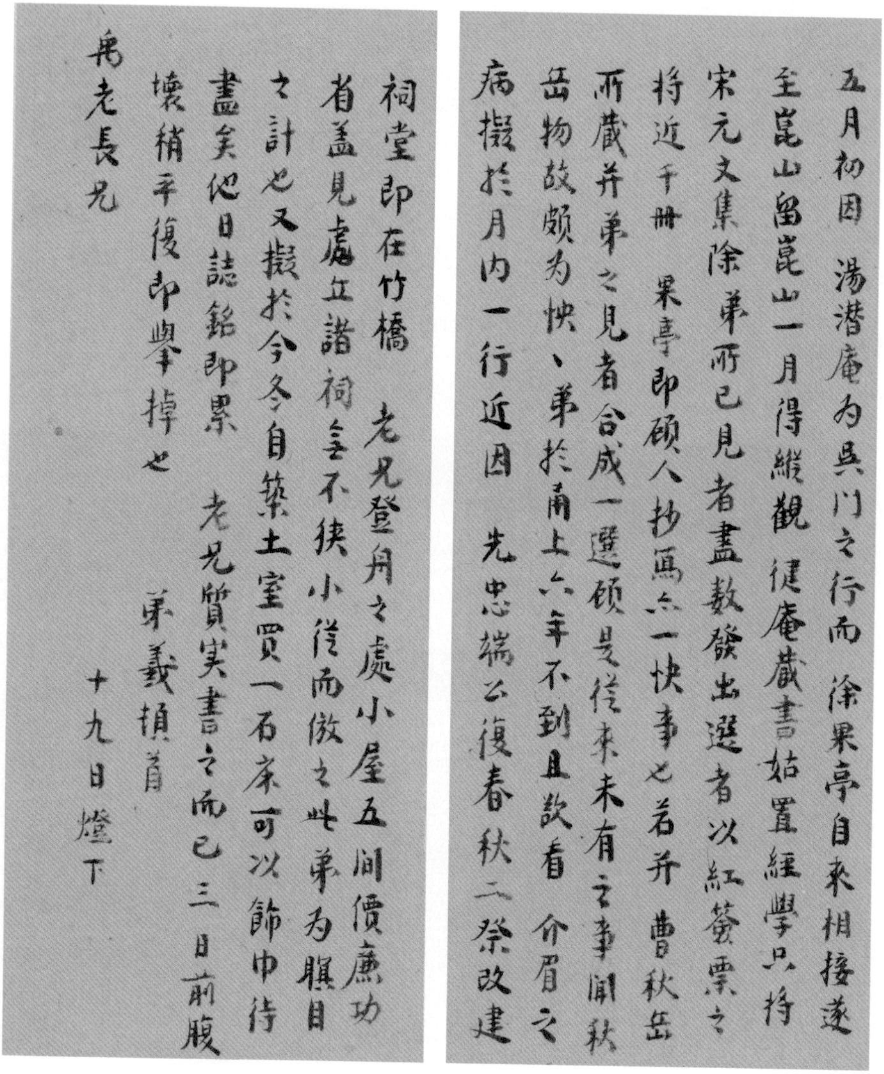
五月初因 湯潛庵為吳門之行而 徐果亭自來相接遂
至崑山留崑山一月得縱觀 健庵藏書姑置經學只將
宋元文集除弟所已見者盡數發出選者以紅簽票之
將近千冊 果亭即顧人抄寫亦一快事也若并曹秋岳
所藏并弟之見者合成一選頗是從來未有之事聞秋
岳物故頗為怏怏、弟於甬上六年不到且欲看 介眉之
病擬於月內一行近因 先忠端公復春秋二祭改建
祠堂即在竹橋 老兄登舟之處小屋五間價廉功
省蓋見處丘諸祠無不狹小從而倣之此弟為瞑目
之計也又擬於今冬自築土室買一石床可以飾巾待
盡矣他日誌銘即累 老兄質實書之而已三日前腹
壞稍平復即舉掉也
弟羲頓首
十九日燈下
禹老長兄

黃宗羲，《與鄭梁書》。黃宗羲曾破例登上浙江范氏的「天一閣」看書，所著《明儒學案》開浙東史學研究風氣。

現代民主的雛形。他反對君主專制，也不認同君臣之間的尊卑關係，君王不該高高在上，而臣子是君王的分身，兩者都應盡自己的責任。國學大師梁啟超曾說：「我自己的政治活動，可以說是受這部書的影響最早又最深。」他還讚嘆黃宗羲的思想說：「原來我們國家還有比盧梭更早的這麼先進的思想。」

方以智

傳說中洪門天地會的創立者

歷史學家侯外盧先生評價方以智：「他是明末復社領袖之一，政治活動家，自負要提三尺劍，糾集志士，改造黑暗世界。」方以智出身桐城方氏世家，為「明末四公子」之一。十二歲時母親過世，由姑姑方維儀教養。他的祖父方大鎮、父親方孔炤都對《易經》頗有研究，也都學習西方天文學，方以智更在九歲時就曾隨父親與熊明遇討論西學。方家藏書豐富，他承襲研究易學衣缽，是晚明重要的哲學家和科學家。

除了家傳的易學，他在京為官時，也接觸了傳教士湯若望、畢方濟，向他們學習西學，三個兒子皆以湯若望為師。但方以智雖接觸西學，卻不是一味接受。他具有實

方以智（1611-1671），安徽桐城人，生於萬曆三十九年，卒於康熙十年。

驗精神，還找出西方科學的問題，設法解決。

他寫的《物理小識》被譽為「十七世紀罕無倫比的百科全書」，書中記述了大量動物學、植物學知識及栽培、管理方法。書中附有精美插圖，結合了科學與藝術，在那個沒有照相機的時代，對傳播各種知識的實際操作，有極大的幫助。他的另一本著述《通雅》，提出了漢字拉丁語拼音的主張，比五四時代錢玄同等人的主張早了三百年。這些成就展現出晚明科學思想成果豐厚的積累，以及方以智集其大成、承前啟後的重要貢獻。

方以智在崇禎十三年（1640）中進士，被選為庶吉士在京為官。崇禎皇帝自殺後，他在靈前痛哭，被李自成的農民軍抓住嚴刑拷打，但他始終不肯投降，趁亂逃到南

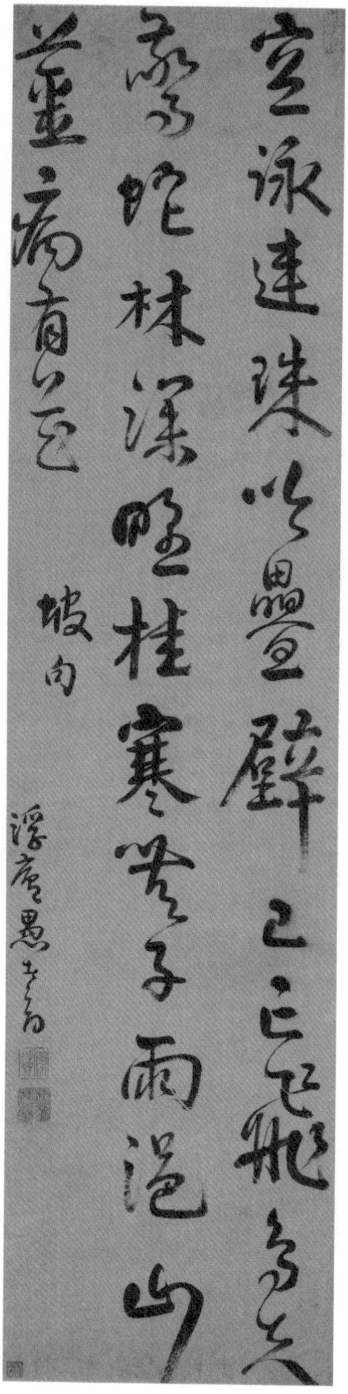

方以智，《錄蘇軾〈和白居易天竺寺詩〉》。此作抄寫蘇軾唱和詩之頷聯與頸聯。有此一說，方以智或許是洪門天地會的創立者。

京。他在江西結交的許多朋友都和反清復明有關。浪跡一段時間後，在梧州追隨覺浪道盛法師出家。他的哲學著作有《東西均》、《易餘》等書，現在獲得的評價愈來愈高，儼然可和王夫之、黃宗羲相比。清代大學者江永評價方以智：「真孝子、真忠臣、真才子、真佛祖」，對他推崇備至。

顧炎武

天下興亡，匹夫有責

顧炎武的母親王氏十六歲喪夫守寡，獨力撫養兒子成人。她白天紡織，夜晚陪兒子讀書到半夜，並以岳飛、文天祥、方孝孺忠義的故事教導他。後來顧炎武以捐納成為國子監監生。據說他眼珠中白邊黑，性情耿介，不合於流俗，與同里歸莊是好朋友，人稱「歸奇顧怪」。明亡後，他遵從母親王氏「無為異國臣子」的遺命，終生布衣。

顧炎武熱愛讀書，手不釋卷。他不僅鑽研古書，更重視實地考察和記錄，以行動印證「讀萬卷書，行萬里路」的道理。顧炎武外出遊歷將近二十五年，他總帶著兩匹馬、兩頭騾子，馱著書跟在後面。每到邊關要塞，就向當地的老兵和居民，詢問該

顧炎武（1613-1682），江蘇崑山人，生於萬曆四十一年，卒於康熙二十一年。

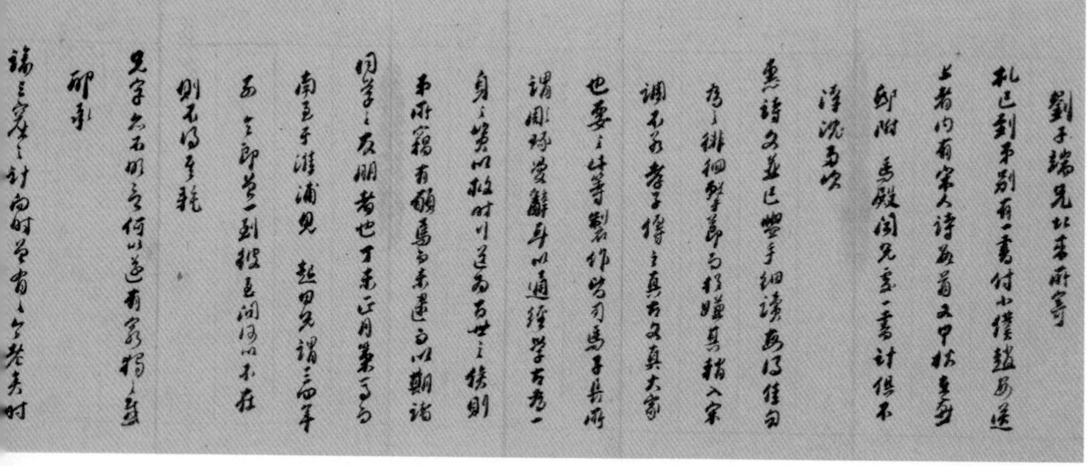

地的歷史沿革。如果聽到的和他所知道的知識不吻合，就找個旅店茶房坐下，打開書本做筆記、進行校勘。有時他騎馬走荒野，沒別的事做，就在馬上邊騎邊看書，默誦群經注疏。若偶有遺忘的，就趕緊找出書本，一遍遍熟讀，還曾經因此不慎墜落深谷。顧炎武以實作與田野調查的資料為基礎，寫了《天下郡國利病書》，指出中國救亡圖存之道。

顧炎武還撰寫了一本《日知錄》，他說：「士大夫之無恥，是謂國恥。」還說：「易姓改號，謂之亡國；仁義充塞，而至於率獸食人，人將相食，謂之亡天下。」顧炎武認為，應當先「保天下」，即是注重人倫禮義，才能「保國」。若是忽視了基本的人倫與禮法，就算國家還在，天下也已

顧炎武，《與元恭（歸莊）書》。信文中認為歸莊之詩稍流入宋調，應該「通經學古，以救時行道」。

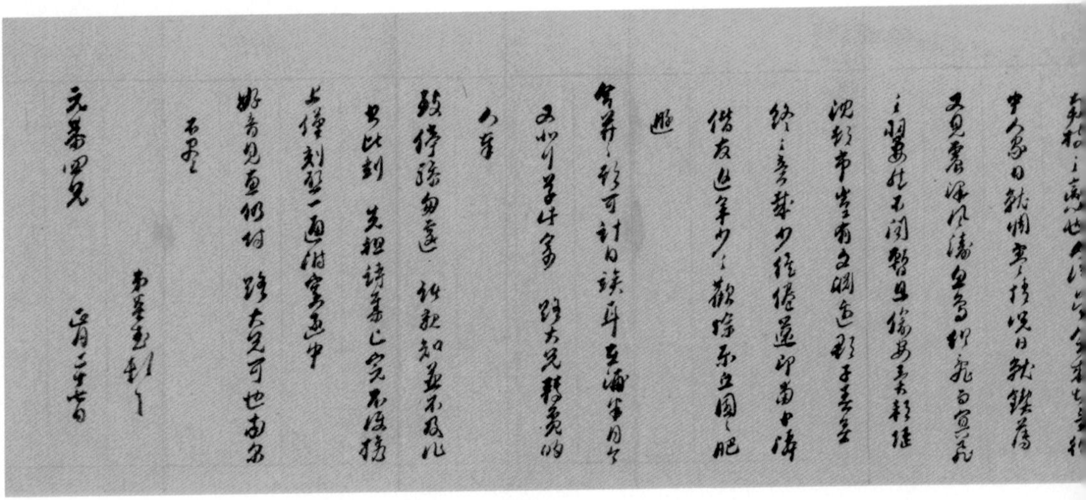

經亡了。顧炎武還曾說：「保天下者，匹夫之賤，與有責焉」，梁啟超將它改寫為「天下興亡，匹夫有責」。

雲棲袾宏

影響近代佛教的淨土宗八代祖

我讀《劍橋中國史・明代卷》，其中有一段評論晚明佛教：「雖說晚明四大師如山峰般傲然屹立，但他們不像先前時期的著名僧人，並不是與世隔絕的個體存在，而是領導著一個充滿活力，並自我維持的佛教僧人與民眾信徒的社團。」文中的關鍵字「充滿活力」、「自我維持」、「佛教僧人與民眾信徒」，不就是當代人間佛教的現象嗎？臺灣當前的佛教志業也正延續著晚明這股力量，以慈悲之心及實際行動

雲棲袾宏（1535-1615），又稱蓮池大師，俗姓沈，浙江杭州人，生於嘉靖十四年，卒於萬曆四十三年。

傳播於社會的每個角落。而在晚明的高僧中，雲棲袾宏從事的社會志業讓我非常佩服。

雲棲袾宏出身名門，一心想走讀書當官的道路，卻屢遭挫敗。二十七歲遭遇喪妻亡兒之慟，興起出家念頭，但母親堅持為他再娶湯氏，不久後父母相繼離世。三十一歲那年，對湯氏表明出家心意，湯氏乃深明事理的女子，袾宏於是以父母、妻兒、官爵、富貴、文名、宴樂為題，寫了著名的〈七筆勾〉，了結世間七種纏繞的思緒，祝髮出家。隨後，湯氏也受感悟出家。

隆慶五年（1571），袾宏回到浙東，看見杭州雲棲山幽寂，於是結茅安居。此後主持雲棲寺四十多年。他以戒為基礎，協調各宗派，平時生活樸素，但對四周居民信眾，卻發揮濟貧救難的慈悲心，從事放生活動、收棄嬰、葬屍體，影響了居士佛教的風行。稍晚的祁彪佳等人從事的社會救濟，也是這股風氣的延續。袾宏弘揚淨土宗，為第八代祖，主張老實念佛，這與目前臺灣的淨土宗是一致的。

據載萬曆皇太后讀到袾宏的〈放生文〉後激賞不已，特派使者咨問法要。袾宏的影響不僅在佛門，朝野名士也受他極大的影響。憨山大師更推許他為佛教界的周公、

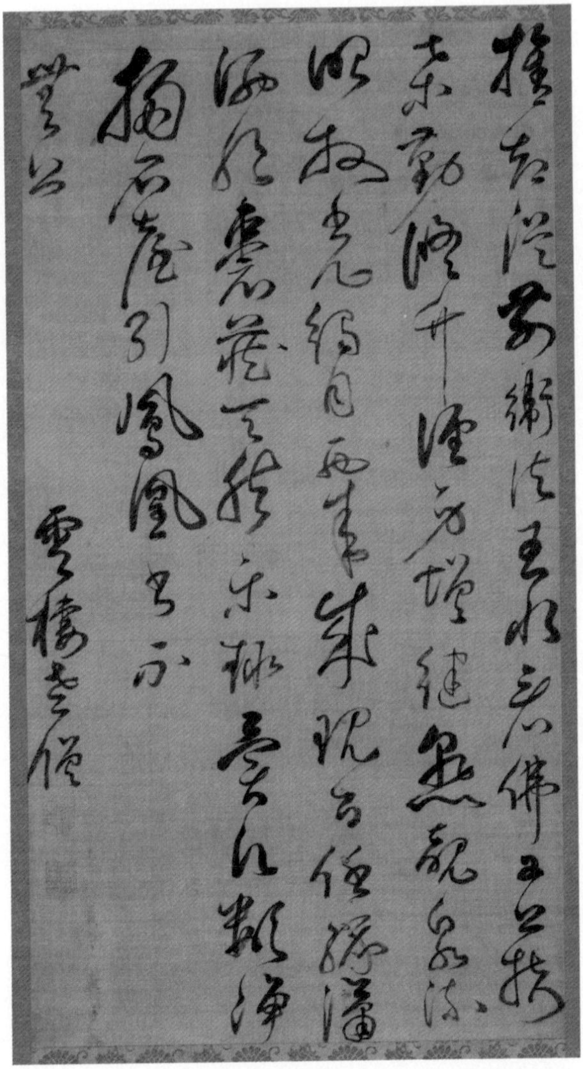

孔子與乘願而來的應身大士。清朝康熙、雍正、乾隆三帝南巡時，多次造訪、捐資、賜聯匾予雲棲寺以為表彰。

袾宏一生菩薩心行，教化人心，給予明末動盪社會下的百姓無限光明。二〇一四年我們在上海展出「萬曆萬象」明代書畫展時，有位學者看了袾宏的作品後大受感動，雙手合十向他的書跡頂禮膜拜，這也是古賢人格對現代人再次的感召與啟示吧！

雲棲袾宏，《行書七律》。此詩所贈的對象為出家人，應是參禪開悟的得道高僧。袾宏積極從事社會救濟，影響了晚明以來的中國慈善事業。

雪浪洪恩

代表佛教與利瑪竇辯論

在我辦公室的進門處，掛著一件當代草聖于右任的草書立軸，「屋後一灣流水，門前幾點青山，雲去月來橋上，鳥啼花落林間。」這是晚明高僧雪浪洪恩的詩，點出了一種心境澄明的生活觀。右老曾說：「明朝詩僧眾多，當推雪浪為第一人。」或許受到雪浪的影響，右老的詩總是淺顯易懂，卻又意境深遠。

雪浪洪恩一生致力於弘揚《華嚴經》。十二歲在南京大報恩寺出家，跟隨無極悟勤大師修習，十八歲時已擔任副講，以弘傳賢首宗學為己務。他儀表堂堂，重瞳隆準，高大偉岸具有帝王相。好學深思，除研讀佛經外，還兼修儒典及子史、唐詩等，每當登山臨水，逸興一發，常會吟詠詩篇以抒情懷。

南京大理寺卿李汝禎講學主陽明「性

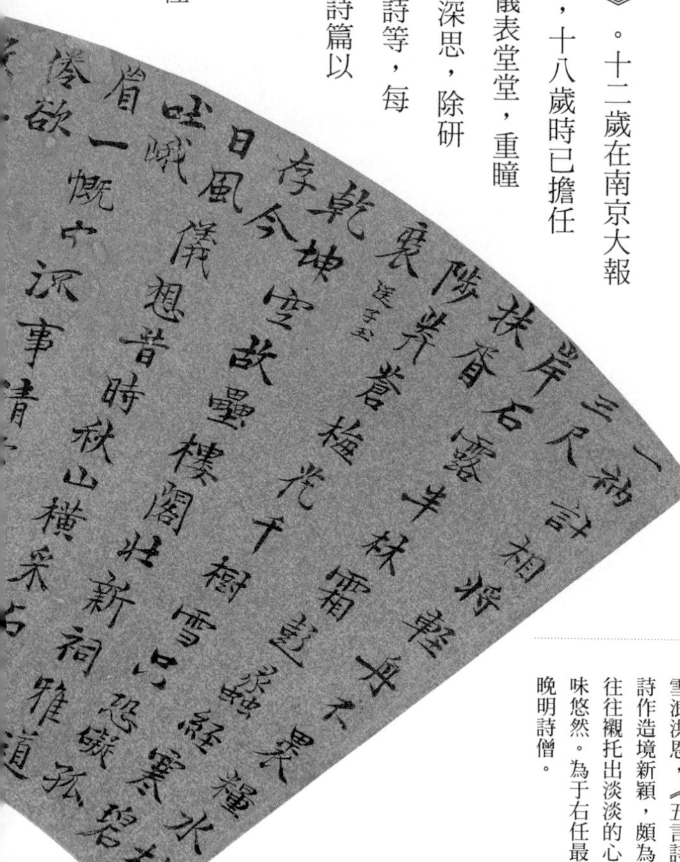

雪浪洪恩，《五言詩扇》。詩作造境新穎，頗為動人，往往襯托出淡淡的心緒，意味悠然。為于右任最推崇的晚明詩僧。

雪浪洪恩（1545-1608），俗姓黃，一字雪浪，江蘇南京人，生於嘉靖二十四年，卒於萬曆三十六年。

無善惡論」，於萬曆二十七年（1599）邀請利瑪竇與雪浪洪恩就佛教與天主教內容進行一場辯論，堪稱晚明東西方文化交流的一大盛會。在利瑪竇的眼中，雪浪是一位「熱情的學者、哲學家、演說家、詩人，十分熟悉他所不同意的其他教派的理論」。隨後利瑪竇將此次講論的內容寫在《天主實義》的首篇裡。

雪浪洪恩晚年退居於雪浪山中，開接待院，白天隨眾作務，晚上則點燈說法，自律甚嚴，法席非常盛。後因勞累成疾，在示寂之前，淋浴端坐，說偈而逝，葬於雪浪山，世壽六十四歲。

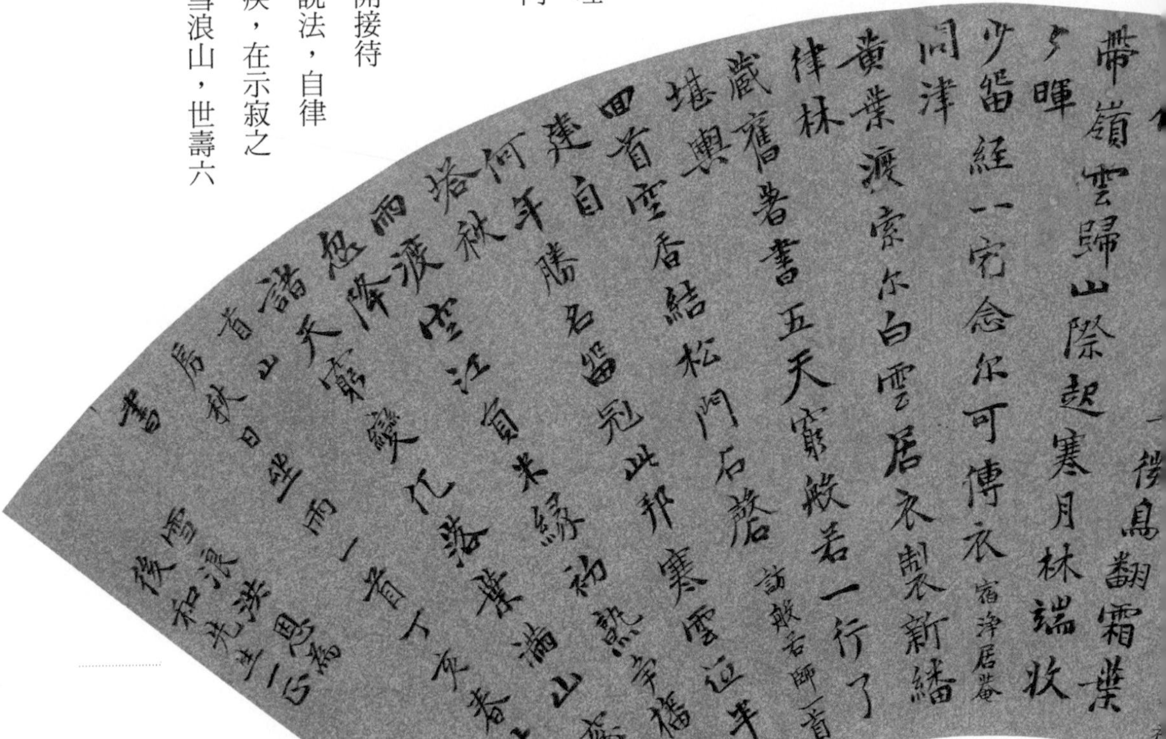

雪浪洪恩及其弟子在傳播思想的方式上，兼顧了說法、注經、詩詞，以一種活潑生動的方式，讓佛法深入人心。他一生說法三十餘年，弟子眾多，能繼其志者數以百計，秉法轉教者更逾千眾。憨山德清與雪浪洪恩同侍無極大師，親如兄弟，憨山評價雪浪的影響說：「公之弟子可數者，多分化四方，南北法席師匠，皆出公門。」可見雪浪在佛教界的影響力。

憨山德清

濟貧救難的晚明高僧

一九九一年，大陸華東水患，我參與慈濟的賑災團隊前往安徽全椒賑災，之後收藏到高僧憨山德清的書法作品，他是安徽全椒人，他的〈好了歌〉開頭寫道：「紅塵白浪兩茫茫，柔和忍辱是妙方。」我心裡想，原來我和他有這份因緣！憨山德清是一位全身心投入社會救濟事業的僧人，他曾經拯救五臺山的樹木、賑濟山東大饑，由於和李太后關係良好，影響力非常大。

憨山德清是南京棲霞山雲谷法會禪師的學生，他一生顛沛流離，是因為受到萬曆朝立太子的「國本之爭」所牽連。萬曆皇帝十六歲大婚，三年後仍無子嗣。母親李太

憨山德清（1546-1623），俗姓蔡，字澄印，號憨山，安徽全椒人，生於嘉靖二十五年，卒於天啟三年。

后非常擔憂，特地派人至山西五臺山設立祈儲道場，請憨山主持法會。法會結束後次年，皇子誕生，李太后認為是憨山的功勞，使他因此聞名遐邇。

李太后為感謝憨山德清主持法會，派宦官致贈三千金讓他建廟。這時，山東發生大饑荒，憨山將這筆錢全數施捨給饑民，款項都有帳冊紀錄。由於「爭國本」事件發生，李太后支持皇長子立儲，萬曆皇帝則喜歡皇三子。又因萬曆皇帝信仰道教，對宮中使者經常為佛事奔走而不滿。萬曆二十三年（1595），皇帝便以侵吞國家庫銀的罪名，下旨逮捕憨山。雖然經審判查明皇太后所布施的款項全部都用於賑災，皇帝卻以私建嶗山寺院為由，將憨山流放到廣東雷州半島（今廣東湛江）充軍。

五十歲的憨山德清到了雷州，正值當地嚴重旱災，饑民死屍遍野。於是他發動群眾

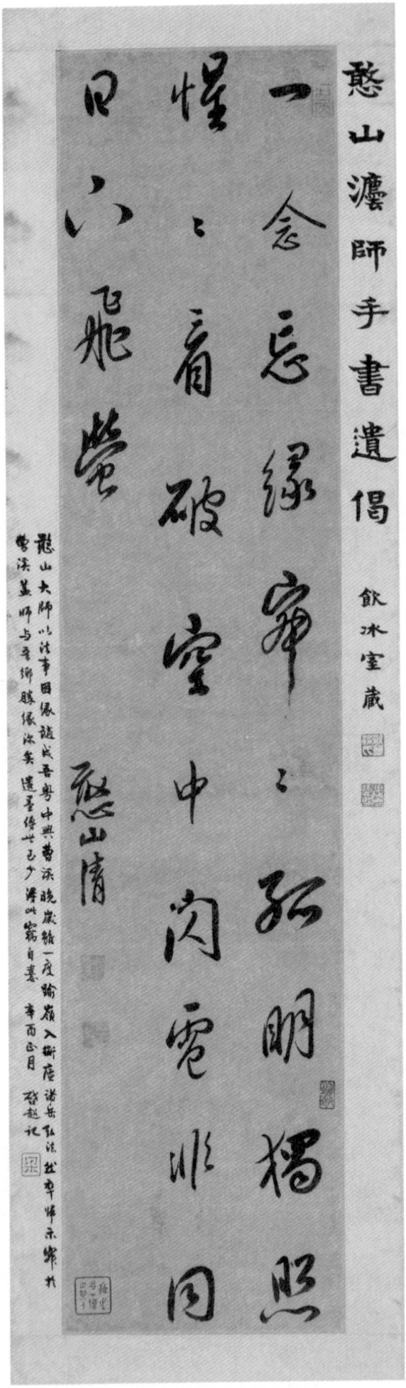

憨山德清，《行書六言詩》。此件作品表現出開悟後的境界。憨山德清積極賑災，開創廣東佛教風氣。

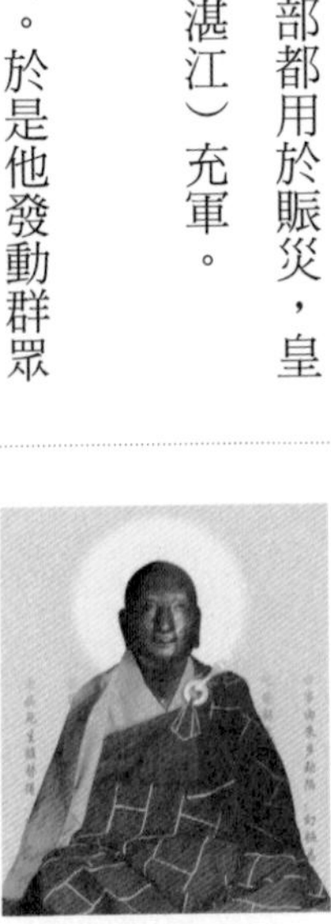

憨山大師的金身至今仍存，與六祖惠能大師並置於廣東韶關南華寺。（圖片來源：中華禪宗網）

掩埋，親自登壇舉行超薦法會，並穿罪犯服登上法座，為大眾講說佛法，開創廣東的佛教風氣。萬曆二十八年（1600），憨山受太守迎請回到曹溪（今廣東韶州），重興唐代禪宗六祖惠能所創建的寶林寺。憨山大師在弘法上，宣講儒釋道三教一理，主張禪宗、淨土宗雙修。為明代「四大高僧」之一，近代禪宗最大的成就者。他的肉身和六祖惠能一同保存在南華寺，虛雲法師在禮拜憨山大師的肉身像時曾說：「今德清，古德清，今古相逢換了形。佛法興衰聽時節，入林入草不曾停」，認為自己是憨山大師轉世再來。

覺浪道盛

眾多明遺民追隨的禪宗大師

覺浪道盛於崇禎八年（1635）開法於福船寺，遷住廬山圓通寺三年，後入主南京天界寺，與名士、官員、遺民往來密切，方以智、楊廷樞、屈大均、髡殘石谿等人，都是他的弟子。

有一次，楊儒賓教授來到基金會，

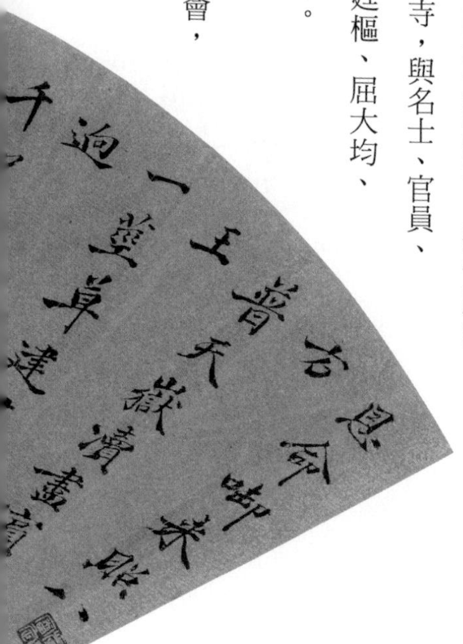

覺浪道盛（1592-1659），福建柘浦人，生於萬曆二十年，卒於順治十六年。

他看到覺浪道盛的作品，盛讚書跡珍貴難得，並讚嘆覺浪大師對晚明佛教的影響力非常大。佛教史學者廖肇亨教授評論覺浪道盛是「繼萬曆三高僧之後，明清之際佛教叢林最有原創性的理論家」。覺浪才華洋溢，不但引儒入禪，甚至小說、戲曲都是他講禪的題材，生動活潑，屢發新意。他對戲曲特別感興趣，曾說過「盡大地是一戲場」、「世人全身是戲」，每個人都是自己生命中的主角。這讓我聯想到，慈濟電視臺大愛劇場所呈現的故事，也都是

覺浪道盛，《七律詩扇》。扇面內容歌頌大護法參禪有成，並且對寺廟鼎力相助。覺浪道盛入世濟人的宗教情懷，使其思想更顯深刻。

真實的生命經驗，相當符合覺浪道盛的思想。

不同於晚明諸家從知識面出發，形成會通儒、釋、道三教的浪潮，覺浪會通的目的是以再造新生命為出發點，在刀兵水火中解救苦難的傷心人。這種入世濟人的宗教情懷，使得覺浪的思想更顯深刻。覺浪道盛提出莊子是儒家正宗血脈的說法，方以智的名著《藥地炮莊》*，就是繼承覺浪道盛的思想所寫成。

破山海明

為救蒼生破酒肉戒的高僧

多年前我讀李敖《北京法源寺》，其中提到破山和尚弘法時，為救蒼生不惜喝酒吃肉的事蹟，令我非常佩服。李敖說，破山和尚是第一流深通佛法的人，因為他真能為了百萬生靈，破如來一戒。他影響了晚明整個中國西南的佛教傳播，法脈至今已傳承近三百五十年。

破山海明十九歲出家，嗣法臨濟宗高僧密雲圓悟。長期在四川弘法，使臨濟宗在四川得以發展，並開創了雙桂派（也稱破山派）。順治七年（1650），張獻忠部將李

* 「藥地」是方以智的號，「藥地炮莊」意為「方以智解釋的《莊子》」。

破山海明（1597-1666），俗姓蹇，生於萬曆二十五年，卒於康熙五年。

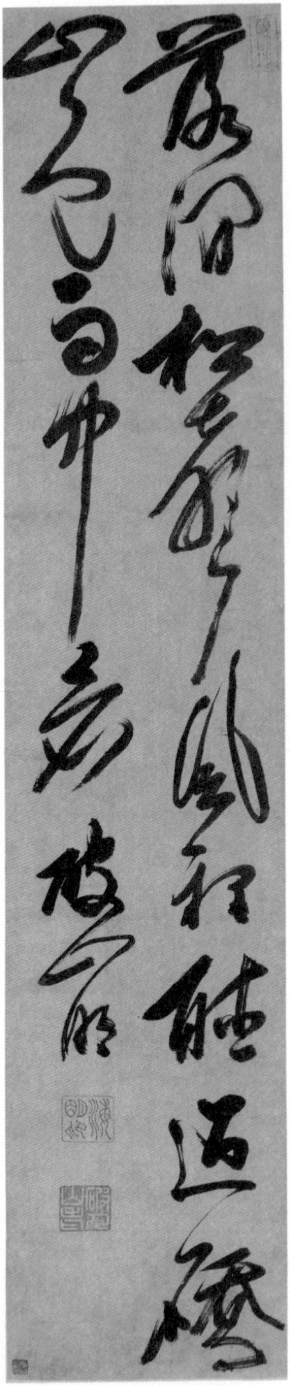

破山海明，《草書七言句》。此作鈐印「破山老人」，當是晚年書跡。破山海明吃肉救蒼生，影響了晚明整個中國西南的佛教傳播。

占春屯兵四川涪陵，以嗜殺出名，人稱李鷂子。李占春久仰破山大名，於是延請他到軍營說法。在宴席上破山勸李不要屠害生靈，李占春可能有點發火，就將肉推到他面前說：「和尚如果吃肉，我就封刀不屠城。」破山合掌一拜，凜然回答：「老僧為了百萬生靈，何惜如來一戒？」於是把肉吃了。李鷂子嚇了一大跳，但也隨即號令將士不得濫殺無辜，百姓生命得以保全。正如史料所記載「宰官拜其座下，將軍奉其教律」。又因他為了百姓的生命破戒吃葷，而稱他是「逆行菩薩」。破山當時在西南的影響是非常大的，由於當時西南地區有清軍、南明軍、農民軍等各方勢力，他們都敬佩破山為百姓破戒之舉，於是禁殺，因此拯救了無數生命，直到西南局勢已穩，他才回復茹素。

破山海明在詩、書、畫都有很高的造詣，靈動活潑的草書尤其受到時人喜愛，索字者無數。這件草書軸，描寫在山澗裡靜聽風聲，在雨中看著遙遠的礄頭山色。行筆灑脫，結字簡約，不羈之氣溢滿紙上。

第五篇

藝術與文學

《三國演義》、《西遊記》、《水滸傳》、《金瓶梅》，四大奇書這樣的文體絕不是附屬於里巷的通俗文藝，而是晚明士大夫文化的一個不可或缺的組成部分，是一種深刻地反應了當時的文化潮流的精緻文藝。——漢學家蒲安迪（Andrew H. Plaks）

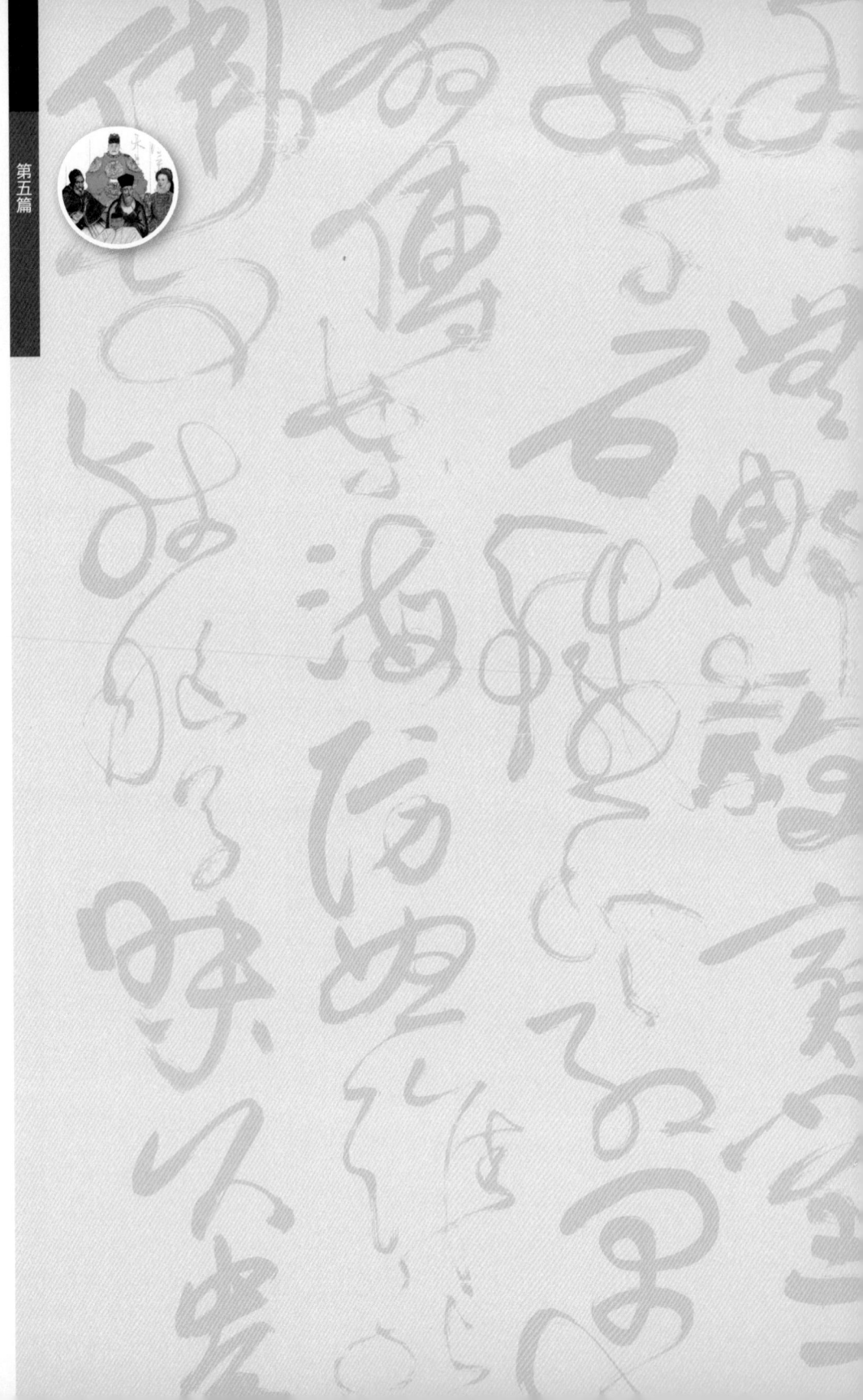

崑曲：聯合國人類非物質文化遺產

二〇〇四年四月，白先勇改編的青春版《牡丹亭》在臺北首演，我很榮幸能躬逢其盛。全場滿座，席間還有不少高中生和大學生，都看得目不轉睛。表演結束時，全場觀眾都激動得起立鼓掌，大聲叫好，喝采久久不停。同年七月，《牡丹亭》移師蘇州大學首演，我正好人在蘇州，受邀前往觀賞。表演的場地是未整修前的大禮堂，還是水泥地板，因為人太多位置不夠，後排觀眾坐的是板凳，和臺北的劇場比起來舊了些。開演前，有些學生還低頭打著手機，我心裡真為這場表演擔心！但是開演之後，觀眾一個個聽得入迷，全場鴉雀無聲，表演的效果及觀眾的反應都是上乘。我感動到不行，怎麼會有這樣一種藝術，不管在什麼樣的舞台上表演，都能如此震懾人心！

崑曲的特色是「無聲不歌，無動不舞」。白先勇曾說：「崑曲無他，得一『美』字，詞藻美、舞蹈美、音樂美、人情美，這是一種美的綜合藝術，是明清時代最偉大的文化成就之一。」白先勇改編青春版《牡丹亭》，結合古典與現代，締造了崑曲舞台的新形象，並在全球演出了兩百場，觀眾人數達到三十餘萬，幾乎場場滿座，而且青年觀眾占了六、七成，而且青春版《牡丹亭》一出，使崑曲觀眾年齡下降了三十歲。二〇一一年，白先勇在臺灣大學開設「崑曲新美學」課程，造成二千四百人搶四百名額的盛況，可見這五百年前的劇種——崑曲的火種並沒有熄滅，反而增加了更多生力軍。

崑曲《牡丹亭》創作於一五九八年，描寫閨秀杜麗娘與書生柳夢梅的愛情故事。
（圖片來源：Antonis SHEN）

崑曲在晚明思想解放的氛圍下萌發、茁壯，《牡丹亭》題詞中寫道：「情不知所起，一往而深，生者可以死，死者可以生。」重視「情」的價值，盡情發揮個人情感、張揚主體性的態度，來自於撰寫劇本的知識份子。湯顯祖、高濂等人，他們傾心編纂劇本，為的是要創作出好的作品，讓人心醉神往。而透過崑曲表演，更傳達了教化思想，有社會教育的功能。這些劇作家又同時身兼導演，在舞台表演、燈光佈景上下足了功夫，使崑曲演出的品質大大提升。由現代的觀點來看，這些人都是大編劇、大導演，而他們留下的崑曲藝術，更是最好的文化資產。

現代的崑曲表演，已經隨著時代更迭，而有大幅度的改良。大原則是：「尊重古典而不因循古典，利用現代而不濫用現代，古典為體，現代為用」，以便現代的年輕觀眾欣賞與理解。在戲曲舞台中，觀眾也是表演的一部分。我們為傳統文化盡一份心力的最好方法，是親身去參與、支持。青春版《牡丹亭》以一齣戲振興了崑曲，它成功的因素在於結合了學術界、文化界、戲曲界的各項資源，這種跨領域異業結合的推廣形式，也給予了現代人很大的啟發。

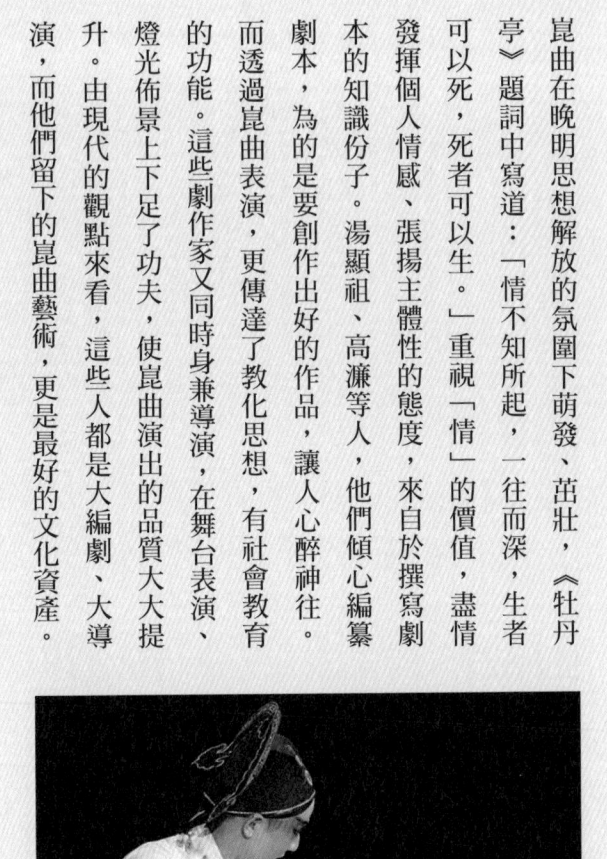

書法：浪漫書風，氣勢恢宏

近年來，中國古代書畫拍賣市場活絡，晚明書畫真正的價值受到前所未有的重視。我在其中發現了一個有趣的現象：晚明書畫家的作品富有創意，而且氣勢恢宏，與現代人的收藏品味一拍即合，價值水漲船高，跳脫了清宮收藏目錄《石渠寶笈》的框架，開出自己的一條道路。

晚明的書法，時代性極為鮮明，個性書家輩出，多集中於展現感情的行草書表現，這是中國書法史上其他時代所無法取代的現象。他們把自己對身世與國家的感受，幻化成激烈奔放的筆墨線條，形成每位書家極為鮮明的個人風格。而他們筆墨張力的感染，也讓後世的觀賞者，感動於線條與水墨的觸動，也有著對晚明這一時代與其個人浪漫思維的遐想。

晚明社會經濟發達，影響了建築樣式。由於房屋建得又高又廣，高堂大軸的裝潢形式便流行起來。而在書法內容方面，講起晚明書法風格，往往以「浪漫書風」來標示，泛指以草書作為創作書體的一種時代風格，它的特質包含連綿草書、飛白、漲墨、雄強刷動的筆力、開闔錯落的結字、動態崎嶇的中軸線等，充滿強烈的視覺張力。高堂大軸的尺幅，顯示當時人已經意識到公開展示的需求，充滿動態的畫面，也暗合了現代美術館的

展出效果，因此普獲當代書法家的青睞。

晚明時期在中國書法史可說是一座高峰，我們所熟知的王鐸、張瑞圖、倪元璐、董其昌、黃道周等人，受到個性解放思潮的影響，都有強烈的個人面貌，極具變化的書風表現，顯示了晚明書法的生命活力。

繪畫：十七世紀的中國繪畫獨步全球

我在溫哥華時，由於收藏董源《溪岸圖》明代摹本，受邀到中國繪畫史專家高居翰教授（James Cahill）家中拜訪，目睹他汗牛充棟的藏書。他善用現代的照相與電腦科技來輔助研究工作，讓我非常佩服。關於晚明繪畫，高居翰在哈佛大學的諾頓講座（The Charles Eliot Norton Lectures）中曾說道：「即使在世界藝術史上，歐洲十九世紀以前的畫壇，也都難與十七世紀的中國畫壇媲美。」十七世紀的中國繪畫，是創作力最旺盛的時代。

就畫題來講，我之所以喜歡晚明繪畫，在於畫中表現了文人生活與市井百態，這樣的情境有別於清初四王單純追求筆墨的抽象表現，在題材上多了些「人味」。

明清鼎革之際，畫家多為遺民，畫風趨於幽冷，有鮮明的逸品格調。石濤、八大、黃山畫派、金陵畫派的繪畫，清宮皆少收藏。但他們的藝術性與重要性不可磨滅，值得我們重新認識。我尤其喜歡金陵八家，這群在明亡後活動於明朝故都南京一帶的畫家，以寫實的筆墨，把記憶中的山水畫下來，抒發思念之情。

針對風格而言，高居翰認為張宏、吳彬、龔賢的畫作都受到西方繪畫的影響，而張宏代表「寫實」、董其昌代表「形式」。他將正統與獨創對立起來的看法雖然未必正確，但是他的觀點給予後人新的思考方向：中國繪畫的「仿」和「法」、「具體」和「抽象」，是值得我們重新審視的。此外，也有學者提出晚明繪畫表現出「變形」、「仿古」以及「商品化」的特色，若我們回到晚明文人的畫論著作中，更能發現尚奇好異的審美趣味，也包含在晚明繪畫的風格當中，如陳洪綬、吳彬等，啟發了當代畫家的創作意識。

文學：眾聲喧嘩，抒寫性靈

現代的年輕人和小朋友幾乎沒有人不知道哈利波特。從小說到電影，再到環球影城的主題樂園，哈利波特靠著內容豐富的想像力風靡全球。其實我們小時候也有這樣充滿想像力的故事，而且是明代就寫成的。《封神榜》、《西遊記》當中有許多奇幻的情節與神怪角色，和《哈利波特》一樣引人入勝。

《三國演義》中，劉備、關羽、張飛桃園三結義的故事情節深植人心，至今仍被人津津樂道。

嘉靖、萬曆時期，文壇上出現前後七子，他們反對明初的臺閣體、八股文，強調學習唐宋以前的詩文，對文壇產生了巨大影響。在一股復古風潮之下，也有一批文人，如歸有光、唐順之，自成一格，不盲目追隨七子的腳步。萬曆初年，更有思想家兼文學家李贄，對前後七子的文學主張提出質疑，成了晚明公安派的先導。李贄認為，判定文學優劣的標準，應該以內容、思想、感情的真假為準，而不是以時代先後來分高低，這在當時的文壇上，是耳目一新的創見。

「公安派」倡導「性靈說」，反對前後七子的復古主張。公安派的領袖人物袁宏道曾經就學於李贄，李贄的人生態度和學術思想都對他影響很大。公安三袁（袁宗道、袁宏道、袁中道）、張岱、陳繼儒、王思任、徐霞客等人都是晚明小品文大家，其中徐霞客又以旅遊文學主題在當時與後世大放異彩，其他各種題材的出版品也應運而

伏

生，綜觀晚明文壇，可說是「眾聲喧嘩」的局面。

此外，明代中後期，印刷術大幅改良並且普及，使閱讀成為大眾娛樂之一，以致各式各樣主題的出版品大量印行。《三國演義》、《西遊記》、《水滸傳》、《金瓶梅》這「四大奇書」，以及「三言二拍」等膾炙人口的小說因此大為流行。出版業的興盛也帶動了文人加入戲曲的創作行列，使戲曲創作的出版量大增，間接推動了明代戲曲的發展。吳敬梓《儒林外史》中描述明代出版業蓬勃的狀況：書店普及、參與出版的人眾多、銷售管道通暢，再加上當時版權觀念還不普及，也沒有清初文字獄的顧慮，在出版自由的情況下，誰看到好書都能拿來印。由於明代書籍生產規模增大，價格較之於唐、宋、元朝都相對低廉許多，因此一般人家都能買得起。

晚明文壇強調流露真情實感的文學風氣，許多詩文作者心中的慷慨意氣，躍然紙上。明末東林、復社等相繼興起的文學社團，也在此時呼籲「興復古學」，以文化、文學復興傳統精神，以挽救明朝的危亡。陳子龍、吳偉業、錢謙益、冒襄、余懷、侯方域等一批文學家面臨明清易代，寫下了許多真情至性、可歌可泣的詩文作品，至今仍值得現代人反覆吟誦。

《水滸傳》中，宋江、林沖等英雄好漢的氣節俠義，數百年來都讓讀者熱血沸騰。（圖為第一回「洪太尉釋放妖魔」）

收藏本事

這兩年來，我們推出「王鐸、傅山特展」、「張瑞圖、黃道周、倪元璐、許友特展」，其中有九件作品被選入大阪市立美術館八十周年紀念展「從王羲之到空海」中，與中日千年來書史上的名品同堂展出，受到海內外書道藝文界人士的好評。在展出時，我前往日本與大阪美術館館長篠雅廣晤談，同時在座的國立故宮博物院何傳馨副院長提到，我們展出的這批書法，正好可以與乾隆的收藏品互補。乾隆由於政治立場而鮮少收藏晚明書畫，這是非常可惜的。隨著時代變遷，我們的欣賞品味更加多元，超越了乾隆時代的侷限，可以自建收藏體系。

梁辰魚

改良崑山腔，崑曲的奠基者

梁辰魚長得高大挺拔，相貌俊秀。為人有俠氣，不屑死讀書以考取功名。他在家鄉建造華麗的房屋，邀請四方的奇人異士來家中聚會，文壇盟主王世貞、抗倭大將戚繼光等人都與他結交。

梁辰魚喜歡作曲，受好友魏良輔影響與啟發，改良了崑山一帶的唱腔。他的歌聲就像金石發出的聲音，加上人又長得帥氣，很受大眾的歡迎。

梁辰魚（1521-1594），江蘇崑山人，生於正德十六年，卒於萬曆二十二年。

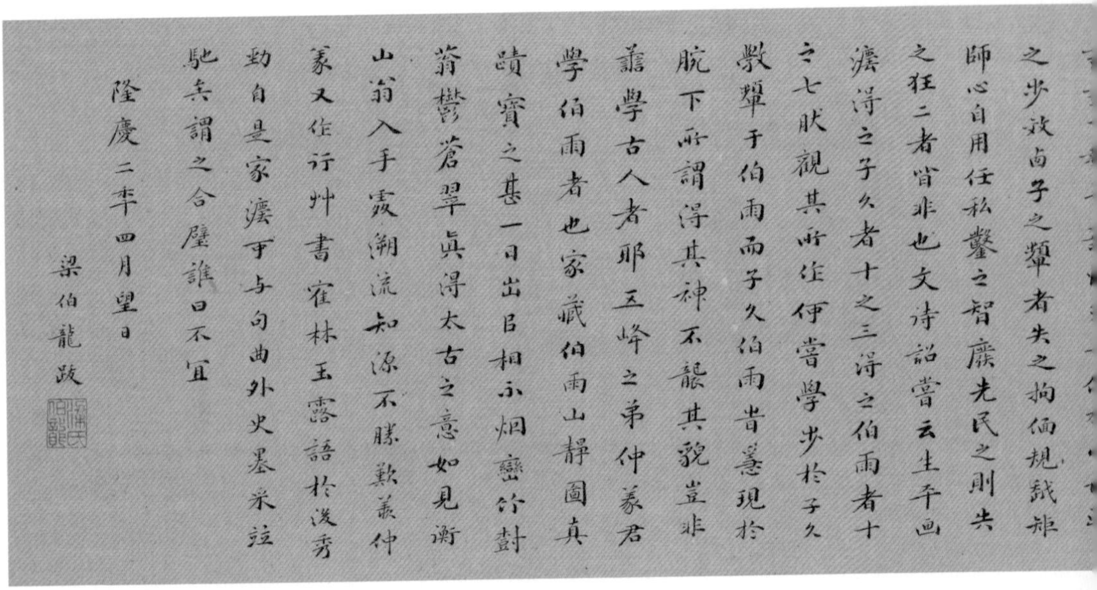

梁辰魚最著名的戲曲作品是《浣紗記》，說的是中國古代四大美女之一的西施。她在溪邊浣紗時遇見范蠡，范蠡為了匡復越國，說服西施參與他消滅吳國的計畫，負起間諜的任務。此劇的故事原本於《吳越春秋》，然而梁辰魚將西施這個角色的性格及內心變化塑造得飽滿又有層次。她不再只是一個受男人操縱、紅顏禍水般的纖弱女子，而有自己的想法，展現出捨身取義的英雄氣概。她忠於對范蠡的愛情，但在范蠡勸說下卻以國家的利益為己任。梁辰魚藉由西施的角色，將普通人於國難之際激發出的高尚情操刻畫得動人心弦。

梁辰魚，《張雨〈山靜圖〉跋》。此作是他為文伯仁之弟仲義所藏元代張雨《山靜圖》書畫合璧所寫的跋語。梁辰魚改良崑山腔，並且重新塑造了中國古代四大美女西施的形象。

現在我才了解，小時候在沒有電視的時代，中國廣播公司製作的廣播劇《西施》為什麼會風靡全國。若沒有梁辰魚寫的《浣紗記》，可能這位奇女子在歷史上也不會這麼有名，可見好的劇作家真的是人間的福報。

湯顯祖

《牡丹亭》作者，被喻為東方莎士比亞

湯顯祖與英國大文豪莎士比亞是生活在地球兩端的同時代人，他們兩人卒年相同，又在戲曲界有崇高的地位，作品都非常感人。今年（2016）是莎士比亞逝世四百週年，世界各地舉辦了許多活動紀念他，他的戲劇性作品也將展開全球巡演。相比起來，在臺灣湯顯祖就似乎沒有國際性的紀念活動，我覺得相當可惜。英國則在倫敦的 Troxy 劇場演出三場崑曲青春版《牡丹亭》全本，鄭培凱教授正是這三場戲的督導。此外，在劍橋、牛津、倫敦大學等一流名校也演出了崑曲的折子戲，都獲得極好的迴響。

湯顯祖最有名的四部劇本合稱為《臨川四夢》，其中以《牡丹亭》的藝術成就最高。

湯顯祖（1550-1616），江西臨川人，生於嘉靖二十九年，卒於萬曆四十四年。萬曆十一年（1583）進士，歷任南京太常博士、禮部主事、廣東徐聞縣典史、浙江遂昌知縣。

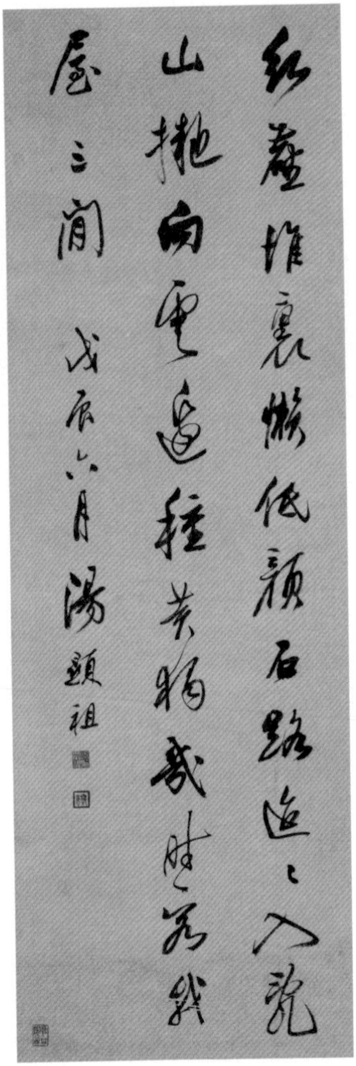

湯顯祖，《行書七絕》。書寫此作時，他時年十九歲。今年是湯顯祖與莎士比亞逝世四百週年，我們對這兩位戲劇大師都應抱有崇高的敬意！

他少年時就頗有文名，在詩、文、戲曲方面都有很高的天分。

《牡丹亭》完成於萬曆二十六年（1598），劇本一發售，就一舉超過了另一部經典愛情故事《西廂記》。明代文學家沈德符曾提到當時《牡丹亭》受人歡迎的盛況，幾乎是家家戶戶人手一本。《西廂記》還因此滯銷，只好降價求售。杭州女演員商小玲登台演出《尋夢》時，竟因為太入戲、太傷心，在舞台上遽然倒地而逝，可見此劇的感染力之大。

明代男女不能自由戀愛結婚，婚姻大事都由父母決定。但湯顯祖卻讓他筆下的女主角杜麗娘勇敢追求自己喜歡的書生柳夢梅。這份愛甚至超越生死分界，她先因愛而

死，後又因愛復生，由於是戲曲而有了發生的可能，頓時風靡當代。許多人看了《牡丹亭》後，恍然覺悟自己也能追求自我的主體性，這是湯顯祖對晚明思想解放所作的貢獻。日本漢學家青木正兒認為湯顯祖可說是東方的莎士比亞。但湯顯祖與莎士比亞不同之處在於，他能夠考上高難度的進士，身為官員，職責很多，又要當司法官、教授，還要會守城防土匪，比莎士比亞忙碌得多了，還能寫出如此流芳萬古的劇本，實在相當了不起。

沈璟

創立沈家班開啟戲曲的商業模式

嘉靖年間，魏良輔改良崑山腔，梁辰魚、沈璟大力推廣，且用崑山腔創作了許多劇本，於是南曲大盛。梁辰魚、沈璟對明代後期曲壇影響極大。後來有些戲曲作家模仿沈璟的風格，被稱為「吳江派」。沈璟與戲曲家王驥德是論曲的好友，兩人時常書信往來，討論戲曲創作觀念，或向對方求序。

沈璟曾當過兵部、禮部、吏部的主事和員外郎，他因上書觸怒皇帝，被連降三級外調。由於沈璟和首輔申時行同鄉，這次降級很快就復職了，但過了幾年，他又因為

沈璟（1553-1610），江蘇吳江人，生於嘉靖三十二年，卒於萬曆三十八年。萬曆二年（1574）進士。

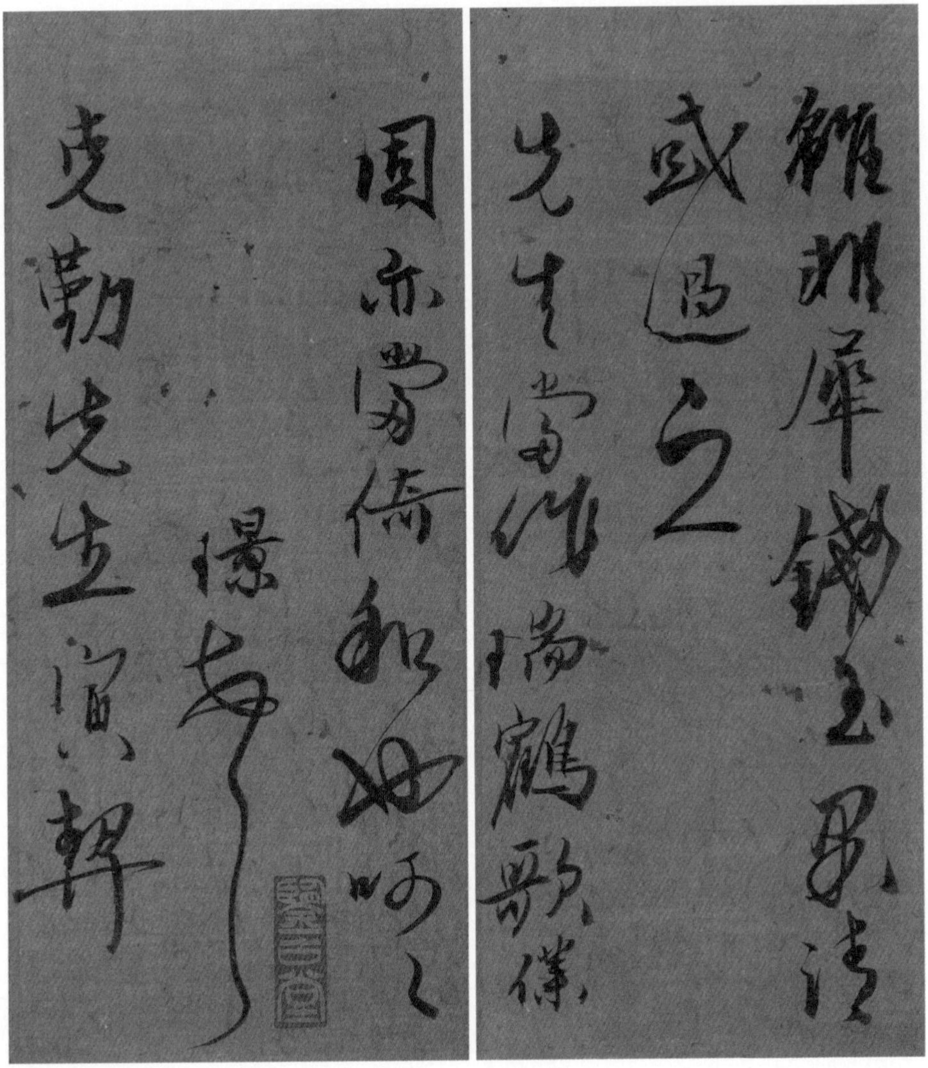

沈璟，《與克勤書》局部。沈璟開創了戲曲流派「吳江派」，並改良戲曲的表演形式變得雅俗共賞。

在科考中錄取了申時行的女婿而捲入科場弊案。由於他的二個弟弟都在數年間陸續考取功名，沈璟對官場熱情不再，便決定辭職回家，專注於戲曲創作。沈璟撰寫的《南九宮譜》是一本戲曲創作的參考書，主要針對戲曲創作時不合音律、脫離舞台等的種種弊病。

沈璟開創戲曲流派「吳江派」，明代吳江沈家，戲曲人才輩出，男有沈璟、沈自徵、沈自晉等，女有沈靜專、沈蕙端等，一門三代，多達十餘人，世稱「沈家班」。並因此造成崑曲觀眾結構的改變，推動了以商業營利為主要目的的職業戲班。職業戲班的繁榮，使崑曲走出王公貴族的廳堂，站上城鄉中廣闊的舞臺，讓更多的民眾得以接觸戲曲表演。

王衡

寫出經典嘲諷名劇《鬱輪袍》

有一次，著名文化人于丹來到上海「萬曆萬象」的展場，她說《鬱輪袍》是她講課時常常提到的戲曲，第一次親眼看見王衡的傳世書跡。她的驚喜讓我頓時了解，原

王衡（1561-1609），江蘇太倉人，生於嘉靖四十年，卒於萬曆三十七年。萬曆二十九年（1601）進士，授翰林院編修。

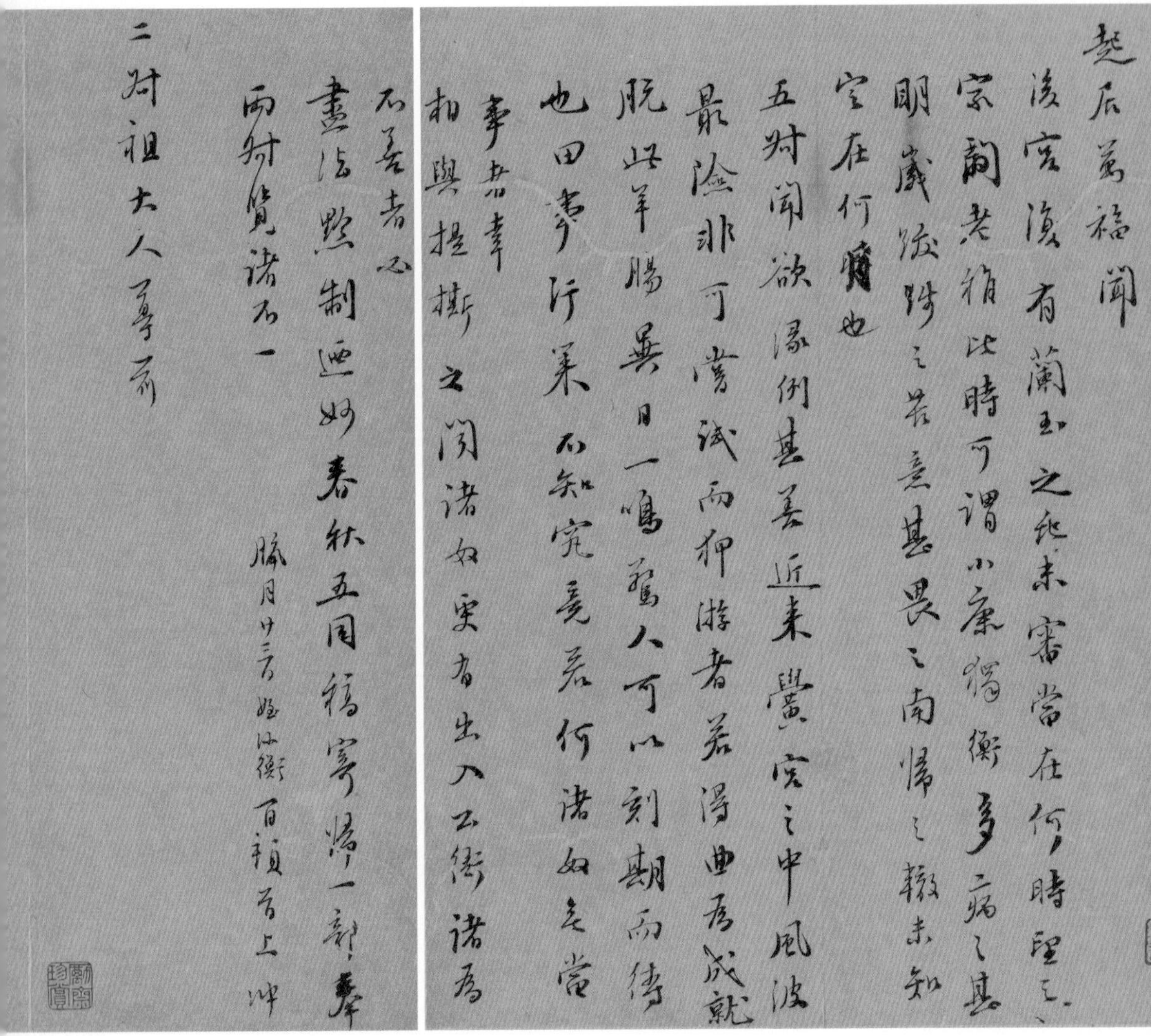

王衡，《與二叔祖（王夢周）書》。信中先敘家常，並呈上著作請求指正。

來王衡與戲曲《鬱輪袍》這麼有名。

王衡大概是晚明最悶的官二代。他的父親是萬曆朝內閣首輔王錫爵，位高權重，照理說他應是頭頂光環，優閒度日才對。但王衡因為遇到了「科場案」，使他的人生充滿挫折。由於他文才好，大家都認為他理所當然會考中進士，然後做官。他後來果然在鄉試考中舉人第一名，但當時朝中有許多王錫爵的政敵，認為他憑關係才考了第一。王衡覺得受到莫大的汙辱，其後約十年都沒參加考試。一直等到父親退休以後，他才一舉考中進士。皇帝欽點他為進士榜眼，這時大家才都心服口服。

王衡為考進士折騰了十多年，內心已感到很累。等到他在翰林院獲授編修時，就以父親老病為由，辭官回家了。有人問他為何考上進士卻立即辭官，他說：「當初上書說我作弊的二位先生，因為我父親，到現在還未官復原職，我怎能一個人安心當官呢？」可見他的個性很寬厚。王衡把科舉對人生的壓迫及對豪情壯志的消磨，還有自己所受的冤屈，藉由唐代詩人王維的角色，寫成雜劇《鬱輪袍》，留下了明代戲曲史上的經典嘲諷之作。

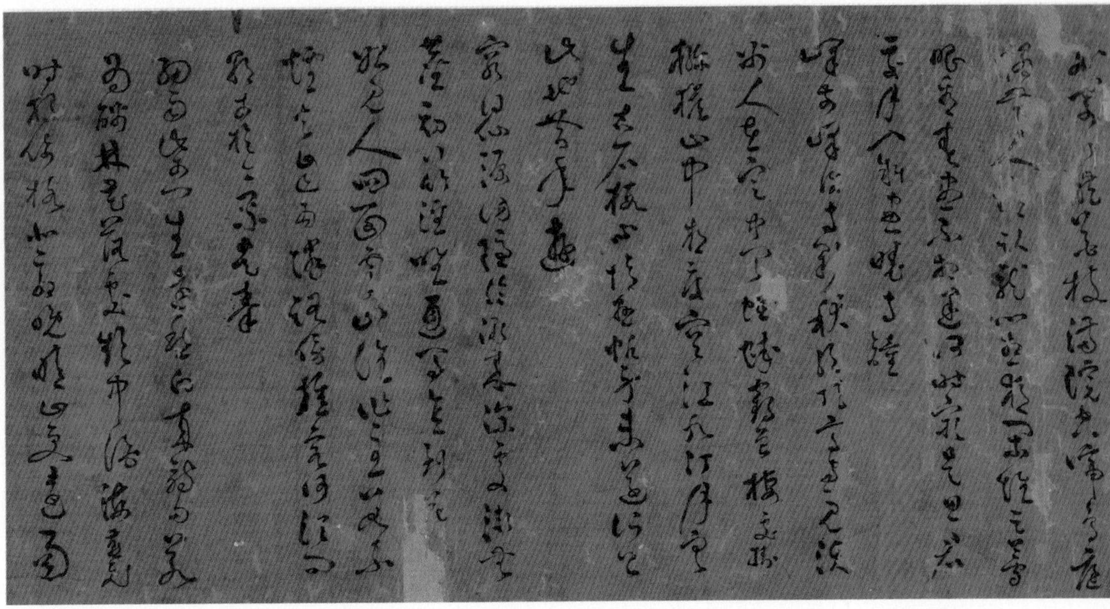

王驥德

撰寫中國第一部戲曲理論專著《曲律》

才子徐渭和王驥德是鄰居，徐渭那時已經是個老人，卻和年僅十六、七歲的王驥德成了忘年之交。徐渭每寫好一部劇本，便叫王驥德來家裡，自己唱一遍給他聽。王驥德會挑出其中的佳句和他討論。王驥德還和另一位作曲家沈璟討論作曲的方法，湯顯祖也是他的好友。

王驥德自幼就非常喜歡聽音樂、唱歌、作曲，家裡收藏了元人雜劇數百種。王驥德寫了一本《曲律》，是中國第一部戲曲理論的

王驥德（？-1623），浙江紹興人，生年不詳，卒於天啟三年。

王驥德，《草書詩卷》局部。抄錄了九首唐詩，書風能流露己意，洵為佳作。

專書。晚明著名的小說家馮夢龍為《曲律》寫了一篇序，稱讚王驥德整理得很好，論點也新穎。王驥德非常重視戲曲的音樂性，但力求雅俗共賞，也注重創新。此外，他還重視演出的效果，例如，演員講台詞時一定要注意音調，台詞也要長短適中，最好插入一些好笑的片段，讓觀眾笑開懷。王驥德對後來的戲曲家李漁影響很大，因為他不僅寫曲、唱曲，更整理出一套作曲的方法，寫成一本指導手冊，讓後輩能夠學習。王驥德是戲曲史上承先啟後的重要人物。

張瑞圖

書法與董其昌齊名，影響日本書法界

有一年，我在日本看到元代高僧鐵壁岩的大字書法，畫面氣勢非凡，我一看就覺得應該是張瑞圖的字。後來經過研究，查得「鳳文麟趾其威儀」是晚明福建學者蔡清〈省身法〉其中第三句。之後又看到張瑞圖有四句完整的作品傳世，才知道張瑞圖的書法流傳日本後，曾被託名改款成為宋、元高僧書法。

張瑞圖仕途順遂，書法與董其昌齊名，人稱「北董南張」。董其昌讚美他小楷寫得最好，也因此讓張瑞圖惹上一樁麻煩事。天啟年間大太監魏忠賢當權，附庸他的人

張瑞圖（1570-1644），福建晉江人，生於隆慶四年，卒於崇禎十七年。萬曆三十五年（1607）進士，授翰林院編修，累官至禮部尚書兼東閣大學士、戶部尚書兼武英殿大學士。

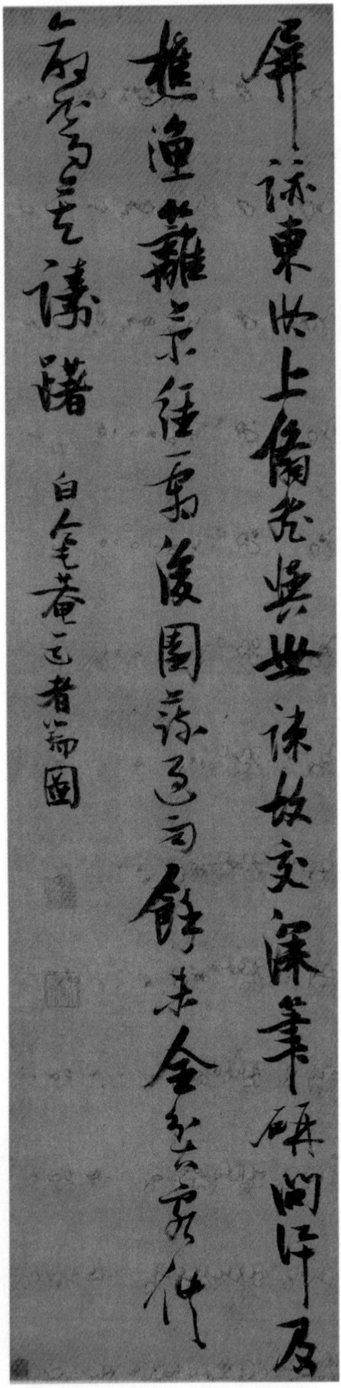

張瑞圖，《行書自作詩》。這件作品當為六十二歲以後所寫，作書心境平和。張瑞圖的書法隨著隱元隆琦赴日傳播至日本，影響日本書法界。

在各處立生祠，據傳魏忠賢有意要董其昌為他的生祠題記。董其昌為了推辭閃避，演了一齣苦肉計，在一次郊遊途中刻意讓馬失控，跌斷了右手。這苦差事就落到了與他齊名的張瑞圖身上，張瑞圖無可奈何只能照辦，此事卻成為他仕途上的陰影。

不久，天啟皇帝駕崩，崇禎繼位，早就知道魏忠賢的惡行，大臣們也紛紛請奏處置魏忠賢。張瑞圖知道自己必會因寫生祠銘受到牽連，於是辭官避禍。崇禎查此案時問道：「張瑞圖為何不在此列之中？」大臣們回答：「無實狀。」崇禎說：「張瑞圖為魏忠賢寫銘，不是實狀嗎？」便將張瑞圖判了三年牢獄，可繳罰金替代，並降為百姓。就這樣張瑞圖在晚年免了一場牢獄之災。我後來讀到張瑞圖後人張光遠教授的文章，才知道張瑞圖一生為官，卻多次退隱回鄉，真正在北京當官的時間不到

五年，可見他的官癮不大，對名利並不特別注重。

明朝末年，福建高僧隱元隆琦把張瑞圖的書法傳播至日本。在此之前，日本人一直對於精緻典雅的唐樣書法比較熟悉，見到張瑞圖這種表現個性的獨特書風，真是大開眼界，於是也開始在書法上表現個人特色。日本人也喜歡收藏張瑞圖書法，張瑞圖號二水，家鄉的人說他是水星轉世，相傳只要收藏他的作品，就可以避免火災發生。

黃道周

南明首輔，臺灣為他建黃道周廟

去年（2015）在中正紀念堂舉辦「萬曆萬象」大展時，特別安排去西門町的助順將軍廟祭拜黃道周，吸引了一批「黃迷」參加。上香時，我注意到書法家陳宏勉口中唸唸有詞，神情虔誠肅穆。祭拜結束後，我問他許了什麼願？他說，希望書法造詣能更上一層樓。

黃道周學問極好，好友徐霞客評價他：「字畫為館閣第一，文章為國朝第一，人品

黃道周（1585-1646），福建漳浦人，生於萬曆十三年，卒於順治三年。天啟二年（1622）進士，曾任翰林院編修、詹事府少詹事。

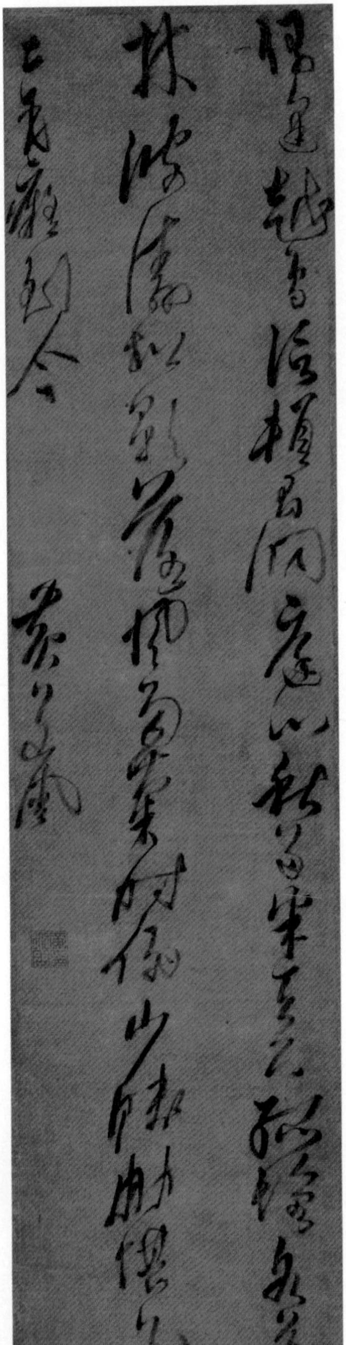

黃道周，《草書五律》。臺灣有許多黃道周家族後代，更有專門供奉他的「助順將軍廟」，至今香火不絕。

為海內第一，其學問直接周、孔，為古今第一。」他二十三歲開始教書、講學。在福建開講席時，最多的一次有四百多人來聽，很多人都是搭船從遠處來的，船隻把講學處附近的碼頭都停滿了，可見其盛況。

臺灣文學也受到黃道周的影響，被稱為「臺灣孔子」的沈光文（永曆六年〔1652〕來臺灣，比鄭成功早十年），即是黃道周學生。臺南一中的校歌中有「思齊往哲，光文沈公」的句子，就是紀念沈光文。

崇禎死後，黃道周在南京的南明朝廷任禮部尚書，後又任吏兵二部尚書。他募兵數千人，只有十餘匹戰馬和一個月糧草，就準備出兵迎戰清軍。夫人蔡玉卿知道他這

次回不來了，便說：「道周死得其所了！」黃道周兵敗被俘，隨後殉國，還有學生跟著殉師，這是千古罕聞之事。他的墓旁有個四君子墓，碑上寫著「殉節門人四君子之墓」。

清初閩南地區的百姓對他的義舉頗為崇敬，將他視為漳州的鄉土守護神，為避免被朝廷查獲，改而尊稱「助順將軍」。漳州移民渡臺，黃氏後人將他請來臺灣奉祀。臺北萬華和淡水的晉德宮都祀奉助順將軍，可見早期臺灣移民對黃道周的景仰。就連乾隆皇帝也讚他：「不愧一代完人。」彰化和美還有「道周路」、「道周醫院」，黃道周的侄兒黃驤陛跟隨鄭成功渡海來臺，臺灣來自漳州的黃氏宗親，有些可能就是黃道周家族的後代。

倪元璐

自組義軍抗清的殉節書法家

資深藝術史家傅申教授，在基金會「三閩一浙」特展時告訴我，如果要他選擇中國書法的一百件名品，他會將倪元璐的《草書李商隱詩軸》選入其中。還記得當天傅老師站在作品前細細品味，一唱三嘆的神情，真讓人為之動容。

倪元璐（1593-1644），字玉汝，號鴻寶，浙江上虞人，徙浙江紹興，生於萬曆二十一年，卒於崇禎十七年。天啟二年（1622）進士，選翰林院庶吉士，授編修。

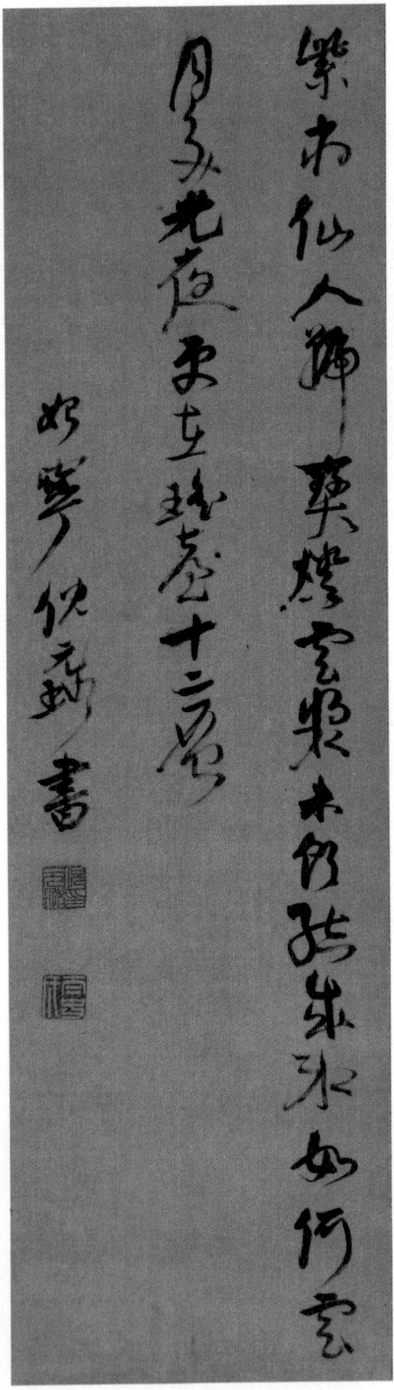

倪元璐，《錄李商隱〈無題〉詩》。崇禎皇帝非常倚重倪元璐，明亡時倪元璐自組義軍勤王。

倪元璐與黃道周齊名，兩人皆出韓日纘門下。倪元璐、黃道周、王鐸同為天啟二年進士，三人肝膽意氣，情同兄弟。任庶吉士時，生活起居、寫文章都在一起，喜愛他們的人稱之為「三株樹」，妒忌他們的人稱之為「三狂人」。

崇禎元年（1628），倪元璐撰寫了三道著名的疏文。崇禎皇帝每次拿到他的奏疏，置於屏風之間，出入瞻誦，以為偉人不可謂不遇矣！崇禎十五年九月，崇禎再度召起倪元璐任兵部右侍郎兼侍讀學士，隔年春天倪元璐到了北京。

根據朱彝尊記載，倪元璐曾在紹興城南興建庭園，窗戶的樣式由他親自設計繪製，

完工落成後連高明的匠師也讚嘆不已。當時他患了眼疾，以最名貴的徽州墨商程君房、方于魯製墨粉刷牆壁，在堂中靜默打坐。大堂東有三層華美的高樓，匾題「衣雲」二字，欄杆則有萬壑千巖的氣勢。他的好朋友黃道周正好到了紹興，倪元璐施以錦帷，張燈結彩歡迎，黃道周有點不太高興，因此告誡：「國步艱難，我們實在不宜宴樂！」倪元璐笑答：「這個安排是為了與你訣別啊！」隨即散盡家產，自組義軍北上勤王。

崇禎十七年（1644），李自成陷京師時，倪元璐整衣冠拜闕，大書几上曰：「南都尚可為，死吾分也！勿以衣衾斂，暴我屍，以志吾痛！」便面向南邊而坐，自縊而死。南京福王弘光朝贈倪元璐忠烈第一，亦謚文正。

王鐸

影響當代書法最重要的大師

這幾年來，曾提供藏品在東京、大阪兩地參與過三個書法大展，也常有日本書法同道來臺北參觀基金會舉辦的展覽。友邦人士到基金會指名想看的大師名作中一定有王鐸。在日本書壇甚至有「後王（王鐸）勝前王（羲獻父子）」之過譽，也可知王

王鐸（1593-1652），字覺斯，河南孟津人，生於萬曆二十一年，卒於順治九年。天啟二年（1622）進士。

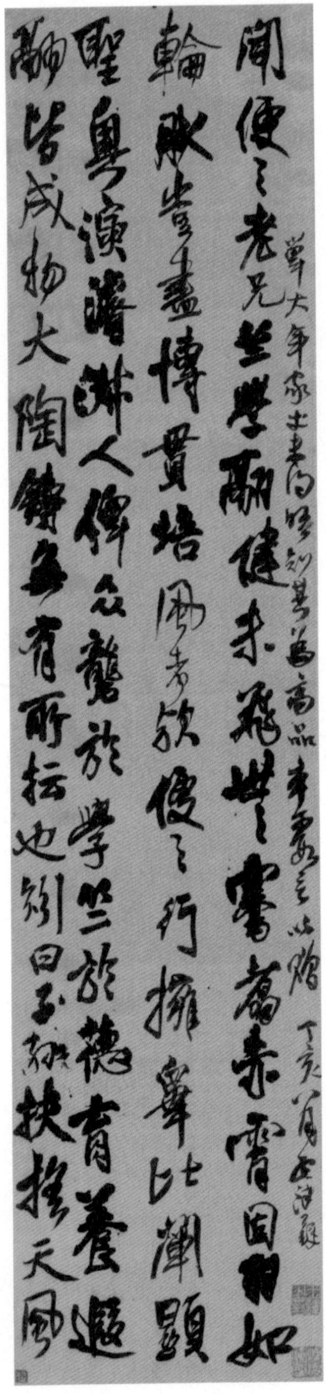

王鐸，《行書贈單大年家丈》。王鐸的書法具備現代文創精神，深受今人喜愛。

鐸在他們心目中的地位。

王鐸初入政壇以清流自居，政治傾向東林的立場。崇禎七年（1634），王鐸充經筵講官為崇禎講課，成為皇帝身旁的近臣。南明福王時任次輔，入清後任《明史》副總裁、禮部尚書。

以書法家的養成來看，王鐸的硬功夫是了得的，早年學習晉唐名家，對王羲之、北宋《淳化閣帖》、米芾下過很深的工夫。錢謙益形容王鐸學古的功夫，可達到「如燈取影，不失毫髮」的準確程度。王鐸終身奉行「一日臨帖，一日應請索」的理念，在學古與應用上取得良好的平衡點。

王鐸在世時即書名遠播，在他過世後更化身為孔尚任筆下的人物。《桃花扇》第四

齣〈偵戲〉中描寫王鐸為阮大鋮書寫堂匾「詠懷堂」，以及在南京報恩寺書寫「莊嚴法書」四字榜書的情形。王鐸的創新與成功，在於為古代經典重新賦予時代新意，這種新意具體表現在尺幅、材質、用筆、用墨、章法上。他擅用板綾的特性造成漲墨效果，使得整件作品水氣淋漓。他將二王的小幅尺牘放大書寫，成為氣勢撼人的條幅，頗具有當代文創的精神。他精力充沛，武功高強，酒量奇佳，擅長耗費體力的書法表演，近似現代的行為藝術。因此他個性強烈的表現式書風，深受當代書法家與收藏家青睞。書畫大家吳昌碩評價王鐸：「文安筆力翻蛟螭，有明書法推第一。」國學大家啟功也說：「覺斯筆力能扛鼎，五百年來無此君。」

曾經有一位我景仰的歷史學者知道我收藏王鐸，很驚訝地說：「王鐸！他是貳臣啊！」王鐸的歷史形象至今仍被「貳臣」的標籤污名化，但是我有不一樣的看法。王鐸在入清後與眾多在野的遺民、清朝官員保持良好的關係，互有詩詞唱酬，更有一批大臣與名士學習他的書法。順治皇帝賜他朝廷重臣——禮部尚書的職務，康熙、雍正皇帝也都沒有批評他，他的形象是正面的。但在百年後，由於政治因素，乾隆編纂了「貳臣」傳，王鐸名列其中。現在是大數據時代，我們可以自己動手找資料，查明並判斷歷史事實，不需要被限制在「貳臣」的框架當中，也應當還給王鐸一個公道。

傅山

明遺民精神典範，「四寧四毋」美學觀

藝術史家白謙慎教授的專著《傅山的世界》，在哈佛大學出版社發行。他對傅山很有研究，並且對《嗇廬妙翰》推崇有加，採用它作為封面。這件作品字奇文奇，傅山用小字註解說：「字原有真好真賴，真好者人定不知好，真賴者人定不知賴，得好名者定賴。」（「賴」在此解作「壞」）字的好壞，需等千百年後才能斷定。

崇禎九年（1636），傅山的恩師山西提學袁繼咸被閹黨餘孽所陷害，關入京師大牢。三十歲的傅山連絡生員百餘名上疏，步行至京為袁訴冤請願。經過八個月的抗爭，冤案得以昭雪。這次勝利讓傅山得到高度的尊敬，名聲響徹全國。

崇禎十七年（1644，即順治元年），李自成率領農民軍從西安東征北京，途經山西。傅山曾加入抵抗李自成的義軍行列，事敗後傅山潛回太原，帶著母親與孩子藏匿壽陽縣。順治十一年（1654），他因被人供出曾接受南明任命而入獄受拷，絕食九日，即「朱衣道人案」。他出獄後雲遊南方，後隱居太原。康熙年間下詔舉博學鴻詞科，傅山被強送至京，故意服食過量大黃以逃避考試。後來亦推辭不受康熙授予中書舍

傅山（1607-1684），初名鼎臣，字青主，別號朱衣道人、嗇廬、僑黃，陽曲（今山西太原）人，生於萬曆三十五年，卒於康熙二十三年。

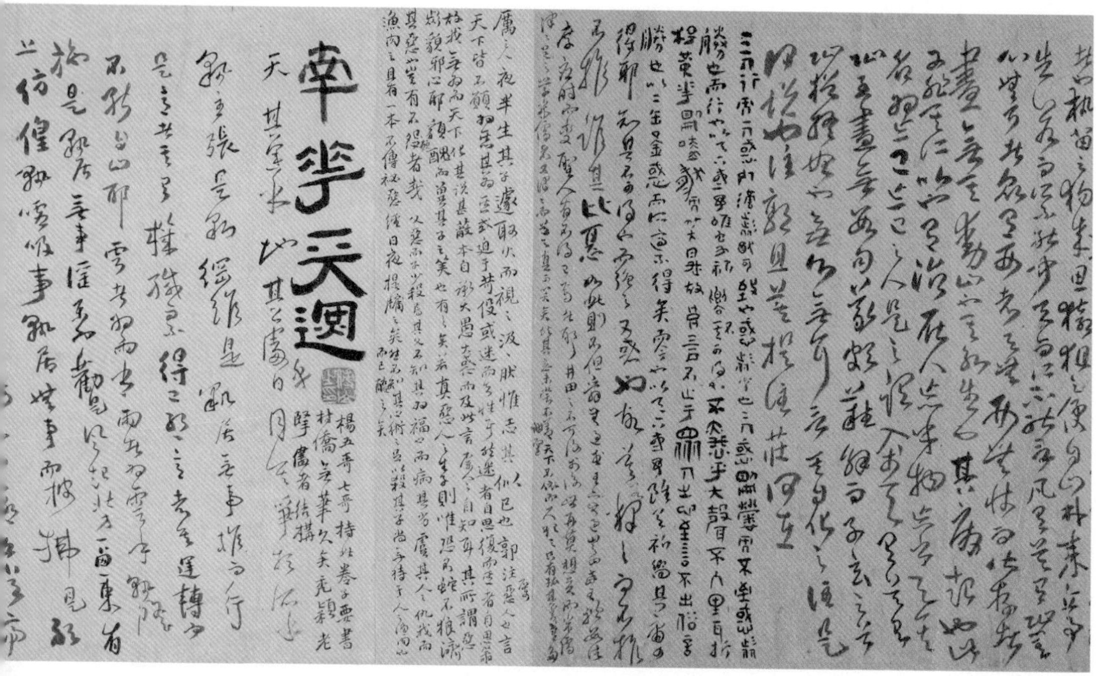

人官職，堅持以不合作的態度拒絕入仕清廷。

明亡後，傅山長時間住在太原，以教書、賣詩文維持清貧的生活。在初拓本《太原段帖》中，傅山說自己「苦應接俗物，每逼面書」，提到當眾揮毫的壓力：「其實對人作者，無一可觀。且先有忿懣于中，大違心手造適之妙。」傅山內心的無奈，外人很難體會。又有強作解人者，誇口能分辨傅山父子的書法，他不禁掩口而笑。從傅山晚年的這段自敘，也可看見明遺民在鼎革之際辛

傅山，《嗇廬妙翰》局部。其中寫道：「字原有真好真賴，真好者人定不知好，真賴者人定不知賴，得好名者定賴。」

勞的生活側影，以及傅山幽默的一面。

傅山在民族大義上為人所稱頌，而他對後世書法的影響，更多來自「寧拙毋巧，寧醜毋媚，寧支離毋輕滑，寧真率毋安排」的理念，我在溫哥華美術館觀賞畢卡索的畫展時，突然想到傅山作品中也充滿了解構的表現。此外，他的《青主女科》是臨

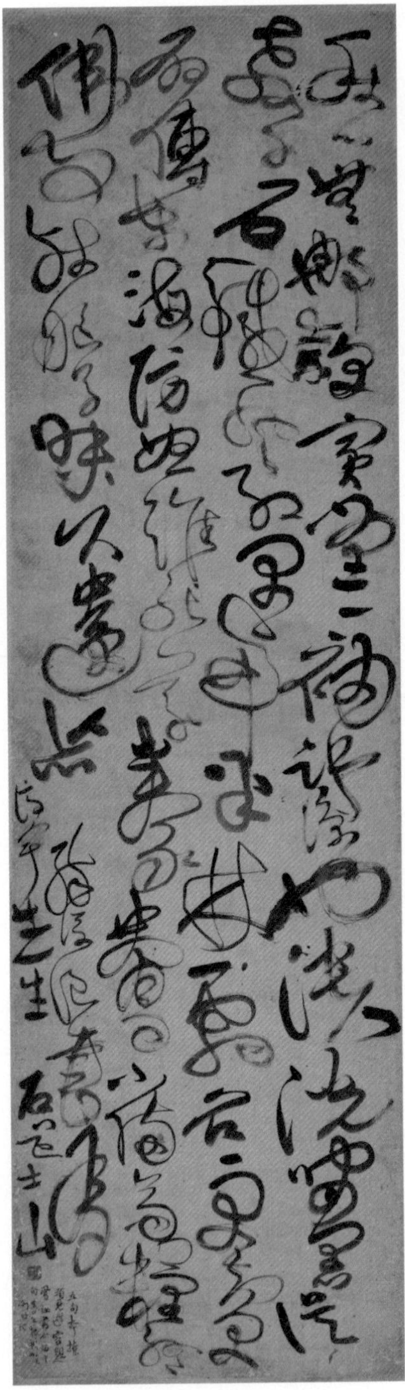

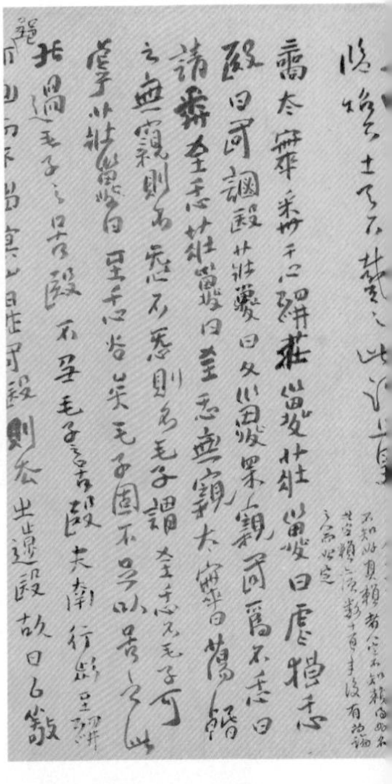

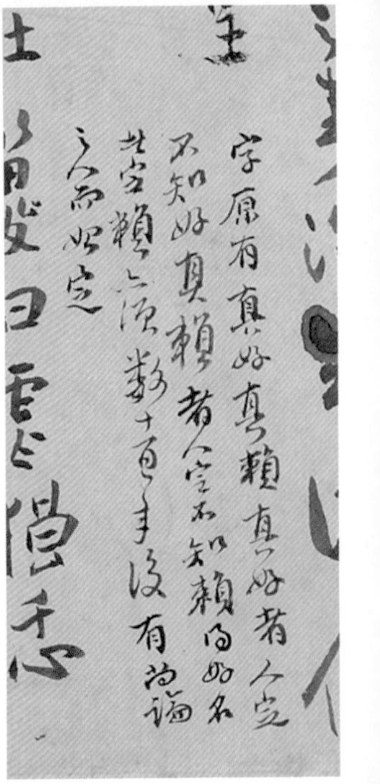

傅山，《醉後浪書》。濟宇是傅山的好友，傅山在飲酒醉後浪書贈字，還抄錯拼貼自己的詩句，顯出兩人之間自然真誠的友誼。

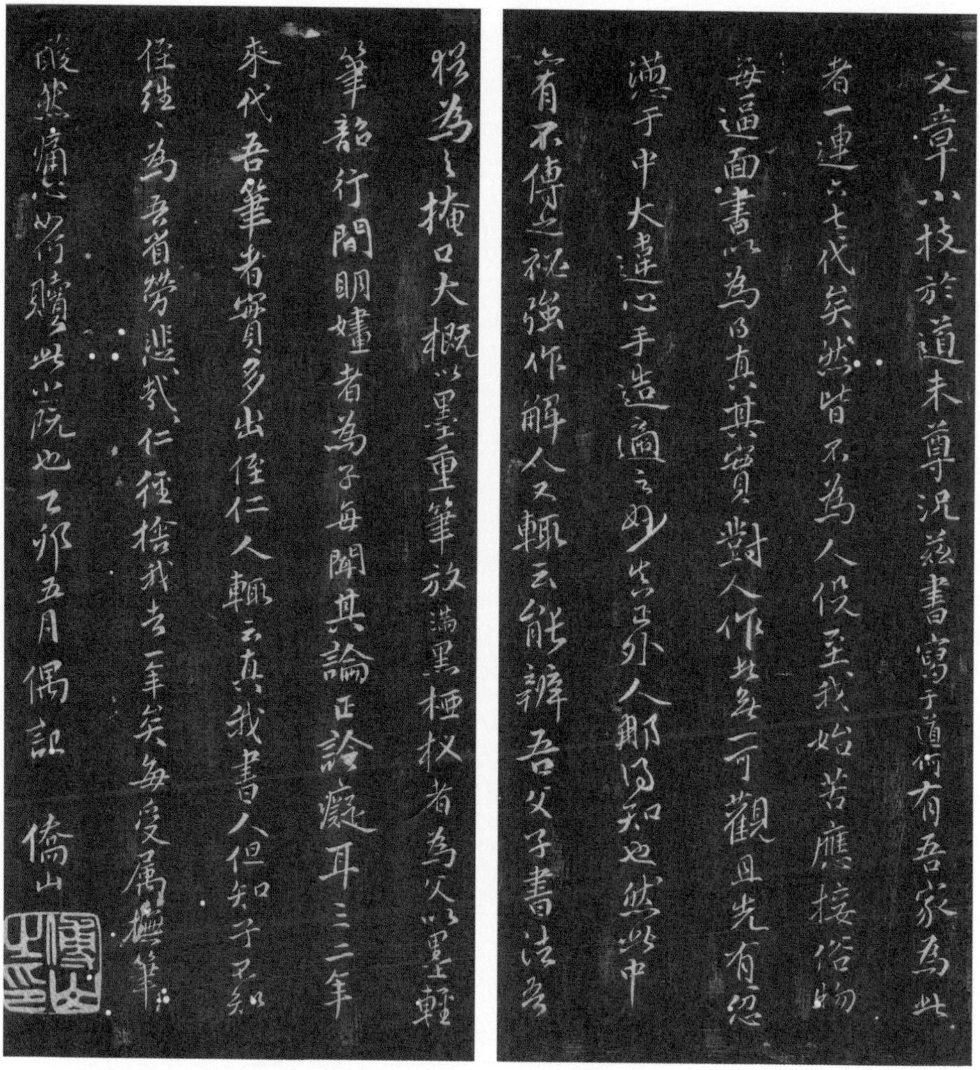

傅山，《太原段帖》選。傅山苦於應酬文字，更批評了當時自作聰明，以為能分辨傅山父子書法的人們。

床價值非常高的婦科典籍，至今仍為中醫學界所肯定。在思想史上，傅山更被梁啟超評為「清初六大師」之一，與顧炎武、黃宗羲、王夫之、李顒、顏元齊名。

文伯仁

文徵明的侄子，繪畫氣勢宏大

去年（2015）的諾貝爾醫學獎，頒給了大陸醫學研究者屠呦呦女士。屠呦呦原來在大陸學界被稱為「三無學者」（無博士、無留洋、無院士），早在一九七一年便已成功提煉出足以抑制瘧原蟲的原料，降低了瘧疾的死亡率。直到四十四年後終於以此獲得諾貝爾醫學獎。讓我眼睛為之一亮的是，屠呦呦提到她的研究法，是以葛洪《肘後備急方》關於青蒿的記載為指導方針，這讓我想起了我收藏的文伯仁《葛仙翁移居圖》，圖畫中這位仙風道骨之人，就是「屠呦呦的指導教授」——東晉名士葛洪（283-363）。而這幅畫的作者文伯仁，也是一位有意思的人物。

文伯仁為文徵明之侄，年少時脾氣暴躁，喜歡當眾罵人，往往讓人無法負荷。也曾經和文徵明鬧上官府，因此一度入獄生了重病。出獄後有了悔意，收斂脾氣想從叔父學畫，因此託言夢見金甲神呼喚他說，「你前世是蔣子誠的門人，畫觀音大士像，

文伯仁（1502-1575），字德承，號五峰，湖廣衡山人，繫籍江蘇蘇州，生於弘治十五年，卒於萬曆三年。

一定齋戒才敢落筆，種此善因，今生必定以畫傳世。」文徵明聽了這話，明白他的決心，因此原諒並收他為徒。《明畫錄》說他「横批大幅，岩巒郁茂，不在衡山之下。」少年文伯仁是負氣的英才，在歷經人生磨難後，將滿腔的憤慨化為筆底煙雲，藝術境界也因此昇華了。

我收藏的《葛仙翁移居圖》，正是所謂的「横批大幅」，畫技與風格上繼承文徵明的「細文」一路。畫的主人翁葛洪，晚年棄官舉家遷往廣東羅浮山修道煉丹。文伯

文伯仁，《葛仙翁移居圖》。此圖描繪葛洪移居深山，修道成仙的情景。

仁將一座蕭寺置於雲深處，有超然物外的感覺。山下一位身著紅衣之人，雖然不穿官服，但紅色就代表官員的象徵。或許此時的他，正如同葛洪一樣想拋開俗世的紛擾，到山中的寺廟尋得一份永恆的清靜吧。

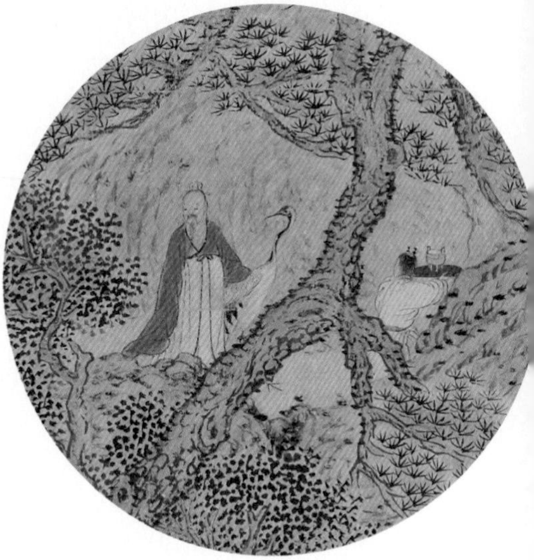

徐渭

書畫詩文戲曲兵學的通才

我第一次看到徐渭《觀音圖》，畫幅上端書寫了〈心經〉，立刻就被吸引住了。畫中虔誠的宗教情懷，靜謐簡逸的線條，與他常見粗獷的表現風格迥然不同。後來我讀徐渭〈答張翰撰〉提到，「近又稍作觀音漫寄一條，書〈心經〉於上，聊塞〈黃庭〉之委。」心中因此有了答案。

這位張翰撰即隆慶五年（1571）的狀元張元汴（《陶庵夢憶》作者張岱的曾祖父）。徐渭年幼時就與他一起讀書，也和他的父親、兒子三代世交。因為這層關係，當徐

葛洪的著作影響了諾貝爾獎得主屠呦呦的研究方法。

徐渭（1521-1593），字文長，浙江紹興人，生於正德十六年，卒於萬曆二十一年。

渭身陷牢獄時，張元汴費盡心思幫他疏通，因而獲得地方官批准獲釋。我在想，這幅《觀音圖》作於他出獄當年，可視作他倆金石之盟的見證，也或許徐渭在繪製的過程中，心中已豎立起一尊保佑蒼生的觀音像，以感念上蒼對自己一生多災多難的庇佑吧。

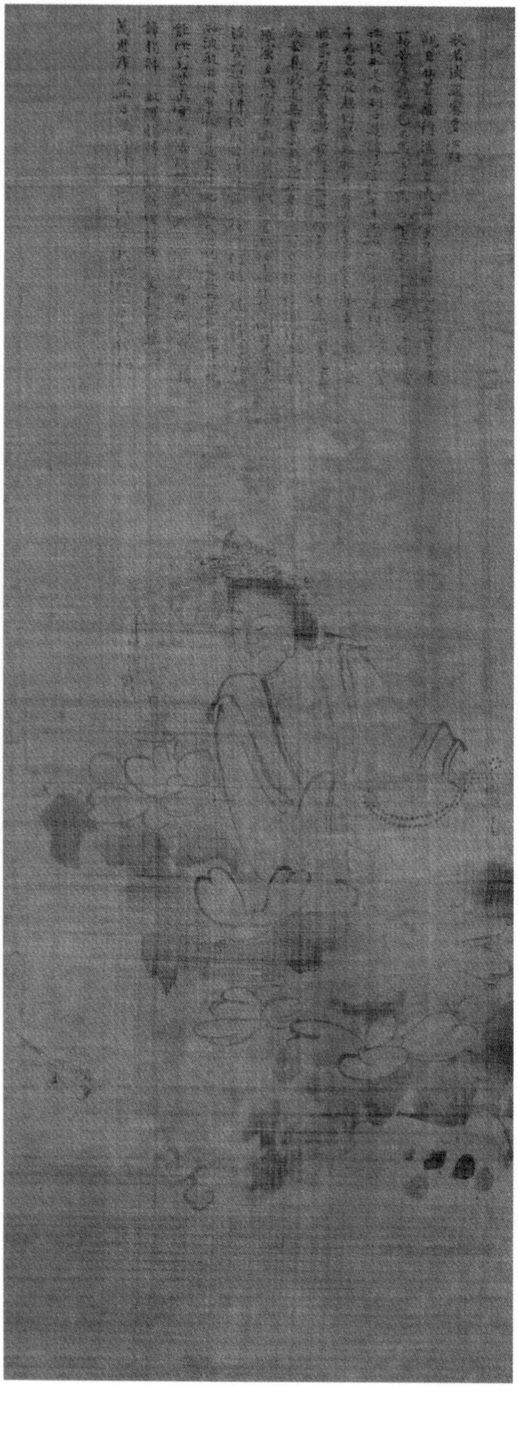

徐渭高才大識，博學多能，是書畫家、詩人、劇作家，也是足智多謀的師爺、軍事家。從前我讀少年徐渭的故事，給人的印象就是聰穎機智的俊才。而他高妙的筆墨

文采，殺妻顛狂的傳奇一生，始終是文學家、戲劇編導創作時最好的題材。他評論自己的多重才學，「書第一，詩二，文三，畫四」。可見他對書法造詣的自負。但在我看來，他的「謀略」應該放在第一位。

徐渭早年在抗擊倭寇的胡宗憲手下擔任幕僚，是赫赫有名的抗倭軍師，為他獻計擒住汪直。胡宗憲在舟山捕獲白鹿，徐渭為他代筆寫了兩篇〈進白鹿賦〉進獻嘉靖皇帝，皇帝讀後大喜，視為祥物，因此對胡宗憲加官進爵。我在想，胡宗憲應該很感嘆，打了這麼多的勝仗，要得到皇帝賞賜，還是得靠徐渭的兩篇文章啊！

以徐渭的文才謀略，胡宗憲對他的倚重是肯定的。嘉靖三十九年（1560），胡宗憲在杭州市中心建造了宏偉的鎮海樓，請徐渭寫了一篇〈鎮海樓記〉。胡宗憲讀了非常滿意，想起徐渭在杭州一直租房而居，因此藉這個機會賜金兩百二十兩資助他買房。這篇文章短短六百四十七字，卻讓徐渭住進了豪宅。明代中葉至清朝末造，紹興府以出產師爺幕僚聞名全國，從眾多的軼事來看，徐渭應該可以被稱為「紹興師爺的祖師爺」吧！

萬曆時期抗倭援朝之役的主將李如松，是徐渭的得意門生。李如松與李如柏兄弟在

徐渭，《觀音圖》。畫面上半部抄錄心經，下方繪《鸚歌寶卷》故事中的主角白鸚鵡。徐渭詩書畫俱佳，更被稱為紹興師爺之祖，教出抗倭大將李如松。

戚繼光的介紹下，經父親李成梁安排，由徐渭教導兄弟兩人兵法，之後徐渭有相當多的詩文贈予李如松，李如松也曾接濟過徐渭，並以徐渭的兒子為幕僚。在對付倭寇的策略上，徐渭所教導的兵法必定對李如松產生深刻的影響。晚年病體虛弱的徐渭，得到李如松贈與的十五斤人蔘，以此為印資，刊刻了十六卷的《徐文長集》、十卷《闕編》。若不是李如松的資助，徐渭的高妙文采可能就此付諸歷史洪流了。

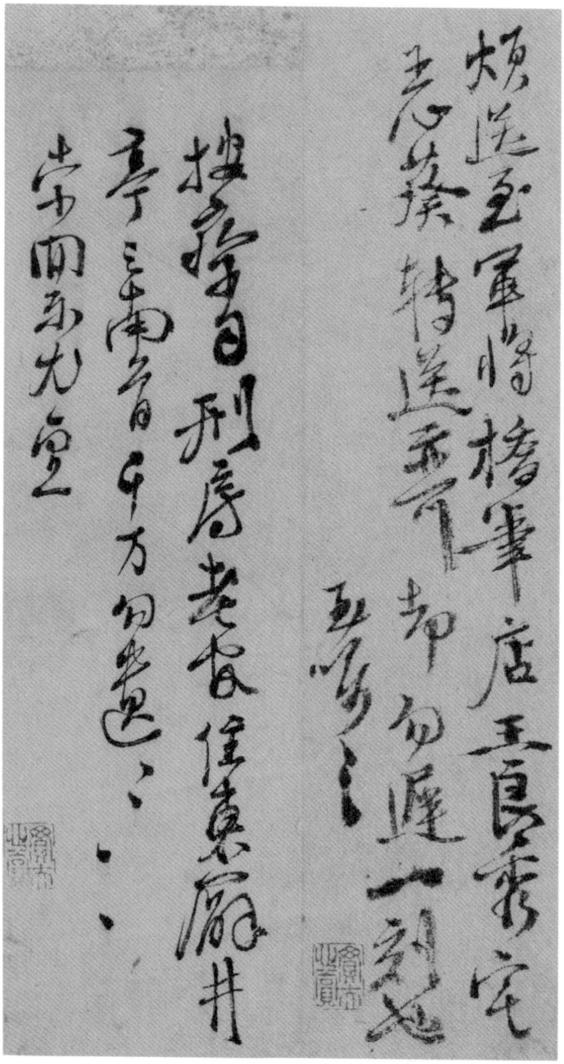

徐渭，《與某人書》。徐渭託收信人送交物件予二人，並叮囑收信人切莫延遲和遺失。

董其昌

妙在能合、神在能離，融合書畫與禪學

談到晚明書畫家，毫無疑問董其昌是其中最富盛名的。翻閱各家拍賣圖錄，董其昌作品數量應該居於晚明書畫家之冠。無怪乎拍賣業的朋友戲稱，董其昌是他們的「衣食父母」。今年（2016）初，臺北故宮博物院推出董其昌書畫特展，基金會也在六月底推出「董其昌與松江書派特展」，吸引了海內外眾多董其昌的粉絲齊聚臺北。

我認為，董其昌成為大師的條件至少有三個，首先是科考受挫。董其昌十七歲時參加松江府科考，原以為十拿九穩可以拔得頭籌，最後卻因為書法不佳僅被列名第二。董其昌受此刺激，發憤練字，終身不輟。在我看來，年輕時受挫其實是一種福報，如果沒有這次的經驗，董其昌就不會是日後的董其昌。其次是由於萬曆時代民間收藏風氣很盛，董其昌本身的書畫收藏就很豐富，朋友圈裡也有很多收藏家，如館師韓世能、老師莫如忠、陸樹聲、師兄莫是龍。更認識了大收藏家項元汴，得見家藏珍品，從此眼界大開。第三是因為董其昌做官的時間很長，但因為是閒職，浸淫在書畫當中的時間很多，使他的書藝不斷精進。

董其昌（1555-1636），江蘇松江人，生於嘉靖三十四年，卒於崇禎九年。萬曆十七年（1589）進士，授翰林院庶吉士，官至南京禮部尚書。

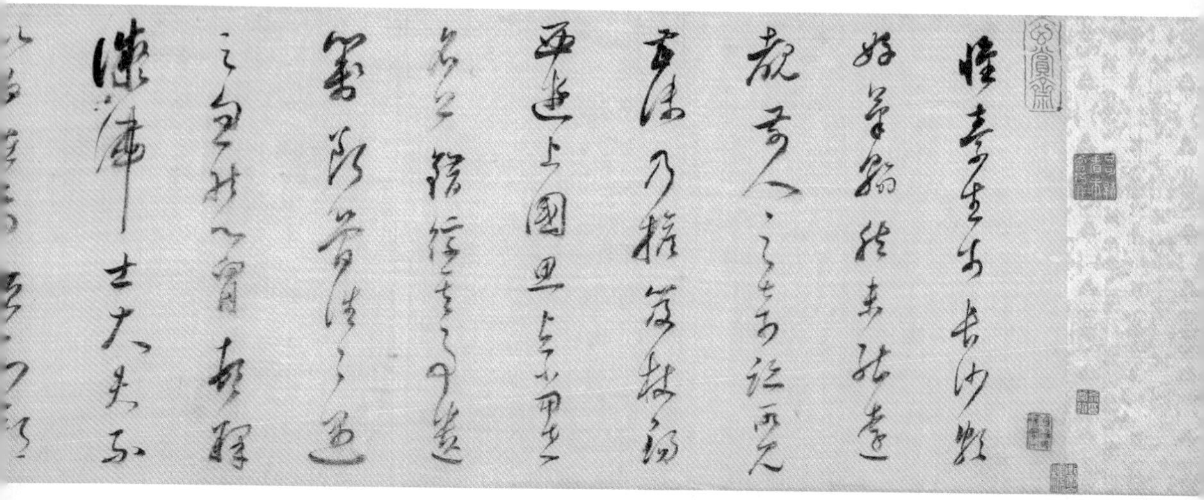

《雲山圖》是他學習米芾、黃公望之後所演化出的個人風貌，款識是他常寫的一首詩，帶有顏體味道，大約是五十多歲的風格。我曾和鑑賞家尹光華先生一起欣賞這幅畫，他以個人繪畫經驗告訴我，這件作品畫在質地較硬的絹本上，用了較濕潤的水分，所以線條較多連貫的「整筆」，不似平時畫在紙本上所採用層層鋪疊的「覆筆」。樹幹的畫法，尤其能看出這樣的特色。

我本來是不太收藏董其昌的，稗官野史相傳董其昌人品卑劣，他的兒子欺壓民女造成市民暴動，這讓我心中起了一些芥蒂。之所以讓世人留下這樣壞印象，源於寫本《民抄董宦事實》和說唱曲本《黑白傳》的誤導。

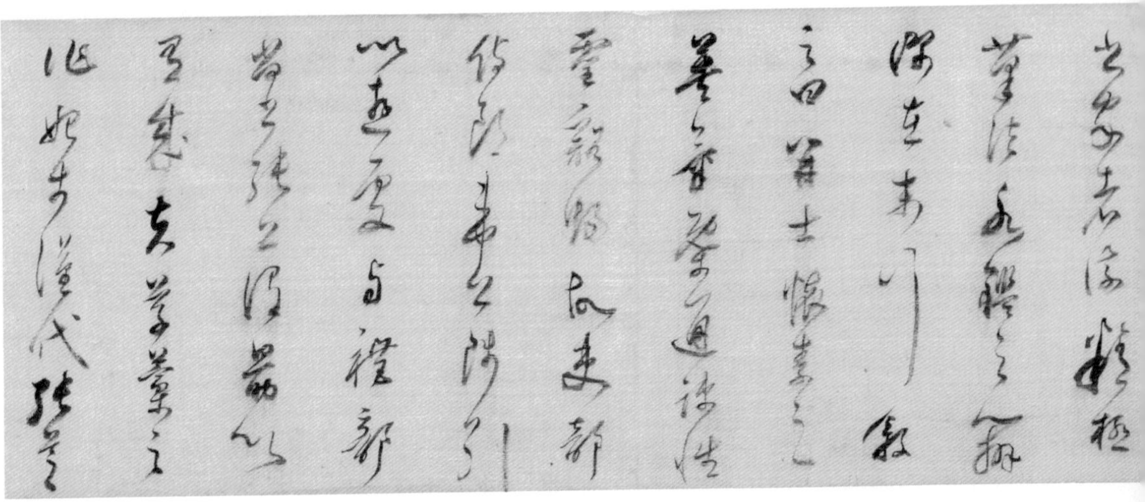

清初修纂《明史》，終於還給董其昌一個公道，史家認為董其昌「督湖廣學政，不徇請囑，為勢家所怨，嗾生儒數百人鼓噪，毀其公署。」《明史》修纂團隊以萬斯同、王鴻緒兩大史才為核心，秉承黃宗羲實事求是的精神，況且董其昌《容臺集》被清朝列為禁書，史館學者實不需袒護他。再加上清朝幾位重要的皇帝都很欣賞他，如果他的為人真如野史記載那般不堪，康熙皇帝還會有許多「臨董」書法嗎？「民抄董宦」顯然是董其昌得罪權貴，對方唆使有心人士組織民眾所為。我們觀察當代世界局勢，有些集體抗爭和暴行，會不會也是受到擁有傳播能力的有心人士煽動和利用？值得我們深思。

我們現今身處大數據時代，往日無法獲見

董其昌，《草書懷素自敘帖》。此卷是崇禎十三年（1634）中秋節出遊時，於舟中興起書寫之作。八十老翁與一行同好出遊，偶然欲書，當場表演一段背臨的功力，展現了董其昌對於古帖熟稔的自信，可謂人書俱老。他提出「南北宗」的理論，劃分了文人畫與職業畫家的界線。

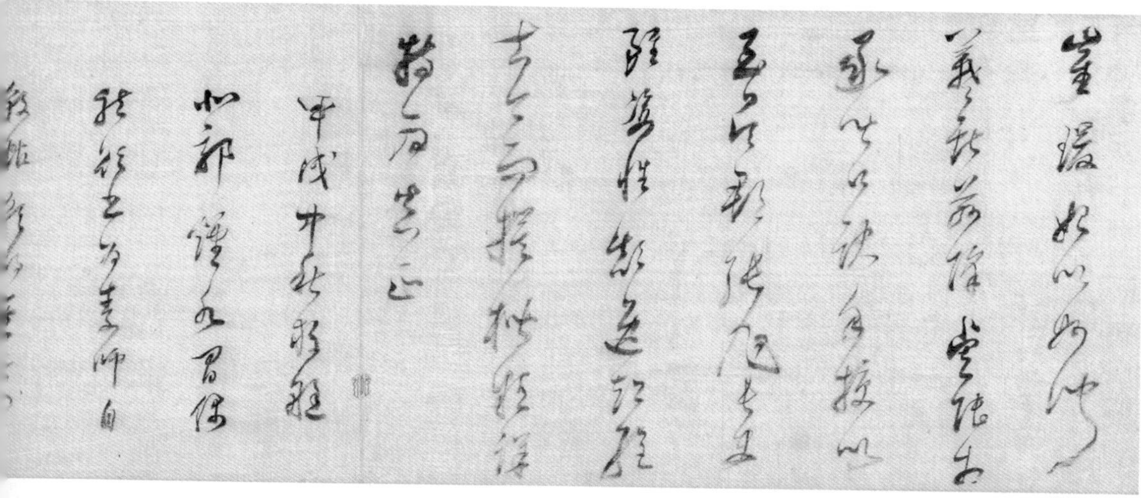

的文獻史料因此更容易取得，歷史的真相終有撥雲見日的一天。在基金會主辦的「董其昌與松江書派特展」中，我就個人讀史心得做了一場演講，以證據分析法試圖為董其昌翻案，引發了不少同道的共鳴。

姑且不論這些八卦傳聞，董其昌在理論上提出「南北宗」，劃分了文人畫與職業畫家的界線。朱惠良老師提到，董其昌開創以意臨仿，妙在能合、神在能離的書畫理論。如此對書畫風格與山水畫史的掌握，影響甚至廣達書法、詩詞等藝術門類的理論建構。而他平淡自然、簡逸蕭散的書風，與王鐸、傅山、張瑞圖等人所代表的浪漫書風，融合交錯建立起晚明書法的歷史高峰。

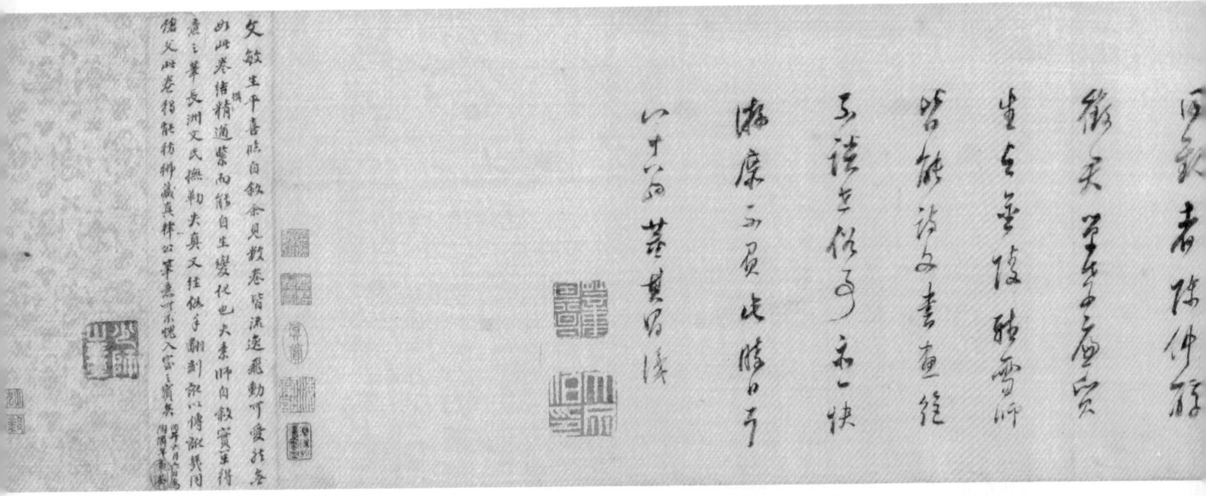

曾鯨

受西方繪畫影響的肖像畫家

我在法國凡爾賽宮參觀時，看到拿破崙時代的人物畫像，相當寫實。相比起來，中國古代肖像畫給我的印象是以白描線條為主，人物的特色不易分辨，就算真人站在我面前，我也認不出來！直到我看見曾鯨的畫像，他描繪的人物立體多了，更重要的是使人能夠分辨像主的面容特色，在他手上，中國的肖像畫藝術又提升到新的層次。

曾鯨早期活動於浙江，最終住在江蘇南京。南京是文化中心之一，想要在藝壇有名氣，就要在此地發展。曾鯨的肖像畫在當時的影響甚大，主要弟子的籍貫分布在

曾鯨（1568-1650），字波臣，福建莆田人，生於隆慶二年，卒於順治七年。

福建、浙江、江蘇等地，所以無法以地域名稱為畫派命名，而以曾鯨的字「波臣」為此肖像畫派的專有名稱。

姜紹書《無聲詩史》中記載，曾鯨所畫的肖像如同鏡中取像，神情絕妙生動，每繪製一張畫像，必須要烘染數十層，一直到自己滿意為止。他的寫實畫法十分獨特，傾動了當時的畫壇。這種明暗凹凸的技法，是受到他在南京時見到的西方傳教士利瑪竇所帶來的繪畫影響。曾鯨原本就擅長中國傳統的肖像畫法，但是利瑪竇到中國，帶來了西方的聖母像，聖母的眉目衣紋表現好像鏡中影像般清晰，形象逼真，

栩栩如生。當時的中國畫工都不知怎麼能畫得如此生動。利瑪竇在南京活動期間，曾鯨從西方的繪畫當中，學到了中國畫家最不擅長的，以明暗對比襯托出肌理的寫實畫法。

曾鯨肖像畫的名聲極大，即席寫生的能力很強，當時的文士名人紛紛請求曾鯨為自己繪製畫像，包括董其昌、陳繼儒、項元汴、葛一龍、王時敏、黃道周，以及黃宗羲的父親黃尊素，代表他的繪畫得到士大夫的肯定。

張宏

寫實主義畫家，風格獨特創新

猶記得去年（2015）的耶誕節，基金會同仁以晚明畫家張宏《雪景圖》做為賀卡，得到極大的迴響與好評。在畫幅中，觀者可以察覺到他對空間的分割極為敏銳，擅長將大面積色塊與留白融入畫中，從而創造出寫意的詩境。他自己在題畫時寫道訪友人書齋，「窗几明潔，筆硯精美，對雪隨興捉筆，聊供一笑云耳」，充分體現文人生活隨興適意的情境。在嚴寒的十二月，能夠收到手寫寄來的《雪景圖》耶誕卡，心中應該能感受到一絲簡單的詩意與幸福吧！

曾鯨，《張卿子像》。此畫像主為張遂辰（1589-1668），為明代名醫。曾鯨繪製的畫像絕妙生動，是晚明炙手可熱的肖像畫家。

張宏（1577-1668），字君度，號鶴澗，江蘇蘇州人，生於萬曆五年，卒於康熙七年。

在晚明畫家群體中，張宏是非常特殊的一位，美國高居翰教授對張宏尤其推崇，認為他是晚明最有成就的畫家，不僅風格獨特創新，注重實景的呈現，是寫實主義的一代宗師。

關於張宏的生平，畫史記載並不多，我們對他的認識主要還是從他的畫款得到的一些訊息。從他傳世的畫作，知道他不但承襲兩宋、元代畫風，還學習過沈周、文徵明等吳門風格。張宏在前人技法的根基上有所開拓創新。

又例如另一件《風雨歸舟圖》，狹長尺幅的上半部，筆墨全做刷勢，清晰地描繪風

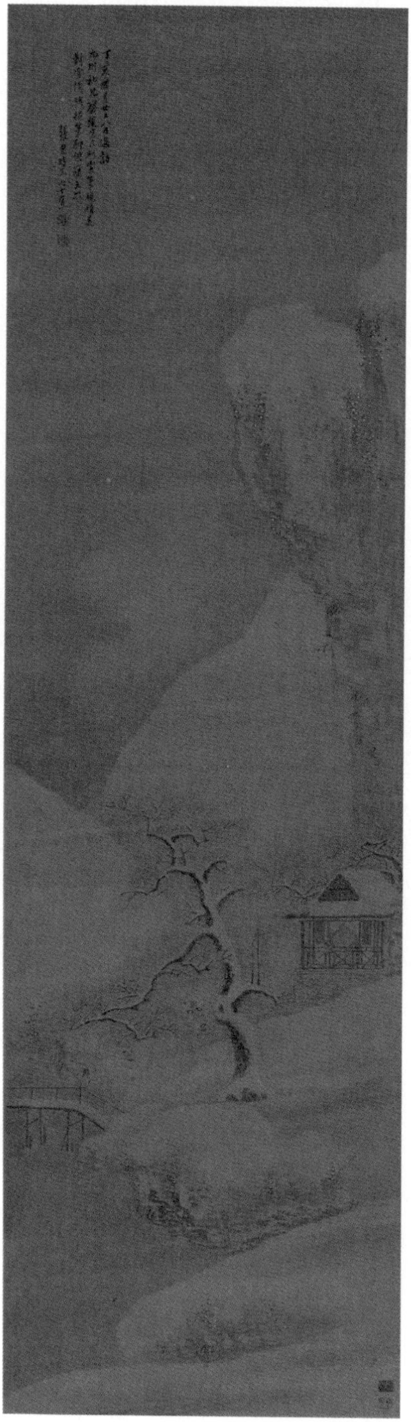

張宏，《雪景圖》。高居翰認為張宏是晚明最有成就的畫家，對他極為推崇。

雨的猛烈驟急，這樣的技法讓人不由得聯想起傅抱石。而右下半部採張宏精擅的設色寫意，體現他對色彩獨特的敏銳度。

藍瑛

影響日本近代繪畫的畫家

二〇一四年，我們在上海舉辦「萬曆萬象」大展，上海博物館書畫研究員黃朋欣賞了藍瑛《仿梅道人山水》，認為是他少有的元人畫風，極為難得。黃朋特別強調，職業畫家藍瑛藉著《仿梅道人山水》這樣的蕭散簡逸，獲得吳門松江名士的認同。藍瑛在畫史上常給人「浙派殿軍」的形象。其實他的畫風來源非常廣泛，同時也受到元人、吳門名家的影響。

藍瑛早年曾拜董其昌、陳繼儒為師，學習新興的文人畫理論與技法，並觀摩世家豪族的藏品，結交著名藝術家與文人，眼界因此大開。也曾北上參加科舉，但並未取得功名，之後參加過復社活動，成為職業畫家。

從藍瑛傳世的眾多可靠作品來看，他除了在杭州一帶定居，行蹤也遍布廣東、福建

藍瑛（1585-1666），字田叔，號西湖外史，浙江杭州人，生於萬曆十三年，約卒於康熙五年。

與北方各省，他的畫學觀念與風格也因而產生多元面向。

清儒毛奇齡記載，因為同鄉之誼，大畫家陳洪綬曾經隨藍瑛學畫，陳洪綬後來在人物畫的造詣勝過了藍瑛，以至於藍瑛著力於山水、樹石、花鳥。藍瑛的畫風在晚明清初有一批追隨者，甚至形成「武林畫派」。隨著十八世紀下半葉浙江海外貿易的興盛，藍瑛的畫作傳入日本，對南派畫家產生了很大的影響，谷文晁等人甚至直接採用藍瑛的構圖，學習藍瑛技法的日本畫家更是眾多。也因此在日本收藏了不少藍瑛精彩畫作。

藍瑛，《仿楳華道人》。此畫仿吳鎮的山水，藍瑛畫風多元，陳洪綬曾向他學畫。

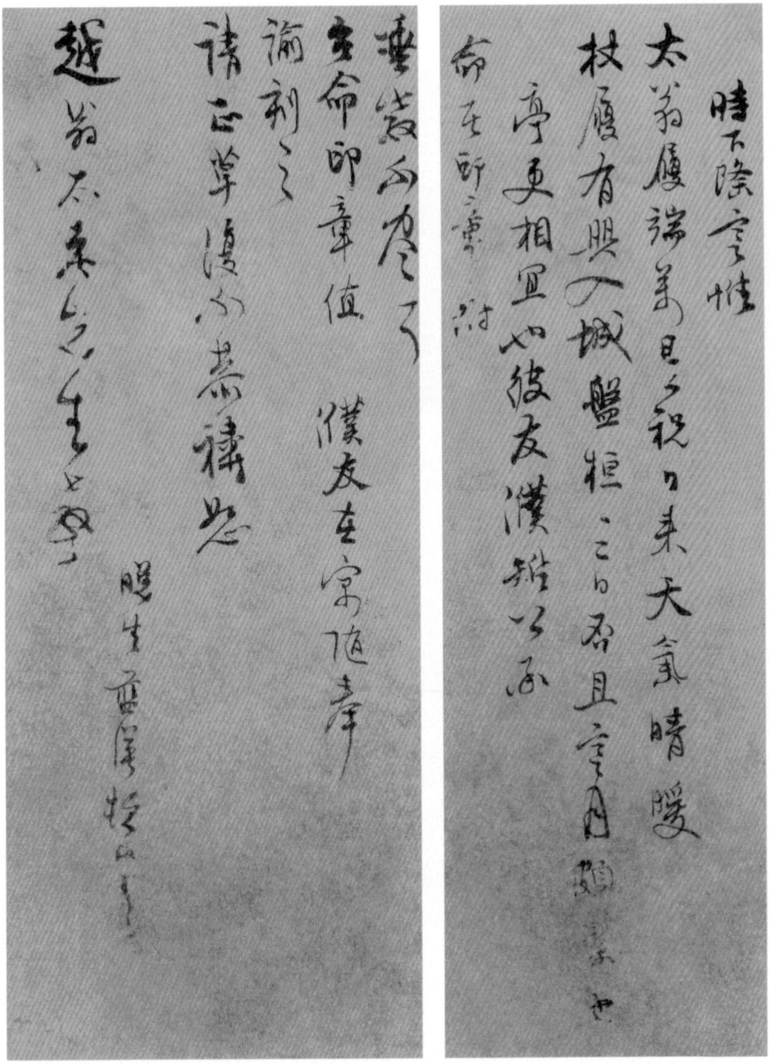

藍瑛，《與越翁書》。先前越翁交代藍瑛商請其藝友代為刻印，正好此友寓於藍瑛家中。刻成之後，將刻好的印章隨信附上，希望越翁滿意。

龔賢

「金陵八家」之首，畫範影響《芥子園畫譜》

前年（2014）北京趙偉東導演來訪，我看了他拍攝的《百年巨匠》人物紀錄片，裡面有一集是介紹國畫大師齊白石。窮木匠出身的齊白石年輕時沒錢學畫，就看著《芥子園畫譜》自學。我心裡想，原來齊白石有這麼好的老師。《芥子園畫譜》的作者王概、王蓍兄弟受龔賢的影響很深，可以說，龔賢也間接地成了齊白石的老師。無獨有偶的，《龔半千畫範》內容就是教人怎麼畫畫。

龔賢十幾歲的時候透過父親的關係，到南京拜董其昌為師（可見龔賢的家世也是相當不錯的），認識了同學楊文驄，他的筆墨及書法功夫全然來自董其昌的教導，他特別重視寫生，把江南煙雨的柔美姿態，展現得淋漓盡致。二十四歲時，為了躲避戰禍從南京暫避揚州，但揚州後來也遭屠城十天，他僥倖逃過一劫。經歷了國家易幟，同學楊文驄戰死，一些朋友在政權易主中喪生，這一連串的災難對龔賢有很大的影響，或許因此而造成了他後半生比較孤僻的性格。在龔賢的畫裡，只有山川大地、屋宇、船隻，極少出現人跡，總是一幅寧靜景象，這可能就是他心中追求的淨土。

龔賢（1618-1689），字半千，江蘇崑山人，生於萬曆四十六年，卒於康熙二十八年。

龔賢四十六歲時，回到他學畫的南京，在清涼山上開闢半畝園，開啟了創作與教學的生涯。《桃花扇》作者孔尚任是龔賢在南京的忘年知己，在龔賢病故後，孔尚任為撰〈哭龔半千〉四首，並且親自料理後事。

龔賢，《龔半千畫範》選。此作影響《芥子園畫譜》很深，許多大師都靠此譜自學繪畫，因此龔賢間接地成為民初繪畫大師們的老師。

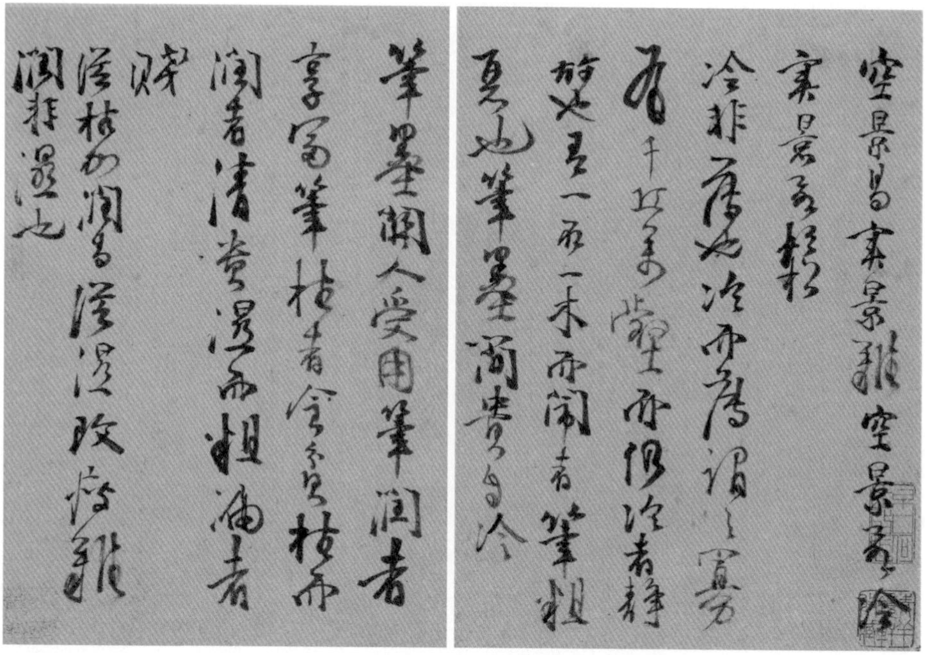

龔賢是位無私付出的老師，為了方便學生學習，往往會在為學生示範的畫稿上寫說明及畫論，畫出各種構圖樣式及樹石、屋宇。這類圖文並茂的畫稿存世不多，《龔半千畫範》前半是畫稿，畫上沒有文字，後半是畫論，是傳授給程度較高的學生用的。畫論中所闡述如何將樹石、山水畫出精神，如何表現各種意境等，確實對後人有很多影響。

在中國畫史上，流傳最多這一類畫稿的畫家，目前所知最豐富的就是龔賢。《芥子

龔賢，《龔半千畫範》選。
龔賢是「金陵八家」之首，他有許多作品很早就流傳海外。

園畫譜》的概念基本出於龔賢的畫稿，我們所熟知的近代繪畫大師如齊白石、潘天壽、陸儼少、傅抱石、林風眠等人，在年輕時都以《芥子園畫譜》為師。龔賢的畫有一個特色，就是反覆皴染得很黑，也就是所謂的積墨法，民國的畫家黃賓虹受到他的影響，也畫得很黑，繼而又影響了李可染，可知龔賢影響長遠，至今不絕。

吳承恩

中國四大名著《西遊記》作者

吳承恩從小就喜歡稗官野史和志怪小說，尤其喜歡唐代傳奇小說，還萌生了自己寫書的念頭。七、八歲時，就以文才揚名江淮一帶。後來吳承恩到淮安知府創辦的龍溪書院讀書，弘治十才子之一的朱應登很欣賞他讀書的熱情，因此把家中所藏的圖書和史籍分了一半給他，這對他後來創作《西遊記》助益良多。隆慶年間的首輔李春芳年輕時曾在淮安擔任塾師，在那時認識了吳承恩，兩人成為好友。之後吳承恩上京赴考，在北京滯留三年間，也一直受到李春芳的照顧。

嘉靖年間，吳承恩以歲貢生授官長興縣丞，他和後七子中的徐中行交往密切，並和歸有光共事。《長興縣志》中記載，吳承恩英敏博洽，為世人推崇，一時金石之文，

吳承恩（1501-1582），江蘇淮安人，生於弘治十四年，卒於萬曆十年。

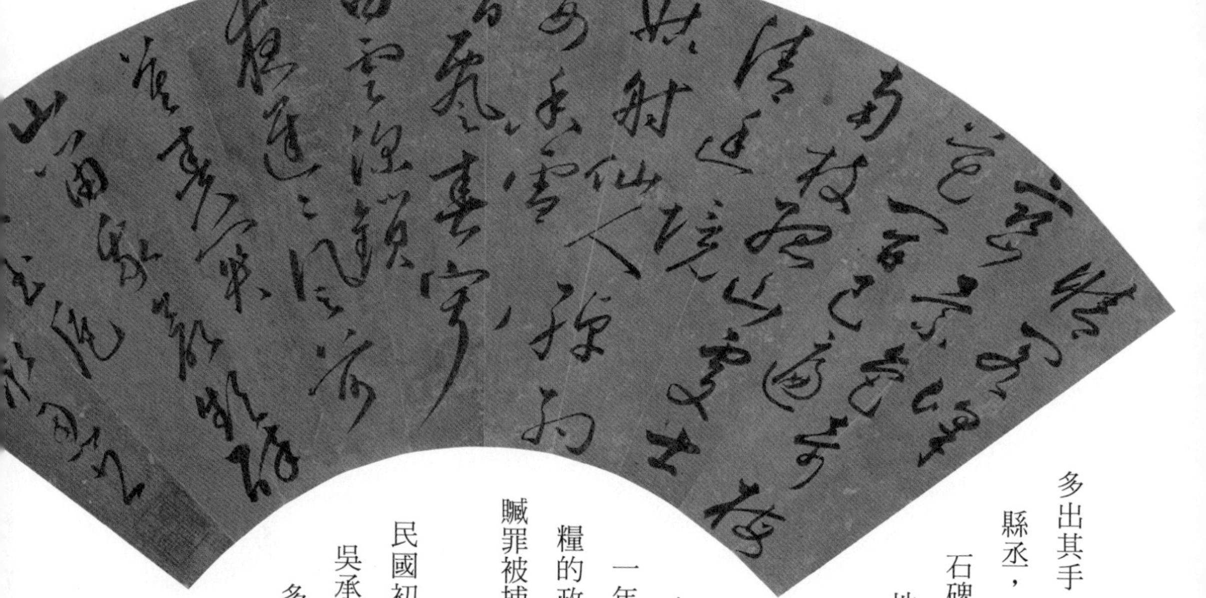

多出其手。歸有光任長興縣令時，吳承恩為縣丞，兩人為上下級的關係，曾合作三塊石碑：〈聖井銘並敘〉（此碑歷代完整地保存在長興縣下箬寺廟中）、〈夢鼎堂記〉（一九七八年十月三十一日出土於浙江省長興縣）及〈長興縣令題名記〉（歷代保存，毀於文革）。吳承恩晚歸有光一年到長興赴任，兩人因為在徵收錢糧的政務上發生問題，導致吳承恩以貪贓罪被捕，短暫入獄，使兩人的關係生變。

民國初年，胡適與魯迅兩位大學者主張吳承恩為《西遊記》作者，之後遭到許多研究者的質疑。由於這些碑文的出土，讓我們更加了解吳承恩的生平。

吳承恩，《七言詩扇》。他與當時文壇名人交遊密切，包括李春芳、徐中行、歸有光，可見文才必定在水準以上，才能寫出像《西遊記》這樣精彩的小說。

陸西星

《封神演義》影響民間文化

《封神演義》是我小時候閱讀的神怪小說，裡面的人物角色活潑生動，充滿想像力，和《哈利波特》相比也毫不遜色。近年來，有學者考證出其實《封神演義》真正的作者是陸西星。陸西星是一位秀才，卻九次鄉試未中，之後棄儒學道，他自稱呂洞賓傳授他丹法祕訣，晚年又參禪學佛。清代梁章鉅《歸田瑣記》有一段生動的記載寫道《封神演義》的來由：「昔有士人罄家所有，嫁其長女者，次女有怨色，士人慰之曰：『無憂貧也』。演為《封神演義》，以稿授女，後其婿梓行之，竟大獲利云云。」意指將《封神演義》當作女兒的嫁妝，而後果然成為暢銷書。

有不少學者認為，陸西星擅長寫文章，又精通釋道，應是《封神演義》最合適的作者。梁章鉅還認為，《封神演義》、《水滸傳》、《西遊記》在明代是互可匹敵的三部小說鉅作。《封神演義》的內容篇幅鉅大，其中哪吒鬧海、姜子牙下山、文王訪賢、三搶封神榜等情節都很引人入勝。其中的姜太公、哪吒三太子、太乙真人、財神爺趙公明、九天玄女、王母娘娘等，都成為民間信仰的重要神祇，至今香火不絕。《封神演義》不僅奇妙有趣，想像力十足，更影響中國民間文化至深且遠。

陸西星（1520-1606），字長庚，號潛虛，又號方壺外史，江蘇興化人，生於正德十五年，卒於萬曆三十四年。道教內丹派東派的創始人。

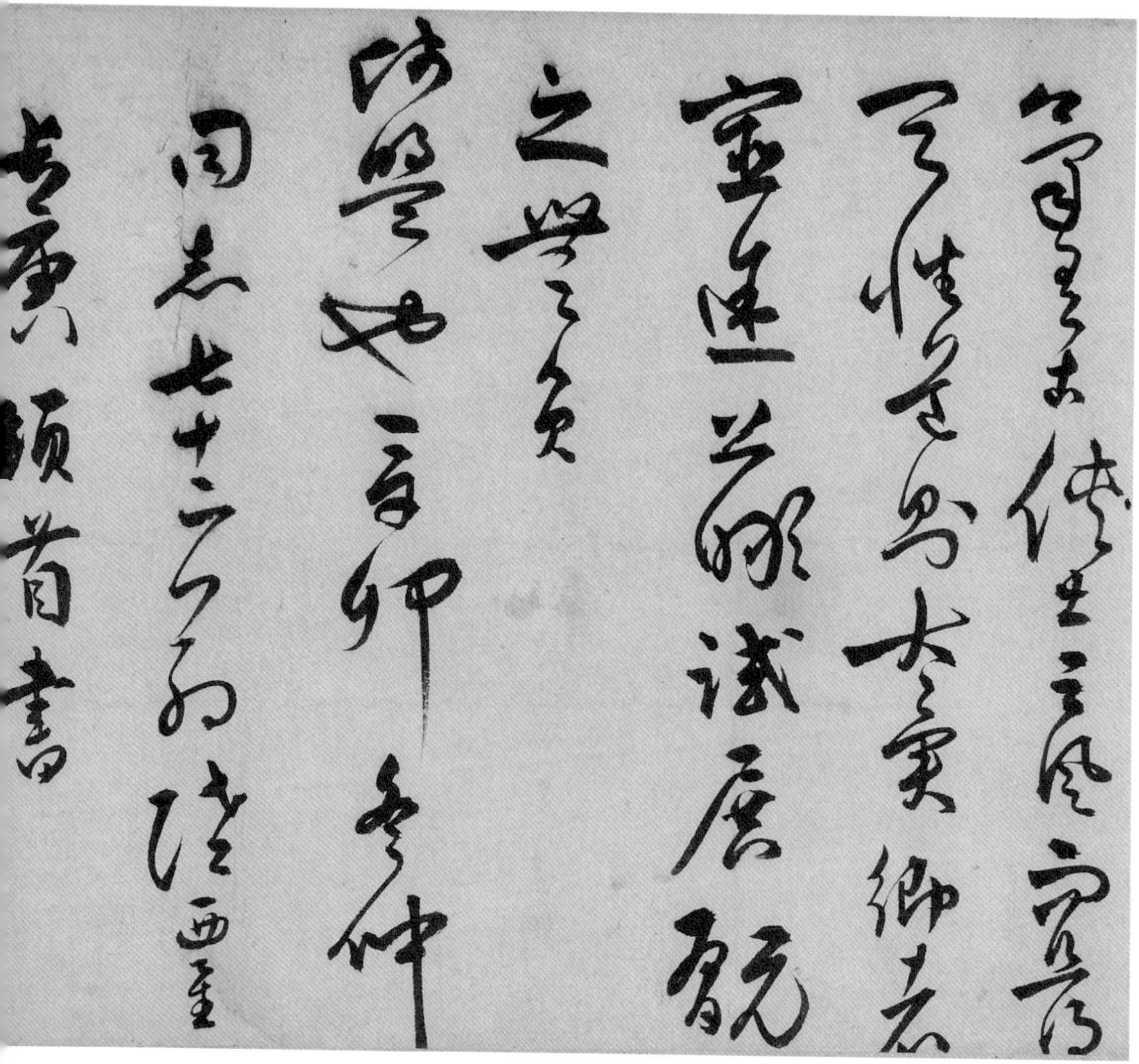

陸西星，《行草書卷》局部。信文內容為與友人論性命之學。陸西星是著名道士，所著《封神演義》內容奇幻有趣，和《哈利波特》相比一點也不遜色！故事中的角色後來都成為民間信仰的重要神祇。

我買到吳承恩、陸西星的書法作品時非常高興，因為他們創作、整理了《西遊記》、《封神演義》這些優秀的小說。

王世貞

晚明文壇領袖，「後七子」之首

王世貞任刑部主事時，為官正直，不依附權貴。當時的首輔嚴嵩對此十分痛恨。後來王世貞的父親王忬，因灤河決堤之事下獄，雖然王世貞兄弟每天跪在嚴嵩門前求情，王忬仍被殺害。等到嚴嵩去官後，王世貞努力為其父將冤案平反。

王世貞與李攀龍同為「後七子」領袖。李攀龍死後，他領導詩壇二十年，主張「文必秦漢，詩必盛唐」的文學復古運動。他晚年時，文學思想轉變，以「恬淡自然為宗」，王錫爵稱其「自然」，焦竑說他「自識」，錢謙益則提出「自悔」說。王世貞也是吳門重要的書畫鑑藏家和贊助人，他與吳門畫家陸治、錢穀、俞允文等交往，並以禮相待。李時珍完成醫學巨著《本草綱目》後，攜書稿至南京尋求出版機會，卻苦無書商願意出資。後來他決定到太倉拜訪王世貞，央請王世貞過目書稿並

王世貞（1526-1590），江蘇太倉人，生於嘉靖五年，卒於萬曆十八年。嘉靖二十六年（1547）進士，官至南京刑部尚書。

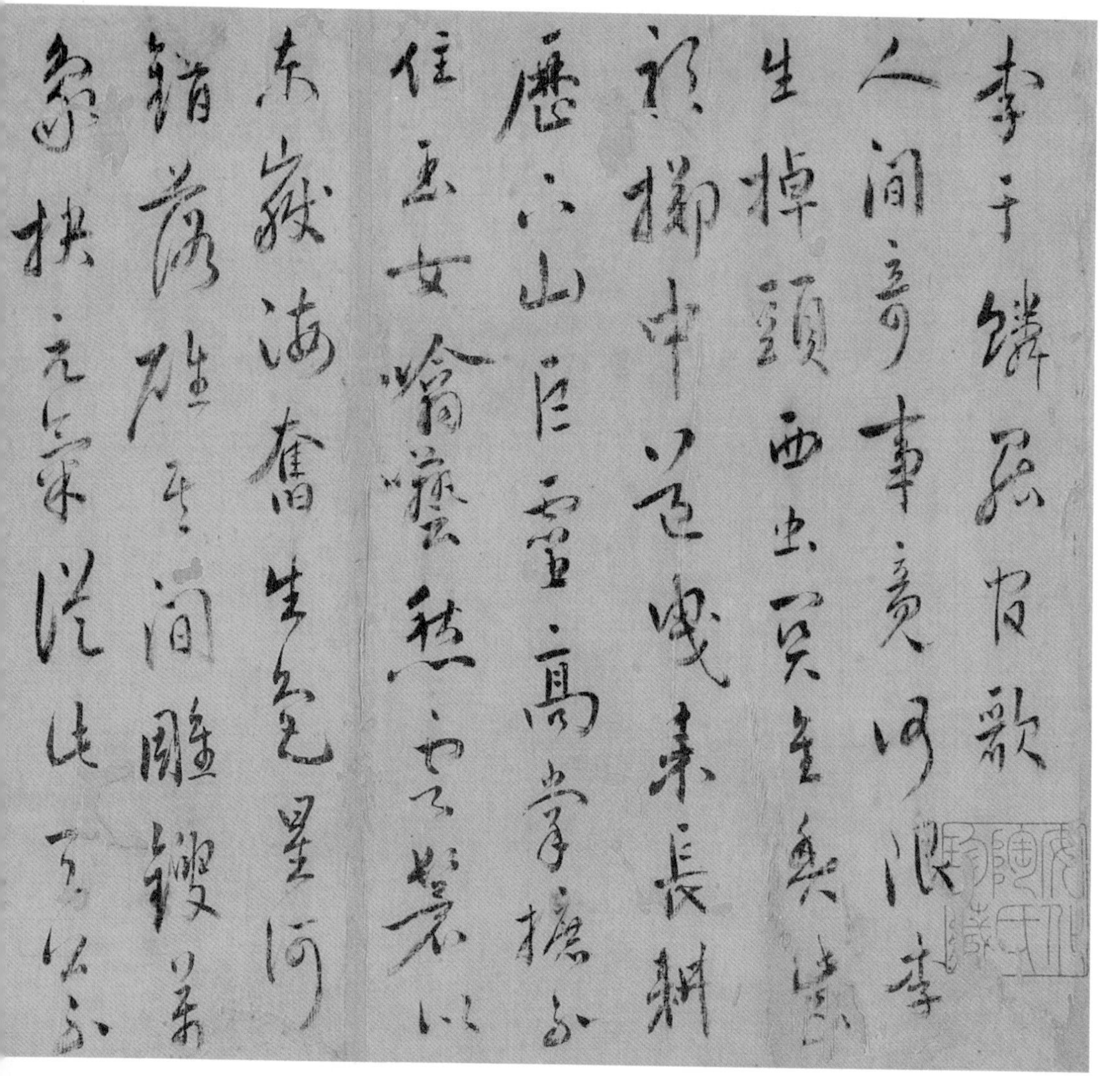

王世貞，《李于鱗麗宮歌》，此詩卷贈給另一位大文人李攀龍。王世貞的重要性在於如果沒有他寫序推薦，李時珍的《本草綱目》也許就無法出版，可見他的文字影響力有多大。

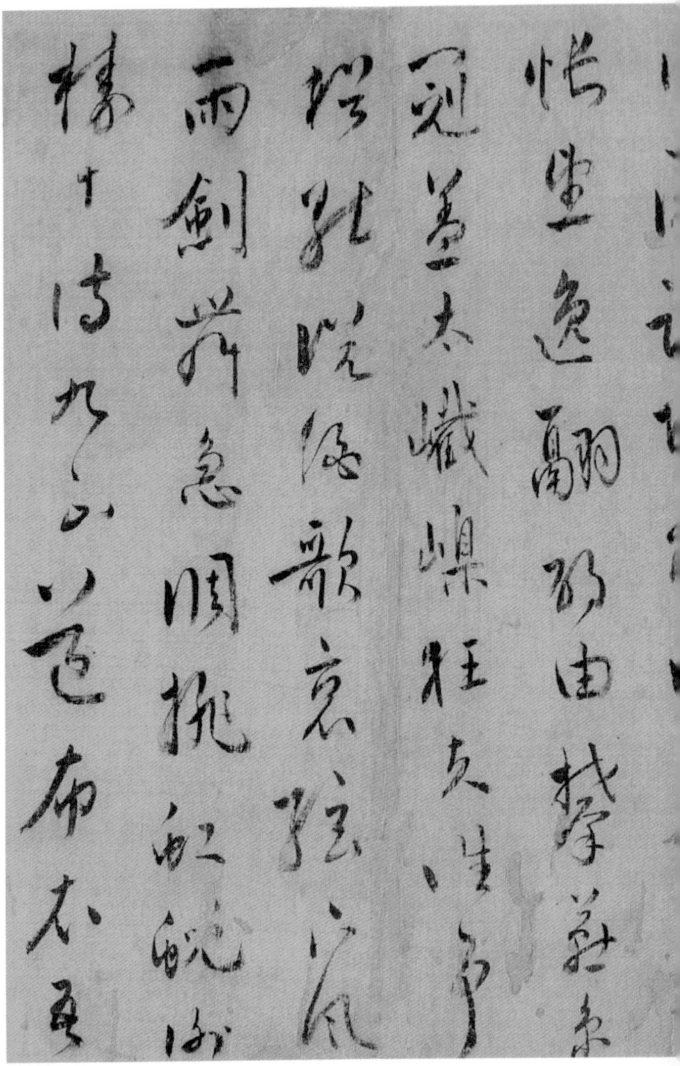

寫序。王世貞並未馬上答應，而是將書稿放在手邊慢慢閱讀，李時珍也在這十年間大幅充實了書本的內容。此序在萬曆十八年（1590）寫成，《本草綱目》也因此得到世人的注意，終於在萬曆二十四年（1596）印行。雖然《本草綱目》印行時，李時珍已經謝世，沒能親眼看到自己嘔心瀝血的著作出版，但若沒有王世貞寫序推薦《本草綱目》給出版商，或許這本珍貴的書就無法問世。

明代最有名的世情小說《金瓶梅》，有人認為是王世貞所作。他之所以被認為是《金

瓶梅》的作者，也可能是因為他文章的影響力在明代確實很大。王世貞兄弟上京為父親王忬申寃時，徐階積極為王忬平反復官。文學家沈德符說：「那時徐階全力協助王世貞，有人問他為什麼要這樣做？徐階說：『王世貞他日必定操縱歷史大權，能以筆殺人。這個人將來大有可為，我因此先收編他。』」王世貞後來在《嘉靖以來首輔傳》中批評高拱、嚴嵩，而嚴嵩在後世的形象更跌落谷底，被視為眾人皆知的大奸臣。可見王世貞史筆如刀，影響力至巨。

馮夢龍

「三言二拍」之「三言」作者

我高中時最喜歡讀的《今古奇觀》，原來就是選自馮夢龍、凌濛初「三言二拍」中的故事。馮夢龍少年時就很仰慕李贄，將他奉為思想導師。馮夢龍博學多聞，常與文震孟、姚希孟、錢謙益等知名文人聚會寫詩。因屢試不中，以教書為生。

「三言二拍」是中國白話短篇小說的經典代表作。「三言」指的是馮夢龍編輯的《喻世明言》、《警世通言》、《醒世恒言》三部作品。「二拍」則是指凌濛初撰寫的《拍案驚奇》和《二刻拍案驚奇》。每一部各收四十篇短篇小說，現共存一百九十

馮夢龍（1574-1646），江蘇蘇州人，生於萬曆二年，卒於順治三年。

八篇。「三言二拍」的故事內容在於批評社會不公，意圖建立新的批評標準，代表了社會民間普遍的道德意識，同時也反映了明代社會的婚姻與戀愛狀況、讀書人的處境，以及商人的生活。

其中較有名的故事有〈杜十娘怒沉百寶箱〉和〈賣油郎獨占花魁〉。兩個故事的女主角都是有名的妓女，各自存了贖身的錢。賣油郎秦重因為能尊重莘瑤琴的人格，而得到了幸福的結局。太學生李甲卻因為懼怕父親責怪他娶杜十娘進門，而做了錯誤的選擇，最終杜十娘自殺以明志，李甲也精神失常了。從這些故事可以感受到馮夢龍對身分低下的妓女不僅不輕視，甚至還歌頌她們的道德與人格，受制於傳統禮教的懦弱書生反倒令人感到不齒。

馮夢龍的「三言」當中描寫了許多小人物的生活，讓人讀來備感親切。

第六篇

文化與生活

傳至萬曆，……諸般食用之類，那一件不賤。……小戶人家，肩挑步擔的，每日賺二三十文，就可過得一日了；到晚還要吃些酒，醉醺醺說笑話，唱吳歌，聽說書，冬天烘火夏乘涼，百般頑耍。……至今父老說到那時節，好不感歎思慕。——《樵史通俗演義》

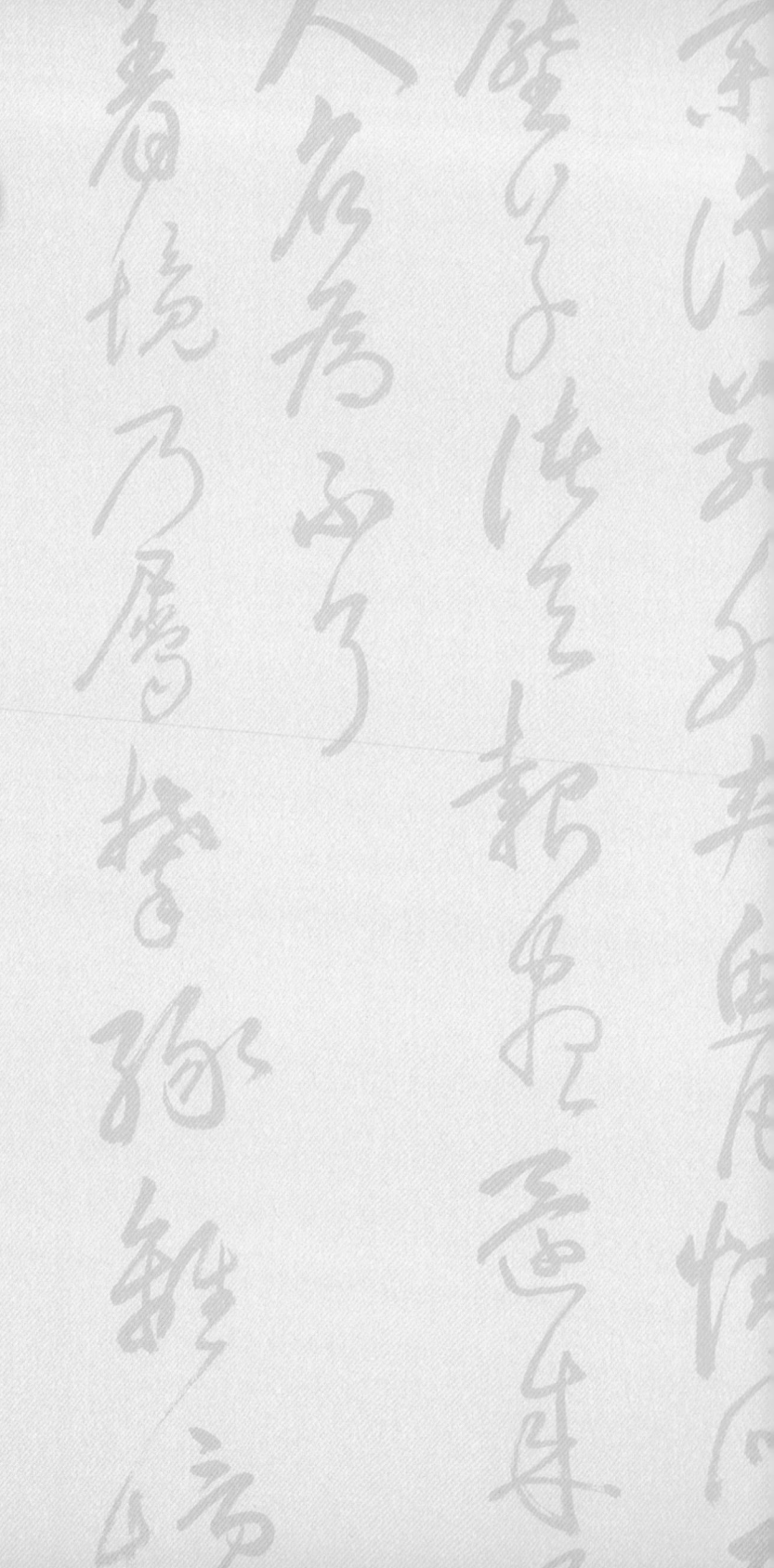

人生哲理：勸善・積德

我們小時候受到中華傳統文化倫理道德的教育，那時常常都能在公家機關、學校與一般家庭中，看到牆上張貼著〈朱子治家格言〉，那時我還不曉得「朱子」是誰，只覺得他講的話深入淺出、通俗易懂，蘊含寶貴的人生智慧，一字一句都說到人的心坎裡。長大後才知道這個人是晚明的朱柏廬，他是一位孝子，也是著名的教育家，這篇格言正是他用來教育子弟的規範，傳誦至今，仍然很適合現代的生活教育。洪應明《菜根譚》的內容則指出為人處世的哲學，涵蓋人一生當中可能遇到的一切重大問題，在我們內心迷惘的時候閱讀，可以給人帶來希望與勇氣。更為人耳熟能詳的善書《了凡四訓》，幾乎在大多數的素菜館都能看到。了解袁了凡的生平以後，覺得他靠著行善積德的方式來改變命運，實在了不起。

《了凡四訓》、《菜根譚》、〈朱子治家格言〉，是我們這一代人的共同記憶，也是中國的人生智慧寶典。勸善書將積善、養生和長壽連繫起來，可以彌補人們精神生活的不足，〈朱子治家格言〉中更內含了節能、環保的觀念，現代仍然適用，還有許多人奉為座右銘。勸善書更是一種社會教育，日本學者酒井忠夫認為，「善書到了明清兩代特別發達，原因在於明清兩代政府特別注重對民眾的教化工作。」勸善書也帶動了社會公益與慈善活動，如袁了凡是浙江嘉善人，受到他的影響，嘉善在晚明時就出了許多慈善家

和慈善機構。日本學者夫馬進撰寫《中國善會善堂史研究》，研究中國的慈善事業，他很訝異的發現，中國非政府機構（NGO）慈善事業自明朝以來已有三百多年的歷史，比西方紅十字會還早。

中國的傳統文化，以道德建構為核心，融合儒釋道的精華，形成了適合中國人的文化體系。傳統的道德教育，補充了人們的精神生活、引導人們的身心健康、促進社會穩定。

養生之道：簡單．樂活

我曾拜訪居意古美術的張富荃先生，看見他店裡牆上貼著一段文字：「凡焚香、試茶、洗硯、鼓琴、校書、候月、聽雨、澆花、高臥、勘方、經行、負暄、釣魚、對畫、漱泉、支杖、禮佛、嘗酒、晏坐、翻經、看山、臨帖、刻竹、喂鶴，右皆一人獨享之樂。」我立刻用手機拍下收藏。這些話出自晚明陳繼儒《太平清話》，仔細玩味，真令人恍然大悟，原來一個人可以有這麼多的休閒樂趣，而且簡單又環保。早在明代就能提出這種心靈環保、樂活慢活的養生方式，真是令人佩服！

幾年前我在上海浦東機場內書店架上，看到山東畫報出版社重新出版的高濂《遵生八箋》、李漁《閒情偶寄》、文震亨《長物志》、計成《園冶》等一系列的圖書，我感到

很震撼，原來晚明人的生活美學竟然能影響到現代。這些書直到現在還是非常實用的百科全書，還有很多人在閱讀。《遵生八箋》的作者高濂是著名戲曲家、養生家及收藏家，由於他自幼體弱多病，之後又患眼疾，所以相當注重養生，喜歡尋訪奇方秘藥，最後治好了自己的眼疾。高濂的養生方法，主要是怡情養性，並且從食衣住行上著手，最重要的是也必須注重個人的內在修養。暢銷書作家陳繼儒二十九歲時便焚棄儒冠，隱居著述，他撰寫閒居指導手冊《巖棲幽事》，指導人如何起居坐臥，行止幽雅。陳繼儒的養生專書《養生膚語》，更強調重視「氣」的養生觀，並且歸納了許多寡欲保神及起居調攝諸法。袁了凡也曾撰寫《攝生三要》，提出聚精、養氣、存神為養生的三大綱要，並勸人寡欲、節勞、息怒、戒酒、慎味。李漁的《閒情偶寄》被幽默大師林語堂稱為「中國人生活藝術的指南」，養生的寫作成為一種美學與品味的展現，同時也是反省個人身體與環境間的關係，思考自然與人文的平衡。

晚明的養生書內容包羅萬象，如同百科全書。再加上養生觀與物質文化緊密結

文伯仁《葛仙翁移居圖》中的茶爐。

合，從食物、器物、家具、文具等幾乎所有日常生活所觸所及之物，都能被賦予怡情養性的意義。明代的養生不只是為了強身、治病、抗老，更是晚明文人表現個人品味，尋求自我認同的特色，與現代人樂活、慢活的概念相似。

生活品味：品茶・焚香

二〇一五年，基金會在江蘇省美術館舉辦「紫金明月」展覽。我遇到一位上海研究香道的收藏家吳清先生，他說他專程來看香道大師周嘉冑的作品。我們展開了長卷後，他拱手頂禮，感佩不已。晚明的香道發展至周嘉冑，可說是集其大成，他寫的《香乘》，透過實地考察對古代以來的香道進行了總整理。東林大儒高攀龍一日的作息中要焚三次香，每逢讀書、靜坐沒有不燒香的，可見香對晚明士人是生活必需品。周嘉冑將香道提升到極高的文化水準，所以備受後人推崇。

文伯仁《葛仙翁移居圖》中的香爐。

中國的香文化隨著時代演變以及物質與精神文明的提升，焚香使用的材料與器具，如香

爐、箸瓶、香盒等，都日益精巧，成為文人雅士玩賞之物。焚香的過程也需要技巧，並且饒有情趣，通過眼觀、手觸、鼻嗅等品香形式對名貴香料進行全身心的鑒賞和感悟，不同的香味更可以引發人不同的情感。

明人生活的美學追求是雅、古、隱。除了外在的裝飾，更要求內在的神韻。明代士人們將生活審美化，審美生活化，只要是日常生活可觸及的事物，都成為美感的投射對象。明代生活大師文震亨撰寫《長物志》，以「長物」總稱身外之物，並提出針對這些事物的美感品味，全書分為室廬、花木、水石、禽魚、書畫、几榻、器具、衣飾、舟車、位置、蔬果、香茗十二卷。文震亨認為，焚香品茶，益處很大。人浸淫於香、茗之中，可以得到精神上的愉悅，修養心性，進而增添生活的詩意與情調，更是一種時尚。

中國飲茶文化有悠久的歷史，是開門七件事「柴米油鹽醬醋茶」之一。其中不僅包含物質文化，更代表著中國人的精神文明。中國人認為從種茶、製茶到泡茶、品茶，均需要高度的技藝，歷朝歷代也湧現出大量與茶有關的各種藝術作品。到了明代，茶的形狀已逐漸由團茶變成散茶，並且由煮茶改為泡茶。在明代的山水畫中，我們時常可以看到文人喜歡到山中尋幽訪勝、品茗聽泉，身旁都有小僮煮茶。明人藉茶的清香淡雅來驅逐雜念，得到心境的平和，並進一步使生活境界昇華。

才女藝伎：才情・俠義

晚明的作家多不勝數，但我最佩服余懷，為什麼呢？因為他敢於打破傳統，為身分地位較低的藝伎們作傳。余懷《板橋雜記》為數十位藝伎作傳，並傾力刻劃人物，企圖「品藻其色藝，或僅記其姓名，亦足以征江左之風流，存六朝之金粉也。」這些藝伎雖然出身低微，但是才藝出眾、善體人意，激發文士的創作才華，更極具勇氣，尋找自己生命的伴侶。此外，她們俠義過人，更甚於男子。

明代中晚期，社會風氣逐漸開放，「男女平等」、「才德不相妨」的看法也逐漸為人接受，愈來愈多女子開始受教育，並且學習繪畫技能。不只是閨閣良家婦女，青樓的名伎也努力學習琴棋書畫，以滿足具有藝術修養的文士雅客。明代的藝伎是一個獨特的群體，文學造詣相當高。細看《板橋雜記》中，藝伎尹春的容貌不算特別美麗，卻精工戲曲，聽眾皆為之傾倒。顧媚通文史，善畫蘭，追步馬守真，更精通南曲，時人推為第一。董小宛書翰皆通，食譜茶經，莫不精曉。卞玉京工小楷，善畫蘭、鼓琴。

晚明藝伎，原為才子佳人而設，並非僅止以色侍人。這些才藝出眾又善解人意的女性，使文人雅士文思泉湧，創作許多傳世不朽的詩文書畫。名士陳子龍、錢謙益、吳偉業、冒襄、余懷都因此留下膾炙人口的作品，如余懷《板橋雜記》、吳偉業〈圓圓曲〉、〈聽

女道士卞玉京彈琴歌〉，以及冒襄為了追悼董小宛，寫下抒情敘事回憶錄《影梅庵憶語》等等。

女子勇敢追求生命伴侶的積極態度，也表現在晚明藝伎身上。柳如是女扮男妝過訪半野堂，與名士錢謙益詩酒文讌，最終結為連理，乃是為人津津樂道的美事。顧媚聽從好友陳梁「早脫風塵，速尋道伴」的建議，嫁給才子龔鼎孳，後來受封為一品夫人。董小宛傾慕冒襄的才名已久，主動表達委身之意，後來得到柳如是、錢謙益的幫助，為董小宛

贖身，成就了一對佳偶。

身處明清改朝換代劇變中的藝伎們，氣節更不讓鬚眉。錢謙益的愛妾柳如是更有女俠之風，除了為董小宛贖身，還數次拯救下獄的錢謙益，更暗助明遺民們的復明運動，當時的人都說：「假名儒不如真名伎。」一方以智妹夫孫臨的側室葛嫩娘在受清兵逼迫時咬舌自盡，以滿口鮮血噴向意欲凌辱她的清軍將領，隨後跳太湖殉難。著名戲曲《桃花扇》描寫李香君得知阮大鋮匿名贈送豐厚的妝奩，以拉攏侯方域，她堅決退回，不肯收受。其後阮大鋮強行將她送給田仰為妾，李香君跳樓反抗，鮮血染於絹扇，好友楊龍友就血跡畫為桃花，題為「桃花扇」。

顧媚傾力拯救抗清遺民閻爾梅，將他藏匿於家中，使他免除殺身之禍；她很賞識朱彝尊的文才，在他最落魄潦倒時，以自己的私房錢資助他。還有因為吳偉業〈圓圓曲〉而留名青史的名伎陳圓圓，她影響了吳三桂，更間接影響了明清之際的歷史！

千禧年（2000）時，美國《時代雜誌》（*TIME*）訪問著名歷史學家史景遷，最希望活在人類歷史的哪個時空？他的答案是「中國晚明的江南」。晚明時期的人、事、物、文化與生活美學，至今仍影響著我們。

《桃花扇》中的女主角李香君。

收藏本事

從萬曆時代的生活大師身上，我們看到了中國人的處世哲學、生活智慧、審美情趣及養生觀，不但呈顯出東方的生活高度，更得到物質和精神生活的自足之樂，這些先賢的精神與思想值得現代人尊敬和效法。此外，明代的名媛和名伎，文學造詣可和文士們匹敵，在繪畫、歌唱、棋藝都各有專精，這些奇女子才情和俠義兼具，實在令人讚嘆神往。

袁了凡

《了凡四訓》：行善改變命運

前幾年我們在上海舉辦「萬曆萬象」大展時，臺灣的朋友聽說有展出袁了凡的書法作品，反應踴躍，紛紛表示想組團專程來參觀。

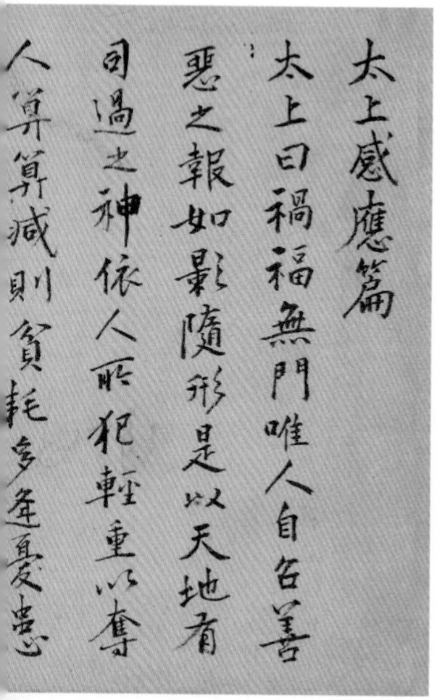
太上感應篇
太上曰禍福無門唯人自召善
惡之報如影隨形是以天地有
司過之神依人所犯輕重以奪
人算算減則貧耗多逢憂患

袁黃年幼時，經孔半仙卜算命運，數次應驗，便接受了他只會中舉人，年僅五十三的預言。三十七歲那年，他在南京棲霞山遇到有名的雲谷禪師，兩人對坐三

袁了凡（1533-1606），名黃，字坤儀，江蘇吳江人，生於嘉靖十二年，卒於萬曆三十四年。萬曆十四年（1586）進士，曾任河北寶坻縣令、兵部主事。

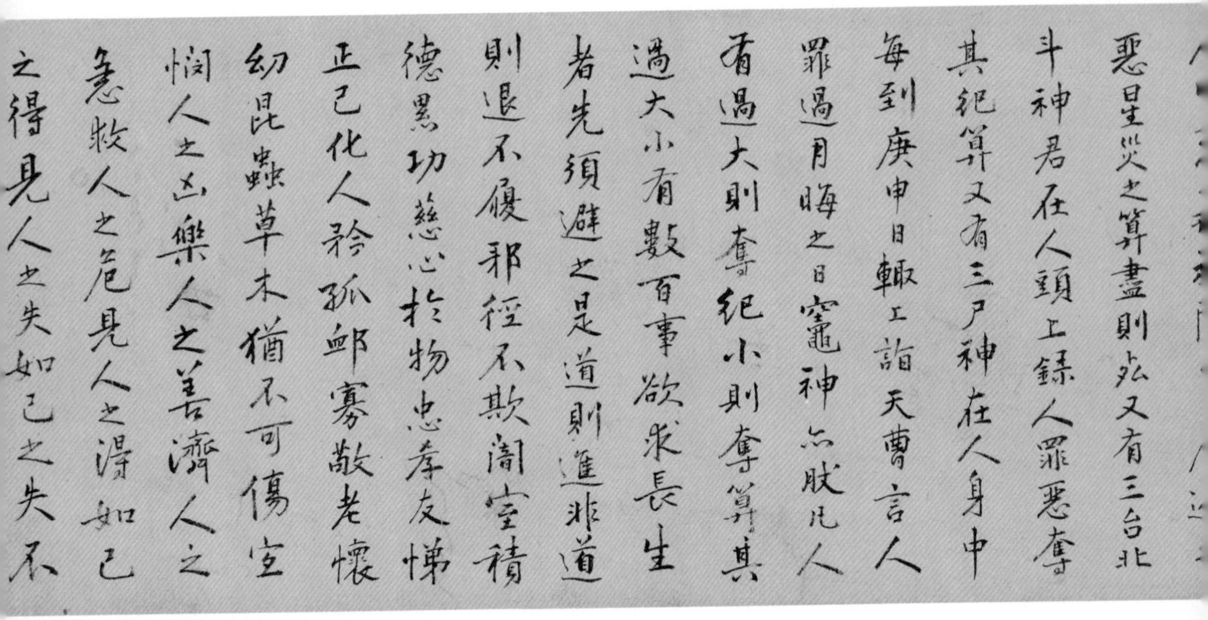
惡星災之算盡則死又有三台北
斗神君在人頭上錄人罪惡奪
其紀算又有三尸神在人身中
每到庚申日輒上詣天曹言人
罪過月晦之日竈神亦然凡人
有過大則奪紀小則奪算其
過大小有數百事欲求長生
者先須避之是道則進非道
則退不履邪徑不欺闇室積
德累功慈心於物忠孝友悌
正己化人矜孤卹寡敬老懷
幼昆蟲草木猶不可傷宜
憫人之凶樂人之善濟人之
急救人之危見人之得如己
之得見人之失如己之失不

天三夜，心中毫無雜念，禪師訝異在家居士為何能有此定力，他回答一生已定，故無所求。雲谷禪師含笑點化他，只要為善助人，就能改變命運。袁黃從此改名為了凡，積極行善，不僅生子，且以五十四高齡考中進士，完全推翻了命運天注定的說法。就是在那一年，他虔誠地抄寫《太上感應篇》，勸人改過遷善。

袁了凡身為陽明後學，除心性的探究外，也重視事功的展現。萬曆十六年（1588），袁了凡任寶坻知縣，當地連續五年水災，農地低窪鹽鹼。他身體力行，經過多次實驗，帶領農民改種水稻，

袁了凡，《太上感應篇》局部。此卷書寫的時間正是他中進士該年，袁了凡以行善改變了自己的命運，並且撰寫《了凡四訓》流傳影響至今，被日本人稱為「帶來幸福之書」。

解除糧荒，並將種植改良的方法編寫為《寶坻勸農書》。萬曆二十年（1592），日本豐臣秀吉侵略朝鮮，明朝出兵解救，袁了凡被派到朝鮮擔任軍前贊畫。他雖不是作戰官，卻運籌帷幄，對這場戰役貢獻極大。舉凡情報收集、安排行軍路線、輸運糧食軍械、制定作戰計畫，及根據雙方武器裝備和戰術特長做出對應作戰策略等，都瞭若指掌。套現代官職而言，他是大明援助朝鮮軍團的總參謀長。袁了凡的出色表現，協助他的長官李如松成功收復平壤。

袁了凡在此次戰役後辭官歸鄉。六十九歲時，在家鄉將他一生改命的經驗寫成戒子文，就是後來流傳後世的《了凡四訓》。內容有立命之學、改過之法、積善之方、謙德之效四大篇，也敘述了自己從早年任命運擺布到後來改變心念與命運的歷程。這本書對於改造命運有明確的實踐方式，得到二十世紀初期的佛教淨土宗印光法師的大力推廣，將此書大量印製，使《了凡四訓》普及到各地。

呂坤

《呻吟語》：修身平天下指南書

呂坤的《呻吟語》刊刻於萬曆二十一年（1593），當時五十八歲的呂坤擔任山西巡

呂坤（1536-1618），河南商邱人，生於嘉靖十五年，卒於萬曆四十六年。萬曆二年（1574）進士，歷任山西按察使、巡撫、左右僉都御史、刑部左右侍郎。

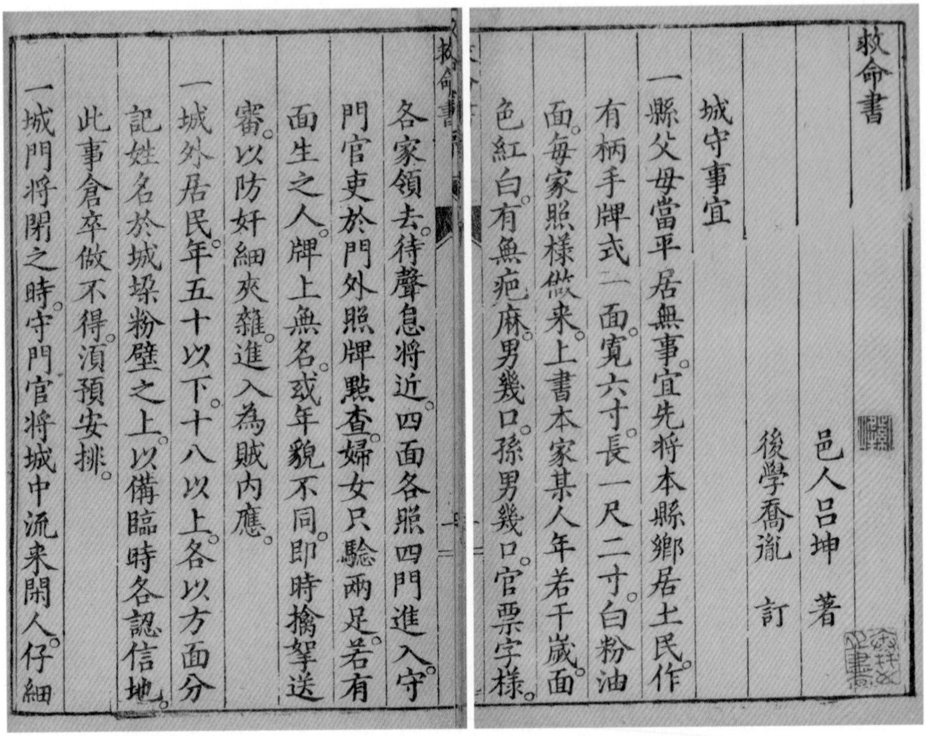
救命書

邑人呂坤 著

後學喬澈 訂

城守事宜

一縣父母當平居無事宜先将本縣鄉居土民作有柄手牌式一面寬六寸長一尺二寸白粉油面每家照樣做来上書本家某人年若干歲面色紅白有無疤麻男幾口孫男幾口官票字樣各家領去待聲息將近四面各照四門進入守門官吏於門外照牌點查婦女只驗兩足若有面生之人牌上無名或年貌不同即時擒拏送審以防奸細夾雜進入為賊内應

一城外居民年五十以下十八以上各以方面分記姓名於城垜粉壁之上以備臨時各認信地此事倉卒做不得須預安排

一城門將閉之時守門官將城中流来閑人仔細

呂坤，《救命書》選。此書內容為因應明末盜匪猖獗，教導百姓組織民團，防衛鄉里的指導手冊。

撫，見證了萬曆初年張居正的改革，以及萬曆三大征中的寧夏、朝鮮之戰。天下雖表面安定，但亂象叢生，人心亦亂，社會問題頻頻出現。呂坤在《呻吟語》原序中提到，呻吟語是生病時的疾心痛語，所以以之為書名，有隱含批判時事之意。書中探求人生、思考宇宙、談論哲理、抨擊時弊，也涵蓋人生修養、處世原則、興邦治國、養生之道等，內容非常豐富，後世認為此書是修身、齊家、治國、平天下的指南書。

怨人有六：或彼識見有不到處，或彼聽聞有未真處，或彼力量有不及處，或彼心事有所苦處，或彼精神有所忽處，或彼微意有所在處。先此六恕而命之不從，教之不改，然後可罪也已。是以君子教人而後責人，體人而後怒人。

——呂坤《呻吟語》

沉靜最是美質，蓋心存而不放者。今人獨居無事，已自岑寂難堪，才應事接人，便任口恣情，即是清狂，亦非蓄德之器。

——呂坤《呻吟語》

呂坤敢言時事，與沈鯉、郭正域被譽為萬曆時期的「天下三大賢」。萬曆二十四年（1596），皇帝為增加宮廷收入，派遣太監到各地採礦。太監找當地富人，指稱家中或祖墳下有礦脈，要繳巨額礦稅。次年，呂坤上〈憂危疏〉，批評戰爭與黃河決堤花費很多，皇室過於浪費，為增加開銷又徵收礦稅，但朝廷得到一兩黃金，地方郡縣卻要浪費千倍來開礦，直言礦稅不可行。幸好萬曆皇帝對他寬容，並未獲罪。

呂坤在擔任山西按察使時，采輯歷史上賢婦烈女的事跡，撰寫了《閨範》一書。這本書流傳很廣，後來被太監帶入宮內，當時受到萬曆皇帝寵愛的鄭貴妃在書後補上了另外幾位后妃和自己的傳記，改名為《閨範圖說》再次刊行，想為自己留名後世。這時有匿名者撰寫文章，誣陷呂坤《閨範》一書，是在討好鄭貴妃、勾結外戚，圖謀不軌。萬曆皇帝大怒，但是找不到這篇文章的作者。呂坤最後雖然倖免無事，卻深感政治黑暗，隨後稱病退休。他去世前，將未刊的手稿燒毀，以免牽連家人。天啟初年，他被追封為刑部尚書。《明史》將呂坤與海瑞同傳，兩人都以敢指陳弊端著稱。

朱柏廬

〈治家格言〉：必讀的治家經典

朱柏廬生在動亂的時代，際遇悲慘。父親朱集璜是明末學者，順治二年（1645）臨時被推舉為知縣，守崑山城抵禦清軍，但是僅守城一日，就被攻破，投河殉國。朱柏廬晝夜慟哭，痛不欲生。當時他的弟弟朱用白、朱用錦，年紀尚小，最小的弟弟朱從商，還在母親腹中。為了保全一家，他侍奉老母，撫育弟妹，四處流離。等到局勢稍定，才返回故里江蘇崑山從事教育。

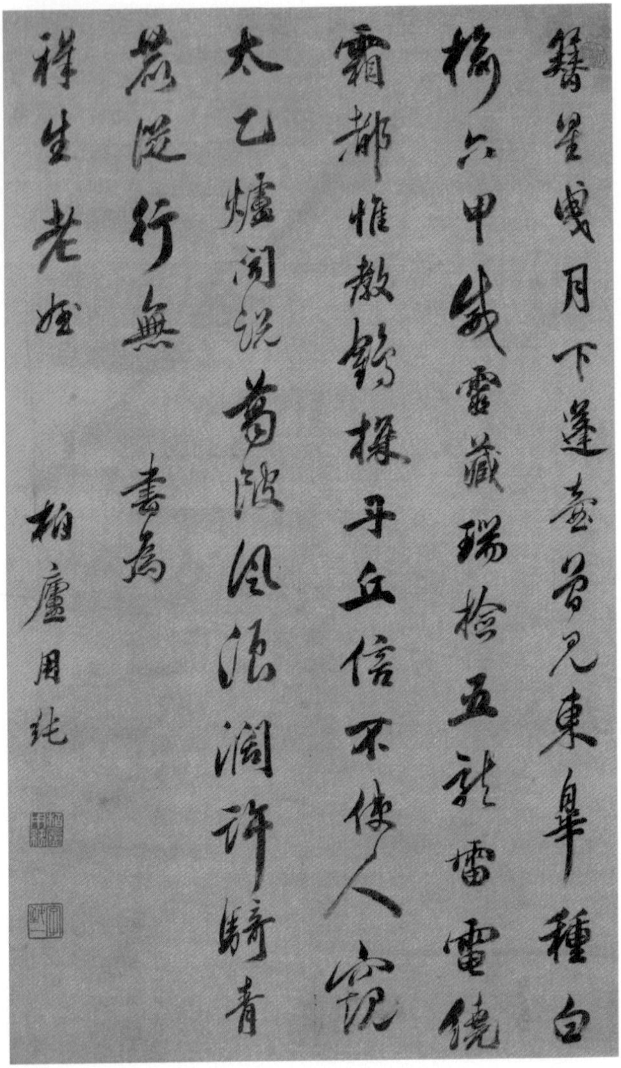

朱柏廬，《錄唐褚載贈道士詩》。〈治家格言〉被奉為治家與修身的經典之作。

朱柏廬（1617-1688），名用純，江蘇崑山人，生於萬曆四十四年，卒於康熙二十七年。與徐枋、楊無咎並稱「吳中三高士」。

朱用純因為景仰二十四孝中西晉王裒的孝行，取號為柏廬。朱柏廬一生在鄉里教學，從未做官，曾以精工小楷手寫數十本教材。康熙年間，朝廷召開博學鴻詞科，用以延攬前明士人，朱柏廬以遺民自居，堅決辭召。

人人熟知的「黎明即起，灑掃庭除，要內外整潔。既昏便息，關鎖門戶，必親自檢點。一粥一飯，當思來處不易，半絲半縷，恆念物力維艱」，即是朱柏廬所創製的〈治家格言〉，內涵與現代人提倡的節能觀念相似。通篇以修身、齊家為宗旨，集儒家做人處世態度之大成，勸人勤儉持家、安分守己，被尊奉為治家經典。文字的形式為名言警句，可以琅琅上口，用詞通俗易懂，便於口頭傳誦，也可寫成對聯條幅，掛在大門、廳堂和居室中，因此迅速流傳，成為清代至民國以來童蒙必讀的名篇。

洪應明

《菜根譚》：處世奇書

洪應明在萬曆三十年（1602）前後，曾經住在南京秦淮河一帶，與袁了凡、馮夢禎、于孔兼交游往還。

洪應明，生卒年與籍貫均不詳。

洪應明具有道士身分，早年熱衷於仕途功名，晚年歸隱山林，沉浸於道家與佛家。《菜根譚》有萬曆八年（1580）進士于孔兼的序文。《菜根譚》再度問世，純屬意外。乾隆五十九年（1794），遂初堂主人在一間古剎的破紙堆裡發現此書，翻讀之下發現和禪宗有關，於是重新謄抄加以刊行，這才廣傳於世。

作事勿太苦，待人勿太枯。憂勤是美德，太苦則無以適性怡情；澹泊是高風，太枯則無以濟人利物。

原諒失敗者之初心，注意成功者之末路。事窮勢蹙之人，當原其初心；功成行滿之士，要觀其末路。

富者應多施捨，智者宜不炫耀。富貴家宜寬厚，而反忌刻，是富貴而貧賤其行矣，如何能享？聰明人宜斂藏，而反炫耀，是聰明而愚懵其病矣，如何不敗？

——洪應明，《菜根譚》

《菜根譚》的書名取自宋朝作家汪革之句：「人就咬得菜根，則百事可成。」後人將明朝洪應明《菜根譚》、陳繼儒《小窗幽記》和清朝王永彬《圍爐夜話》並稱為「處世三大奇書」。這本書融合儒、釋、道三家思想，也包括了處世哲學、生活藝術和審美情趣等。文字雅俗兼備，對仗工整，辭

洪應明，《菜根譚》，百花文藝出版社。

藻優美，耐人尋味。由於書寫的時代背景是萬曆中後期，政治與社會矛盾日益尖銳，有識之士只能訴諸筆墨，發洩苦悶。但此書雖處處是對世間萬象的觀察，卻以智慧雋永的語言分析評論，無論在治國、平天下，或個人修身、齊家方面都能使人獲益匪淺。

屠隆

《考槃餘事》：賞鑒清歡，生活藝術指導書

二〇一五年諾貝爾醫學獎首位華人獲獎者屠呦呦教授，是浙江寧波人。我一看到她姓屠，又是寧波人，就猜想她和屠隆是不是同一個家族。後來看到網路報導，她果然系出浙東望族的甬上（寧波）屠氏，在明清兩代都人才輩出，萬曆年間的大名士屠隆是她的祖先。

屠隆是有名的才子，他的修行老師是萬曆首輔王錫爵的女兒曇陽子。曇陽子俗名王燾貞，十七歲時原本許配給徐景韶。不久，男方病死，王燾貞以未亡人自居，專心修道。有一天慧眼頓開，覺得自己是曇鸞菩薩化身，於是取法名曇陽子。得道後，她的父親王錫爵以及大文人王世貞都拜她為師。萬曆八年（1580），二十三歲的

屠隆（1543-1605），浙江鄞縣人，生於嘉靖二十二年，卒於萬曆三十三年。萬曆五年（1577）進士，歷任吏部主事、郎中等官。

曇陽子預告死期，在信眾目視之下，於徐景韶墓旁得道化去，造成極大轟動。當時屠隆正在上海的青浦任官，無法前來。二年後屠隆以青浦縣令的身分進京，途經江蘇太倉，特意前往供奉曇陽子的恬憺觀參拜。在眾多曇陽子的文人弟子中，屠隆的求道之心非常堅定，積極宣揚她的教義，並且奉贈師父的畫像給朋友。

屠隆為高濂的養生著作《遵生八箋》寫序文，《遵生八箋》中有一項是賞鑒清玩，屠隆加以發揮，寫成了《考槃餘事》。此書是關於明代文人生活美學的著作，共分成十五項，包括書畫、文房用具、琴、香、茶、盆玩、山齋起居，以及遊玩時應攜帶的用具

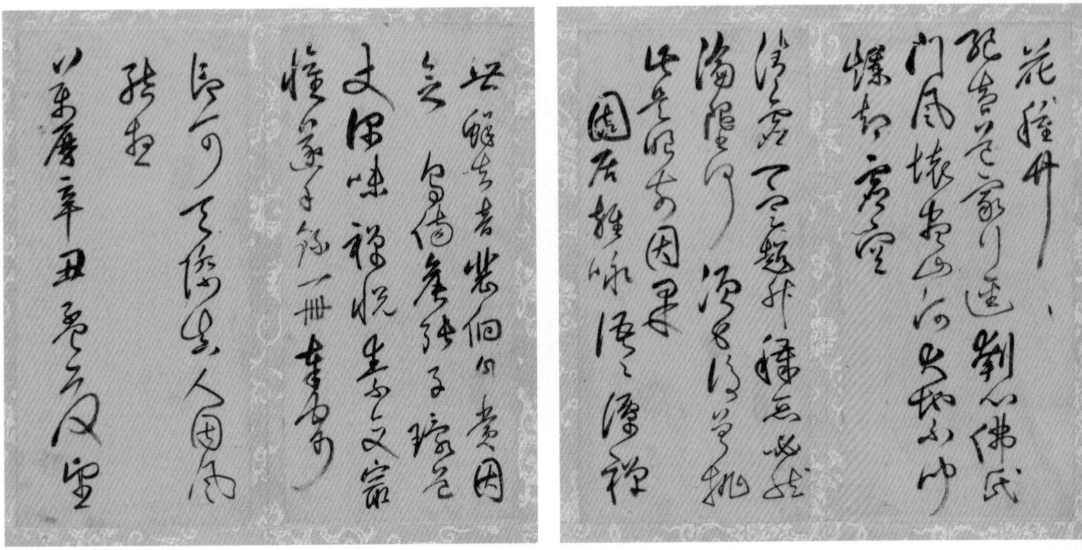

屠隆，《園居雜詠》詩冊選。屠隆鼓勵湯顯祖創作戲曲，是《牡丹亭》寫成的幕後推手。

等等。本書篇幅短小，但內容詳實，用語簡約，而文采斐然，可說是當時文人生活藝術的指導書。

萬曆朝時，屠隆的名氣比好友湯顯祖響亮得多，屠隆的戲曲也更加叫好叫座。在湯顯祖擔任遂昌知縣時，屠隆時常去拜訪他，湯顯祖總會拿出自己的戲曲創作向屠隆請教。屠隆協助湯顯祖改訂《紫釵記》，更鼓勵湯顯祖撰寫《牡丹亭》，是這部鉅作問世的幕後推手。

明代是清言小品盛行的時代，這是一種格言隨筆文學。在此風潮下，屠隆發展出另一種風格，雖然也用淺顯的文字，夾雜流行語來講說人情世故，但更多是借用了佛家的教義和故事來發揮。屠隆將自己的清言文字編成的書籍，取名《娑羅館清言》。

屠隆的書法冊頁《園居雜詠》即是出自此書。「娑羅」的典故來自於佛陀在娑羅林下入滅，清楚表明了書中帶有佛理。曇陽子會針對每個門徒的毛病，作不同的告誡。她對屠隆的告誡是要捨棄文字癖好，不要逞才，以便契入修行大道。

屠隆，《與徐益孫書》。內容提及尋訪曇陽大師遺墨之事。

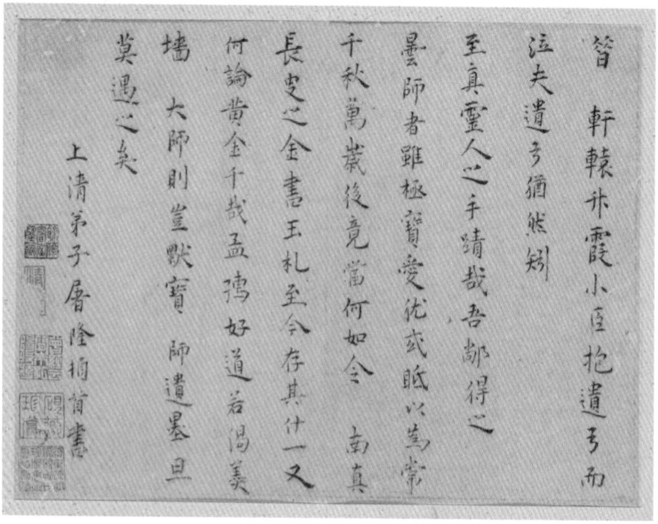

陳繼儒

《小窗幽記》：一人獨享之樂

前幾年，我看馮小剛的《非誠勿擾2》，其中有生前告別式的情節，我想到明代的陳繼儒也做過同樣的事。陳繼儒邀請好友來家裡吃飯喝酒，希望朋友們不要等到死後才來敬酒，這樣的想法相當前衛，也極富意義。他認為要悟透生死，人生才能海闊天空，死前還為自己寫輓聯，一生過得十分瀟灑。

陳繼儒是晚明的大才子，二十九歲後拒絕科考，以做一個隱居名士為樂。這些名士強調生活情趣，熱衷藝文生活，在當時被稱為「山人」，陳繼儒幾乎是山人的代名詞。他雖不做官，但與他結交的卻不乏各領域的一流名人，像同鄉董其昌就是他最好的朋友，還有旅遊家徐霞客等。很多想和他見面請益的人不辭遠道而來，但都必須預約，世人因此稱他為「山中宰相」。

陳繼儒隱居在小崑山，後移居東佘山（都在松江的佘山地區），是明代的暢銷作家，最擅長寫小品文章，不僅自己的書賣得好，只要他為某本書寫序推薦，那本書就會暢銷。在明代只靠寫書就能賺錢過日子，顯示當時的社會經濟條件很好，百姓也很

陳繼儒（1558-1639），松江華亭人，生於嘉靖三十七年，卒於崇禎十二年。

注重文藝生活。

明代注重養生，陳繼儒也寫過養生類的書。他的養生方法較接近道家，講求生活要回歸自然。他在《小窗幽記》中寫道：「淨几明窗，一軸畫，一囊琴，一隻鶴，一甌茶，一爐香，一部法帖；小園幽徑，幾叢花，幾群鳥，幾區亭，幾拳石，幾池水，幾片閑雲。」這些都是靜觀自得之樂。明代人懂得如何不花錢，並符合環保概念，靜靜享受生活，這是我們現代人應該學習的。

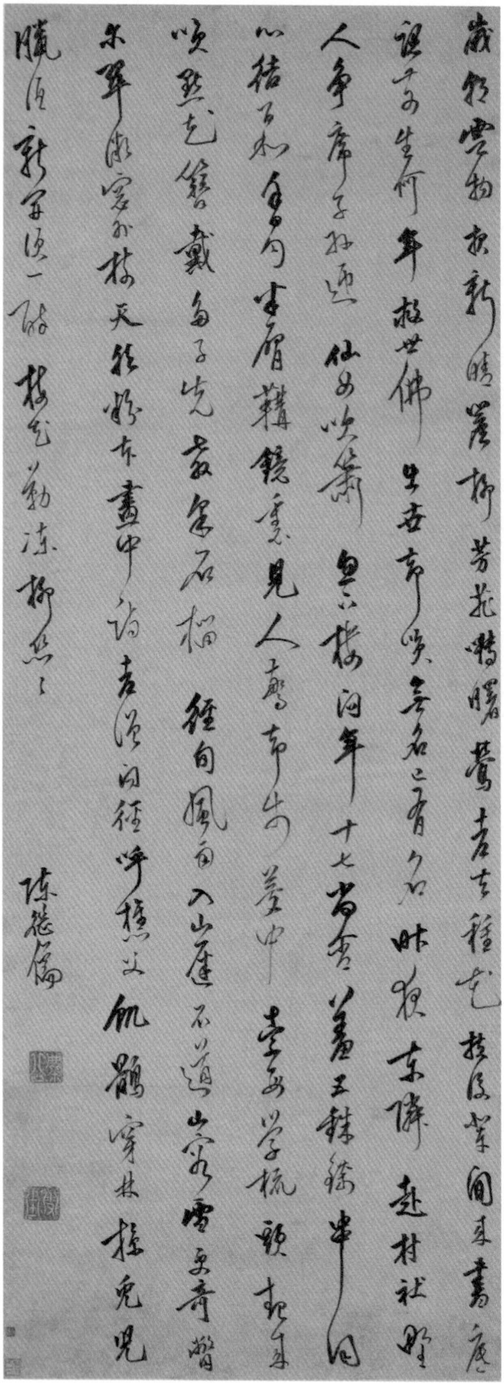

陳繼儒，《歲朝雲物七律》。陳繼儒是明代養生專家，也是晚明知名的銷暢書作家。

文震亨

《長物志》：教人如何優雅生活

文震亨是明代畫家文徵明的曾孫，崇禎年間任中書舍人，在朝中遭人排擠而辭官。生長在文藝家庭，耳濡目染下自然能書會畫。他也擅長各類文藝，重視精神生活，最令人津津樂道的是營造園林。

文震亨住在最懂過精緻生活的蘇州。他寫了一本教人如何生活的《長物志》，「長物」原指多餘的東西，而非必需品。他的朋友開玩笑問：「你的專長是書畫跟營造園林，幹嘛寫生活小事？」他說：「如果將來人們漸漸忘了該如何好好過生活，想要重新體會或了解時，至少還有一本書可以給他們作參考。」他果然一語料到現代人的問題。這本書揭示了明代生活的多元層面，為我們保存了豐富的文化資產。

這本《長物志》從建築談起，近而講到家具、布置、飲食、衣著、動植物等，是全方位的生活百科全書，書中所提到的養生觀點，如：住的地方要清雅整潔，如何選擇家具才能達到保健功能，以及該吃當地當季食物等，都符合現代人生活的養生方法。

文震亨（1585-1645），江蘇蘇州人，生於萬曆十三年，卒於順治二年。天啟六年（1626）貢生。

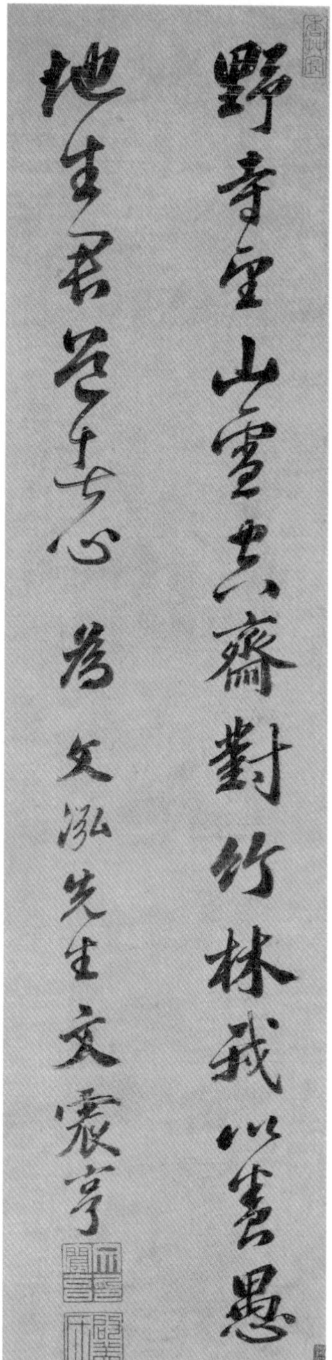

文震亨，《贈文泓先生》。文震亨著有全方位的生活百科全書《長物志》。

清軍攻占蘇州時，文震亨躲到附近的陽澄湖避難。後來清軍執行剃髮令，文震亨不從，投水輕生被家人救起，最後絕食六天而亡。他在崇禎時曾任武英殿中書舍人，負責製御琴，所製的琴得皇上喜愛而獲嘉獎，皇帝還因此贈賜他御書，哥哥文震孟更是兩朝皇帝的講官，這樣一個注重生活品味、深諳人文意趣的文士，卻因堅守民族氣節而不願苟活，反映出當時讀書人高潔不屈的精神。

李漁

《閒情偶寄》：中國人的美學指南

李漁是著名的小說家、劇作家。他認為戲劇對群眾很有影響力，且具教育意義，反

對在劇本中用艱深、隱晦、粗俗的字眼，他將難解的文詞親民化，將低俗的文句高雅化，主張文詞要創新、有趣，少用方言，還認為劇本中的用字遣詞要符合角色性格等，不可落入前人窠臼。這是民間戲曲從元朝發展到晚明一次重要的變革，可見李漁是一個勇於創新的作家。

他是中國戲劇史上第一、也是唯一專寫喜劇的作家，後人稱他為喜劇大師。李漁從小在苦難中成長，他認為看戲或看小說是很好的娛樂，劇本中寫令人歡笑的事，不僅可為自己解悶，也能讓觀眾開心，這就是他喜歡創作喜劇的原因。

李漁的《閒情偶寄》一書分為詞曲、演習、聲容、居室、器玩、飲饌、種植、頤養八部分，「頤養」中提到養生要先把心照顧好，保持樂觀心態，知足常樂，以「歡喜心」遊戲人間。這是現代人需要學習的課題。除此之外，這本書也包括了他的戲曲理論，對詞曲創作和表演藝術都有獨到的見解。

李漁的書十分熱銷，常有人冒名或盜印他的書。南京是當時出版業最興盛的地方，他於是遷居南京，監督自己的出版品，並專心發展出版事業。他在南京的居所名為「芥子園」，出版店鋪也用同名稱為「芥子園書店」。他相當用心經營出版業，總

李漁（1611-1680），原籍浙江蘭溪，生於萬曆三十九年，卒於康熙十九年。

以創新的手法引領風潮，例如：他用五色套版印刷出版了許多劇本，使插圖更加精美，這是當時的創新技術，影響至今。

讀畫家傳記時，我發現很多近代大畫家都是受到《芥子園畫譜》的啟蒙。總是洞察先機的李漁聽說有人想編一套這樣的畫譜，便大力支持。這本書的主要作者有王概、王蓍、王臬三兄弟以及諸升等人，主編是李漁的女婿沈心友。畫譜編完後，就以李漁住所名號命名為《芥子園畫譜》，這本畫譜可說是清代前期雕版彩色印刷的巔峰之作。

李漁，《秋齋讀書圖》。李漁是中國戲劇史上第一位專寫喜劇的作家，撰有《閒情偶寄》，教人歡喜過生活。

陸樹聲

《茶寮記》：論喝茶的藝術

陸樹聲的人品學養，很受人尊敬。他中進士後，先後被提升為翰林院編修、南京司業、吏部右侍郎等職，有的稱病告歸，有的不前往赴任。在眾多官職中只接下了南京國子監祭酒的職務，相當於現在的國立大學校長。他親自擬定十二條學規，訓勵諸生以立志、治心為要。董其昌以及萬曆年間首輔沈一貫都是他的學生。陸樹聲的同鄉徐階、同年高拱，皆擔任過首輔，他都不靠這些人的關係升官。隆慶皇帝即位後，他仍屢次被徵召，都不赴任，名聲愈發受人敬重。

《茶寮記》成書於隆慶四年（1570）前後，是陸樹聲第一次辭官在家鄉時與終南山僧明亮同試天池茶而作。分別為人品、品泉、烹點、嘗茶、茶候、茶侶、茶勳七則，雖寥寥四百餘言，但論及品茶與人品，講究泉水對茶葉味道的重要性，對於研究中國古代茶道，頗具價值。《茶寮記》特別提到天池茶與烹點法。天池茶是當時的名茶，泡出來後，香氣清新，滋味醇和鮮爽，湯色綠而明亮，葉底嫩勻成朵。烹點法承自宋代，熱水沖調，而非與水同煮，這種飲茶的方式影響至今。

陸樹聲（1509-1605），松江華亭人，生於正德四年，卒於萬曆三十三年。嘉靖二十年（1541）會試第一，中進士，歷任太常卿、南京國子監祭酒、吏部右侍郎、禮部尚書。

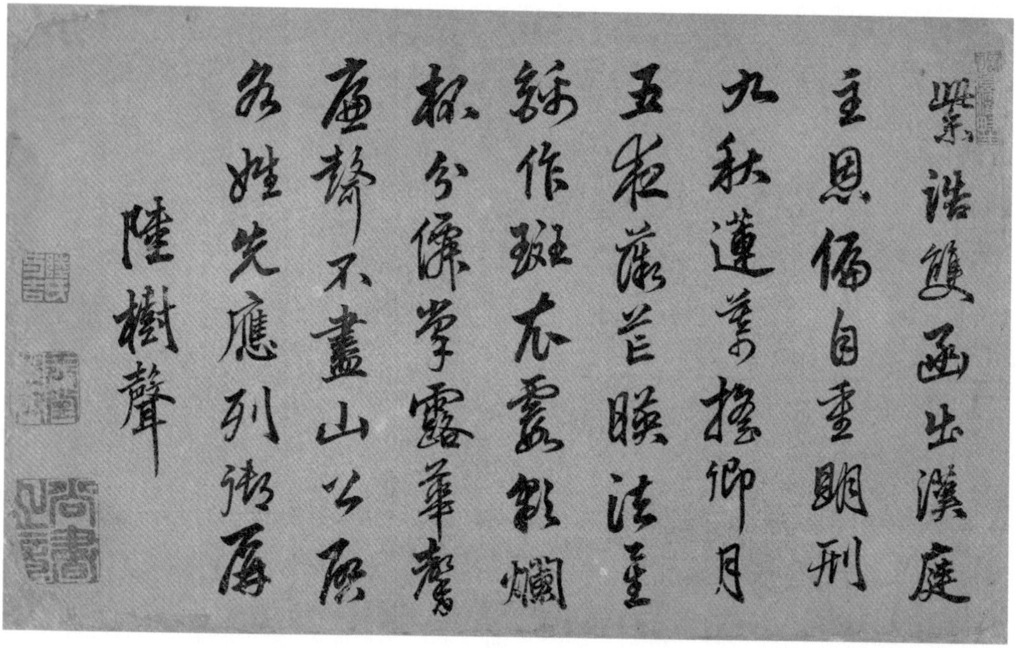

陸樹聲的家庭教育非常成功，他的兒子陸彥章考中進士，選翰林院庶吉士時，他寫了一封信告誡他說：「毋趨捷徑，毋昵權門，乃吾子也。淡泊靜退，此吾四子家箴，兒自佩之。」此信流傳開來後，聽聞的人都非常佩服。

陸樹聲一生當官時間很短，有二十年的時間在家鄉里居，並且活到九十八歲高齡。他回到家鄉後熱心公益，資助佛教，成為一位很有名望的仕紳。由於陸樹聲的品格高尚，他的後人不管在仕途上或鄉里中都能維持家聲不墜。

陸樹聲，《行書七律》。陸樹聲品格高尚，名重鄉里。對飲茶有一套自己的見解，著有《茶寮記》。

田藝蘅

《煮泉小品》：品泉品茶專家

田藝蘅的父親是撰寫《西湖遊覽志》的名士田汝成。田藝蘅是歲貢生，七次鄉試都沒考上，後來當了徽州訓導，是縣學裡的老師。他的學問很好，上知天文，下知地理，由於熟知地方掌故與風俗，還曾編修嘉靖年間的《浙江通志》。

田藝蘅有一部著作《煮泉小品》。書中提到的泉水，是用來煮茶的。田藝蘅教人分辨泉水的好壞，例如，不流動的泉水喝了對身體有害，但若如瀑布般湧出，也不能煮茶，只能拿來釀酒。而茶葉的挑選和泉水的搭配也有一套學問。茶葉用直接日曬乾燥的製法，品質最好。用火烤或手揉成團狀片狀，會減低茶葉的香味，也有衛生問題。此外，他建議喝茶就要喝原味，加鹽、薑、梅花、菊花、茉莉花等，都會影響茶的原本香氣，和現代人強調純粹無添加物的訴求相同。田藝蘅不僅品評茶和水，也注意保護水資源。他說，若找到好泉水，絕不可以在那裡洗濯衣物或身體。取用泉水更要適量，因為好泉水非常難得。

田藝蘅（1524-？），浙江杭州人，生於嘉靖三年，卒年不詳。

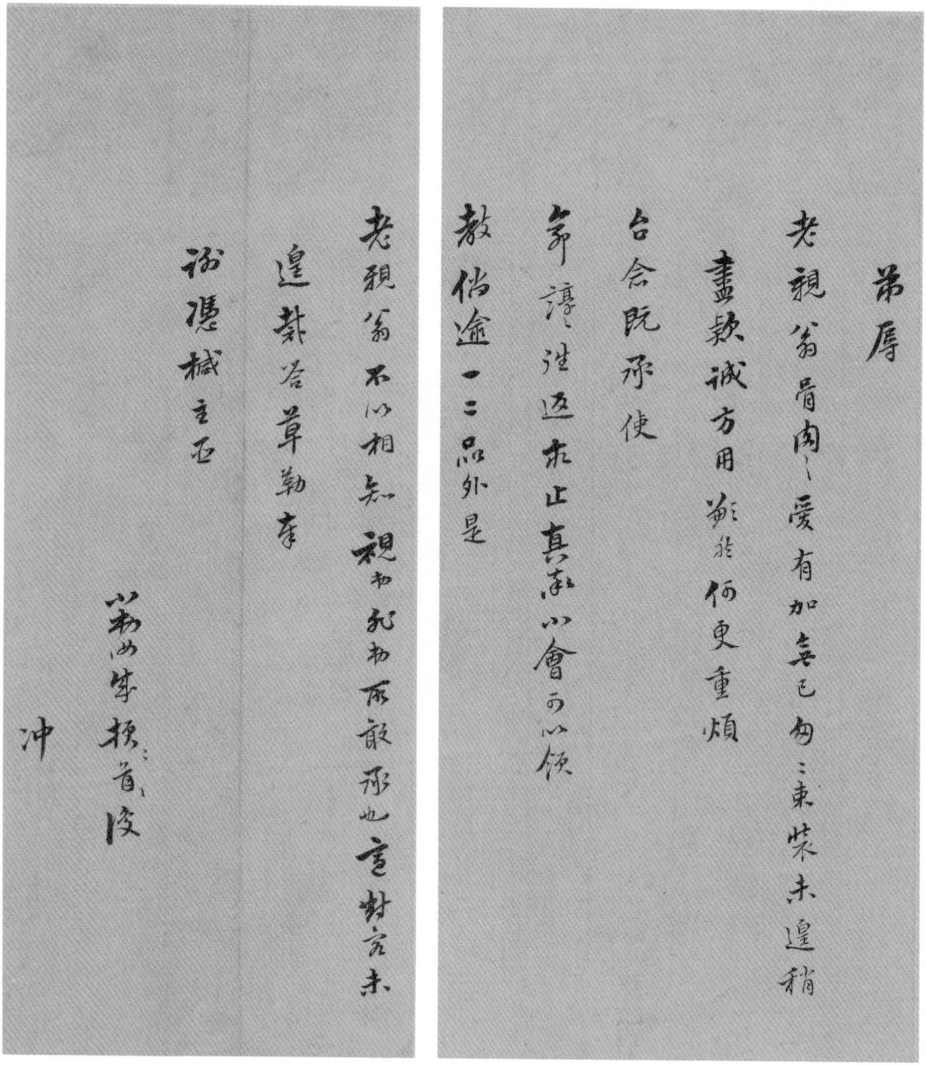

田汝成，《與某人書》。田汝成撰有《西湖遊覽志》，其子田藝蘅為品泉、品茶專家。

龍膺

允文允武又懂茶道的奇才

龍膺家世很好，三代進士。祖父龍翔宵，初名飛宵，是王守仁親自為他改的名字，他也是陽明學的傳人。龍膺的家學淵源中也有王陽明實學的精神，他能文能武，是一位曠世英才。在文藝方面，他有詩文集傳世，且創作《金門記》、《藍橋記》等劇本。在政事上，他中進士後授新都推官，善於斷決疑案，被人譽為「神君」。不久升為禮部主事，曾多次上書指陳時政，後遷國子博士。

萬曆二十年，他上〈諫選宮女疏〉，說萬曆皇帝「縱情」（不知節制）、「溺愛」（過分寵愛某人）、「繁刑」（刑罰太多），萬曆氣得想砍他的頭，幸好申時行出面為他說話，才免於一死。

萬曆二十三年（1595），他被貶到西寧衛（今青海地區）擔任監牧通判，管理馬匹、糧食、水利和一些訴訟案件。當時西寧周邊的蒙古部族常到祁連山一帶搶劫，龍膺便出計策平定蒙古，後來三次大破青海的蒙古部族，史稱「湟中三捷」。兵部尚書石星在給萬曆皇帝的奏摺中，稱讚龍膺真是個人才，而且氣勢不凡，上戰場殺敵也

龍膺（1562-？），湖南常德人，生於嘉靖四十一年，卒年不詳。萬曆八年（1580）進士，官至太常寺卿。

不畏懼。後來龍膺升職為西寧衛監軍同知，全力築起邊境的城牆，防止蒙古騎兵入侵。又因為西南地區的教育環境相對落後，他興辦社學，讓當地子弟能夠讀書。他更進一步編輯西寧衛的第一部地方志，貢獻極大。龍膺曾二次到西寧衛任職，還曾備兵甘州。

龍膺是著名文人朱之蕃的老師，對茶道很有研究，曾撰寫《蒙史》。「蒙」就是泉，「蒙史」即為「泉史」。上卷為「泉品述」，收集了各種泉品及故事五十多則，下卷為「茶品述」，輯錄三十多款有關茶飲的史料。

龍膺，《錄登封大酺歌》。此詩內容有遊仙的成分，和龍膺在事功上的成就大為不同。龍膺曾出計策平定入侵青海的蒙古部族，又懂得茶道，真是文武雙全！

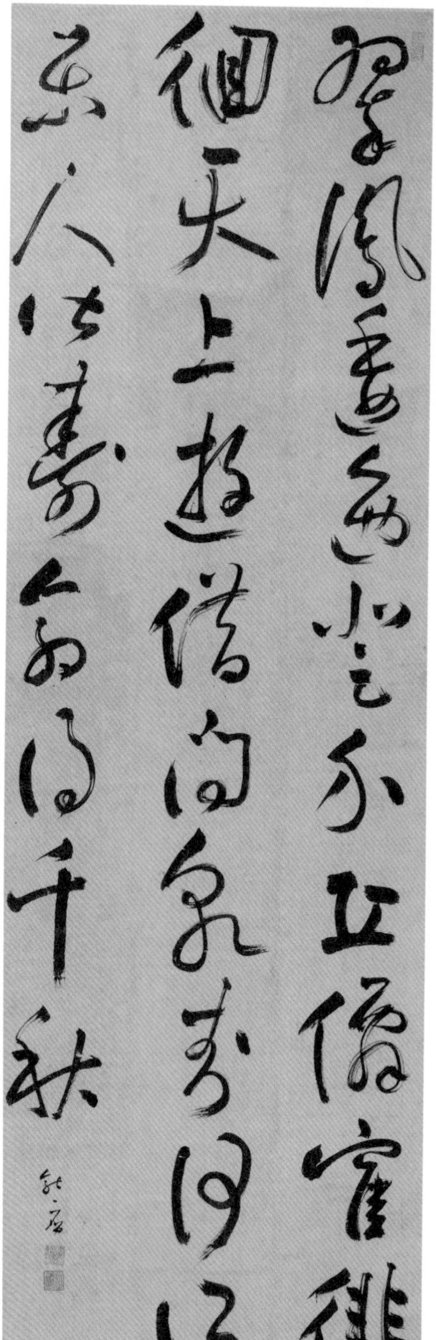

周嘉胄

歷代香事集大成，書畫裝裱業大師

隨著生活品味的提升與講究，人們開始回顧老祖先的智慧，尋找生活的核心價值。晚明的閒賞典籍因而成為關注的焦點，不斷被重新翻印註釋。其中《裝潢志》與《香乘》分屬不同的領域，然皆以其整合歸納之功，將歷代裝裱與香事作系統性介紹，使後續研究與愛好者有所依據。而這兩部經典，都出於揚州人周嘉胄的手筆。

文人好香歷史悠久，晚明由於強大經濟力的支持，文人香事獲得輝煌的發展。周嘉胄的《香乘》正是在此背景下，費時二十年完成的指南書。為了精準掌握香料的特性，他親自到各處做實地調查，展現了晚明學術的實證精神。書中有關香事與香料的史、錄、譜、記、卷、志等資料十分詳實。他更彙整宋代以來諸香譜的特長，實地考察、記錄，保存了很多香方，是今世香道愛好者可繼續挖掘發揚的寶庫，也是歷代香書的集大成。近年來文人香事蔚為風尚，對於歷代香道書籍的整理著力頗深，其中仍以《香乘》一書最為普及，影響最深。前不久，基金會在南京展出周嘉胄書法真跡，就有上海的香學專家及裝裱師傅特地前來欣賞，並在作品前行禮致意，氣氛令人動容。

周嘉胄（1582-1658），字江左，生於萬曆十年，卒於順治十五年。

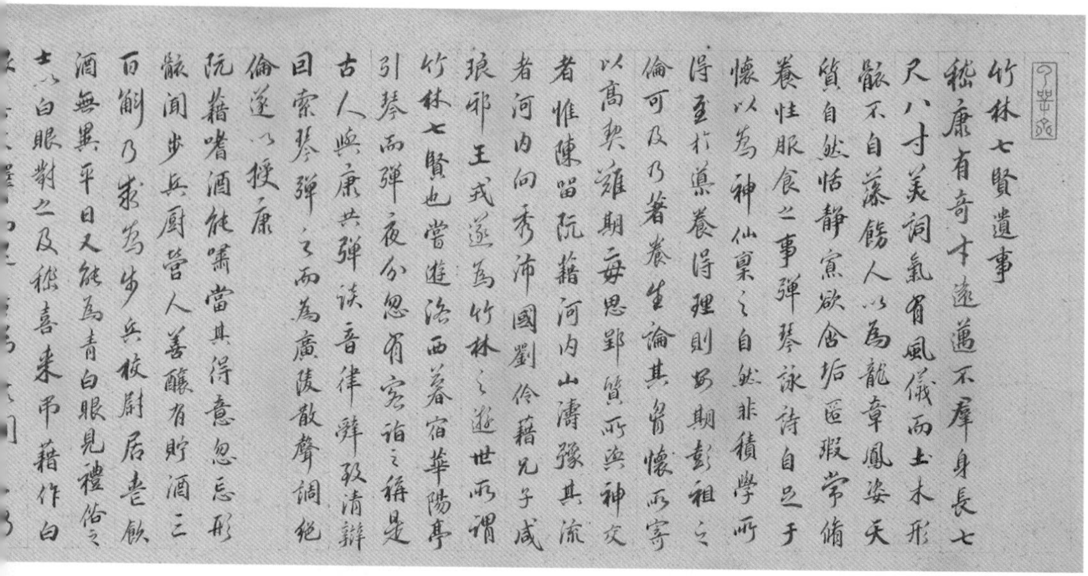

除此之外，周嘉胄也是一位書畫收藏家。他總結歷代裝裱經驗，編寫了第一部書畫裝裱專書《裝潢志》。全書四千餘言，深入淺出介紹書畫裝裱修復時所應注意的事項，審視氣色、洗、揭、襯邊、小脫、全、補的工法，簡要提示但切中旨意。書中所揭示的觀念，例如：「固裝潢優劣，實古跡存亡繫焉」以及「古跡重裱，如病延醫。醫善則隨手而起；醫不善則隨手而斃。」至今仍為古書畫修護者所服膺。難怪古書畫修護能手皆稱周嘉胄為業界的祖師爺。

周嘉胄的這兩部經典之作，除了顯現他廣博多才的學識，更說明了晚

周嘉胄，《竹林七賢遺事》局部。周嘉胄是書畫藏家，懂得書畫裝裱，更是香道專家，在他身上可見明代精緻文化的集大成。

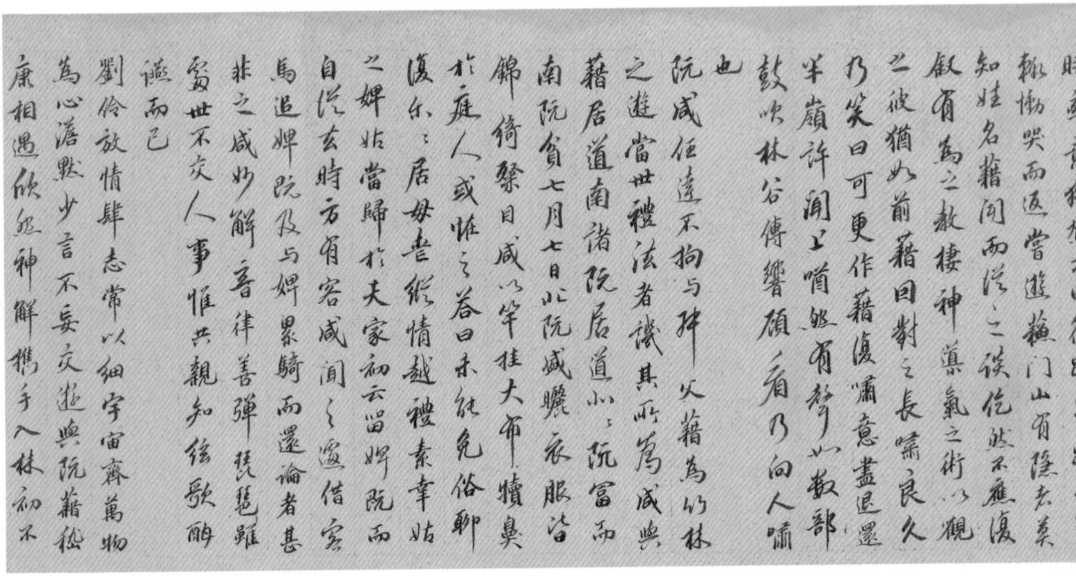

明文化饗盛之世，各類精緻美好的事物普及於各階層，集大成的著作因此成為生活雅事的應用指南。

張喬

與南園詩人唱和的嶺南名伎

張喬的母親原本是蘇州歌伎，因歌唱得好，被輾轉賣到廣東，後來生下了張喬。

張喬性格巧慧，喜愛唱歌、寫詩，因為喜歡唐詩「銅雀春深鎖二喬」一句，自稱「二喬」，也表達了她原是蘇州人，卻流落廣東的身世。有人說，二喬指的是大喬和小喬二人，為什麼不叫小喬就好？她指著

張喬（1615-1633），生於萬曆四十三年，卒於崇禎六年。

鏡中自己的影像說：「這裡也有一喬呀！」

她十七歲時，美貌與才藝已遠近聞名，工詩善畫，尤其是蘭和竹，又寫得一手娟秀的毛筆字，許多名人都喜歡來捧場。雖身陷煙花巷，張喬卻很潔身自愛，賣藝不賣身，儘管廣東的富家公子們都捧著金銀珠寶想得她青睞，張喬卻不屑一顧。她敬慕才華洋溢的文士，所以和陳子壯、黎遂球、彭孟陽等嶺南詩人，特別是「南園詩社」的詩人密切交往，常舉行文酒聚會，後來還有意與彭孟陽結為連理。可惜她十九歲時，有一天在供奉戰國時代

張喬，《蘭竹圖》。張喬貌美聰慧，是嶺南詩人愛慕的名伎。

治水的李冰父子的「水二王廟」中過夜，夢見水神要即刻娶她為妃，醒來後就生病過世了。彭孟陽出資將她葬於廣州白雲山，同時邀集諸名士，各自為她賦詩一首，她的墓被稱為「百花塚」。

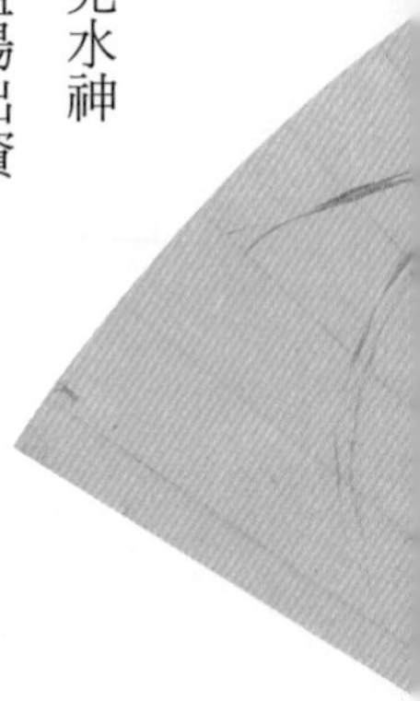

柳如是

陳寅恪為她寫《柳如是別傳》

柳如是能詩善畫，《玉台書史》稱「賦詩輒工」、「作書得虞褚法」，可惜傳世書跡非常稀少。錢謙益絳雲樓藏書付之一炬後，晚年自言「手窮欠錢債多，腹窮欠文債多」。為人撰文的潤筆之資，是他晚年生活的部分收入來源。然而他年老體弱，日益不堪重負，還曾託晚輩黃宗羲為他代筆三篇文章。柳如是身為錢謙益最親近的賢內助，也有可能為他代筆撰文。根據日本漢學家內藤湖南研究，並得到許多專家學者的認可，錢謙益《蒙叟遺文》冊頁，紙墨精良，由書風與文氣來看，有可能出於柳如是之手。

柳如是的軼事相當迷人，以至於大學者陳寅恪讀了她的詩詞後也不禁讚嘆，更用餘

柳如是（1618-1664），本名楊愛，後改名柳隱，生於萬曆四十六年，卒於康熙三年。秦淮八豔之一。

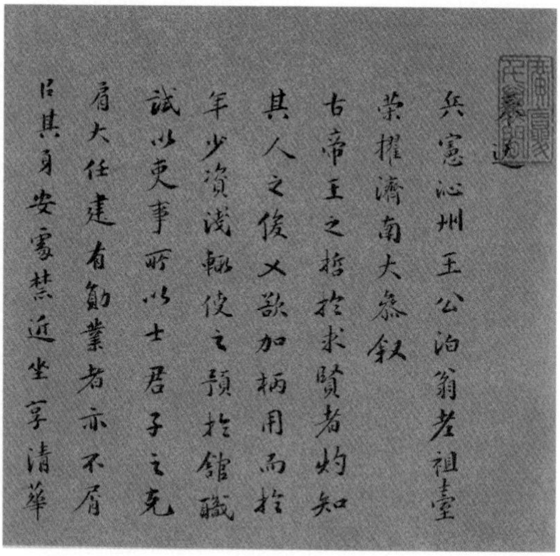

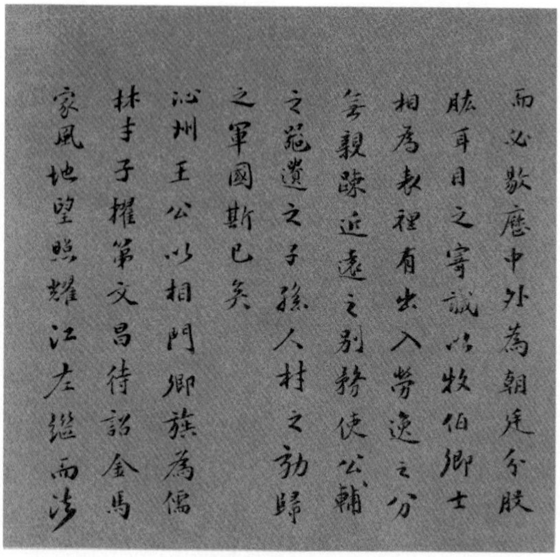

生精力寫下八十萬言的巨作《柳如是別傳》。

秦淮名伎與東林復社名士交好者頗多，十五歲的柳如是初戀對象是同齡的宋徵輿。之後又愛慕陳子龍的才華，在崇禎八年（1635）陷入熱戀，這段期間因受陳子龍薰陶，詩文功力大增。最終卻由於陳家複雜的家庭關係及不寬裕的經濟

柳如是代筆，《奉送兵憲沁州王公泊翁老祖臺榮擢濟南大參敘》選。

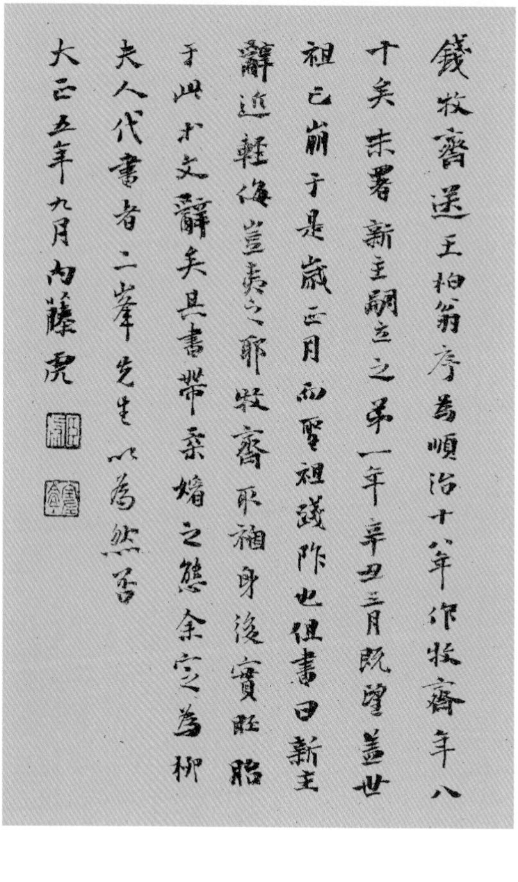

二十世紀初期，日本歷史學家內藤湖南提出了新見解，他認為此書帶柔媚之態，將之定為柳夫人代書之作。

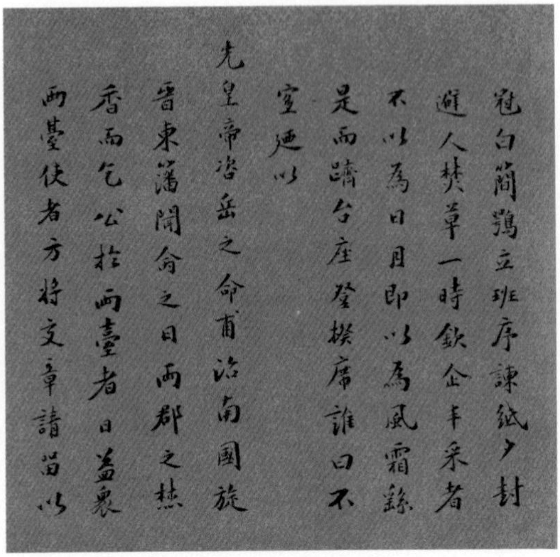

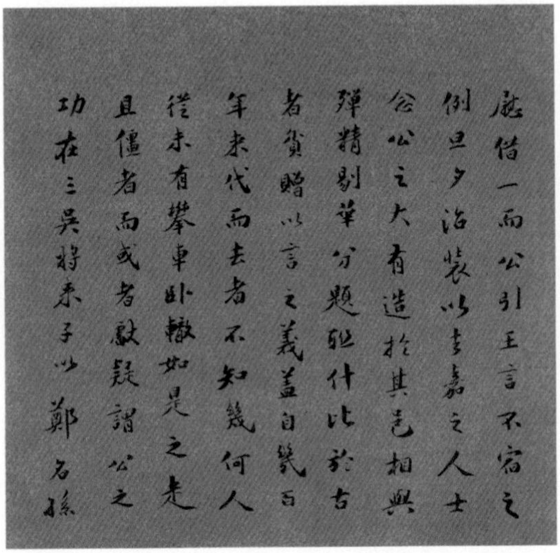

而分手。

崇禎十二年（1639），柳如是結識年長她四十餘歲的杭州富商汪然明，之後在汪然明的牽線下，認識了終身伴侶錢謙益。她女扮男裝到常熟拜訪錢謙益，受到熱情款待，錢很欣賞她的詩。兩人詞賦唱酬，情投意合，很快進入熱戀期。錢謙益為她構築「我聞室」，取《金剛經》「如是我聞」之意，也切合了柳如是的名字。

崇禎十四年（1641）六月，錢謙益在松江正式以大禮迎娶柳如是。那時錢謙益的正室還在，仕紳們知道他娶的是名伎，一時間輿論譁然。還有輕薄的少年朝著禮船丟石頭。那一年，新郎六十，

新娘二十四。

崇禎十六年（1643），錢謙益在半野堂後建藏書樓，笈藏多年來累積的古籍善本，錢謙益將柳如是的來到，比喻為絳雲仙子下凡，因此起名「絳雲樓」，此後有江南第一藏書樓的美譽。錢謙益平時酬酢文字多，柳如是成為他的得力助手。錢謙益對典故有所疑慮，她便入樓協助翻閱查考。在汗牛充棟的書庫內，柳如是總能精確無誤地找到典籍中的段落。這讓我想到國學大師陳寅恪也有同樣過目不忘的本領，無怪乎他會如此欣賞柳如是，並在晚年撰寫八十餘萬字的遺作《柳如是別傳》。在清初複雜多變的政治環境中，錢謙益曾經兩次下獄且幾遭不測，多虧柳如是奔走營救才幸免於難。順治五年（1648），錢謙益因支助黃毓祺抗清事泄被捕，髮妻陳氏及子女噤若寒蟬，此時臥病中的柳如是卻起身四處奔走打點，拜託朝官們相助，終於救出錢謙益。不久後，錢謙益又因案被牽連，鋃鐺北上。此次柳如是隨行護送，對監押官說：「必須讓我與夫同行，否則我就死在你們面前。」到了北京，又動用關係打點上下，錢謙益二度死裡逃生，此後兩人情感更加緊密。

康熙三年（1664），錢謙益去世。家族內鬨隨之而起，族人以為柳如是是女流之輩好欺負，便以族中某人之命為藉口，上門逼討三千兩。她知道難逃此厄，先告官府，

上樓作勢取錢，從容寫完遺書，隨即自縊而死，財產隨即獲得官府保護。柳如是慨然一死以保全家業，也救了家人。兒輩感念這位後母，將她葬於拂水山莊，相距錢謙益墓僅四十步。棺木用鐵鎖懸於墓室，以示其不願踐踏清朝土地之志。

顧媚

眉樓名伎，義舉過人

晚明南京的秦淮河畔，是士子爭取功名時抒發鬱結的溫柔鄉，也是報國之士雲湧群集暢談時政的大舞台。當時在南京的青樓中，顧媚所居的「眉樓」最富盛名。

她工詩善畫與音律，詩詞清麗幽婉，頗具唐宋風格。尤其擅畫蘭，能出己意，直追馬守真。

顧媚居住的「眉樓」，當時被戲稱「迷樓」，來訪的文人無不被她迷得神魂顛倒。被邀請到眉樓儼然成為一種風雅的標誌，訪者也被賦予「眉樓客」的雅號。在秦淮八豔中，顧媚的性格與柳如是較為接近，都以豪邁激昂任性嫉俗著稱，頗富男子氣概。人們稱她「眉兄」，正如柳如是自稱「弟」一樣。

顧媚（1619-1664），一作顧眉，字眉生，號橫波，江蘇南京人，生於萬曆四十七年，卒於康熙三年。秦淮八豔之一。

以顧媚的絕豔丰姿，身邊不乏追求者，但論及婚嫁總不能當兒戲，直到崇禎十五年（1642），「合肥才子」龔鼎孳來到眉樓，顧媚因此展開了一段不同的人生。龔鼎孳十八歲就考上進士，遇到顧媚之前，在湖北當了七年的縣令，頗有治績，但也只是個七品小官。與顧媚定情時，龔鼎孳更上層樓，入京任兵科給事中，年輕氣盛亟欲一展抱負，因此頻頻上疏彈劾權臣，名聲轟動京城。顧媚北上與龔鼎孳團聚，路程固然艱辛，但也總算脫離了秦淮的歡場生涯。無奈的是，國家正值存亡關頭，臣民也面對一連串磨難。龔鼎孳先降大順，後降大清，心中的糾結煎熬可想而知。

龔鼎孳入仕清朝後，生活環境相對穩定了。夫婦二人熱心提拔後進，接濟友人子弟，不惜耗盡資產，因此得到大家的敬重。他們在家中庇護不少遺民，有些人甚至住上十幾年；有人無力喪葬，

顧媚，《蘭花圖卷》。顧媚曾拯救閻爾梅，並資助朱彝專，真是一位奇女子！

他們不僅出錢出力，還代為撫養子女。顧媚去世後，龔鼎孳回憶往昔朋友有難時，顧媚總是義不容辭全力支助排解困難，不禁感嘆夫妻合力的日子已不再。

顧媚富俠氣，她的義舉可從兩件事看出。一是她曾拯救被清廷通緝的遺民閻爾梅，將他藏於家中，使閻爾梅幸免於難。此外，著名學者朱彝尊在最潦倒時，顧媚因欣賞他的才學，曾以私蓄支助他。

龔鼎孳在順治朝的官場並不順遂，直到康熙三年（1664）五十歲時才升刑部尚書，達到生涯高峰。不幸的是，顧媚也在這一年以四十六歲之齡病逝，哀悼的車乘有數百之多，可謂備極哀榮。龔鼎孳將其遺體移回合肥老家安葬，秦淮著名的說書人柳敬亭、曾被顧媚相救的閻爾梅，都遠道而來參加祭禮。

黃媛介

羈旅持家的閨閣書畫家

晚明文壇祭酒錢謙益品評當世女性才人，特別推崇王微、柳如是、黃媛介三人。其中黃媛介兼擅詩書畫，是閨閣才女中十分亮眼的一位。

黃媛介（1620-1669），字皆令，浙江嘉興人，約生於泰昌元年，約卒於康熙八年。

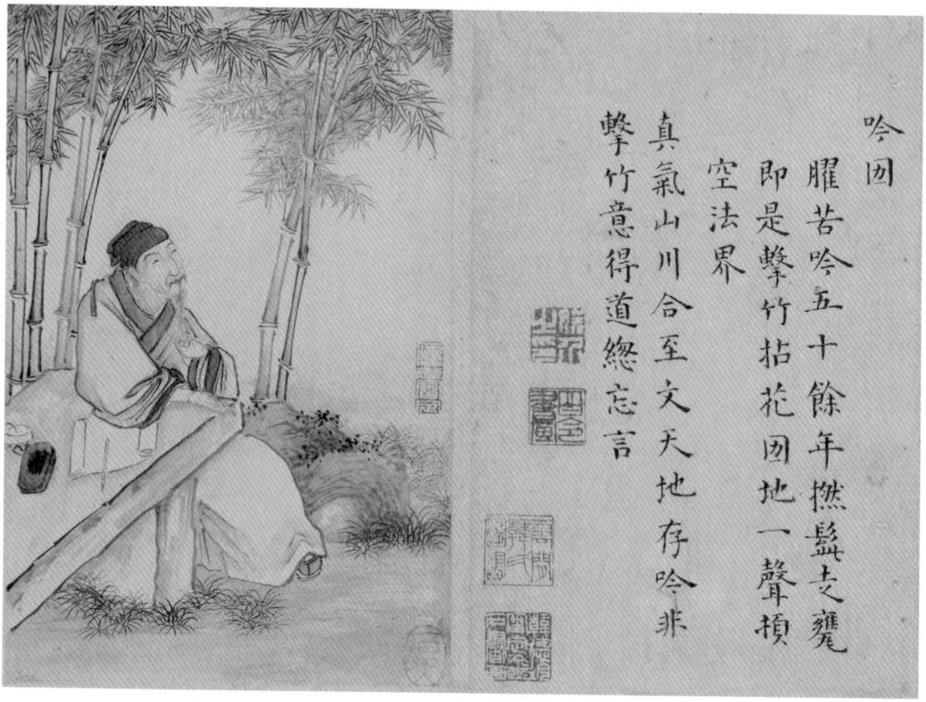
吟囦
即是擊竹拈花囦地一聲損
空法界
真氣山川合至文天地存吟非
擊竹意得道總忘言

黃媛介精擅詩詞，楷書出於王羲之《黃庭經》，山水學吳鎮。著名文人錢謙益、吳偉業等都與她有文字交。王士禛在《池北偶談》講了一個故事，復社領袖張溥某次在眾人前高談議論，屏風後頭卻有一位女子在偷聽，這位女子就是黃媛介。張溥知道是大才女黃媛介，便上門求婚。黃媛介雖仰慕張溥的才氣，卻未動心。此時黃已許配給嘉興楊世功，但因楊家清貧，久久無法迎娶，父兄多次要求重新提親，她都堅持不從。

黃媛介，《仕女圖冊》選。此畫冊呈現了許多佛教修行活動：吟囦、著書、蓮定、山心、味像、侍禪、翻經、繡佛、腕蘭、課笎。

蓮宗
臞受印蓮宗单持入定所謂
禪淨既兼利如角虎
遠公心印獨能傳法：俱生定
東天禪淨從來無兩意既為師
祖必生蓮

黃媛介最終還是嫁入了楊家，卻因為謀生艱難，而在西湖邊租了間小房子，以販賣書畫自活，儼然是當今的街頭畫家。從傳統上男主外女主內的觀點來看，楊氏夫妻的身分是倒置的。楊世功記錄了一次風雨夜，在河邊送別愛妻的場景，當他遠眺對岸，看見她瑟縮在一座破舊的驛站中，書箱和行李散落一旁，楊世功為之感到虧欠。然而黃媛介的才華與努力畢竟是受人肯定的，劇作家李漁的傳奇《意中緣》面世，書面上標出的

「禾中女史批評」，指的就是黃媛介。

黃媛介與柳如是二人是閨中好友，錢謙益絳雲樓落成後，柳如是常邀黃媛介做客。兩人拈筆潑墨，詩詞酬酢，遊園賞梅。柳如是在生活上衣食無缺，對於黃媛介這樣的姐妹淘自然資助不少。黃媛介詩中寫道「黃金不惜為幽人」，感謝柳如是幫助她的生計。

在明末清初的才女群中，很少有人能像黃媛介概括了新時代女性的自由與限制。作為一位職業女性書畫家與詩人，她脫離了三從四德的傳統羈束，成為奔波四方的遊者，卻也因多重的苦難與奇遇，造就了一生多彩多姿的傳奇。

薛素素

馳飛馬的十項全能女俠

清初大文豪朱彝尊，曾稱讚一位女子有「十能」，水墨、詩、書、琴、奕、簫之外，還善馳馬、走索、射彈，以女俠自命。

薛素素，名薛五，字潤娘，一作潤卿，號雪素，蘇州人，寓居南京，生卒年不詳。

薛素素，《竹菊奇石圖》。
薛素素是一位十項全能的才女，不論在當時後世都令人心醉神往。

這位女俠是南京秦淮的名伎，名叫薛素素，活躍於萬曆年間，她山水、人物、草蟲、蘭竹皆擅，各具意態。她的白描人物，精細傳神，充分展現出明代吳門白描的精妙之處。書法則由《黃庭經》而來。

相傳薛素素射彈的技術非常好，她把彈置於小婢額頭上，一射而中，而小婢竟渾然不知。這樣的神功讓人想起《莊子》裡那位運斤如風的木匠，能一斧削去別人鼻頭上的石灰，而鼻子卻安然無恙。當時江湖少年有很多人愛慕薛素素，她與武陵少年連騎出遊，往往引起圍觀者注目。她的魅力就連女人也無法抵擋，閨閣詩人徐媛寫詩對她表示欽慕，誇她「一束蠻腰舞掌輕」、「花神使骨氣縱橫」。

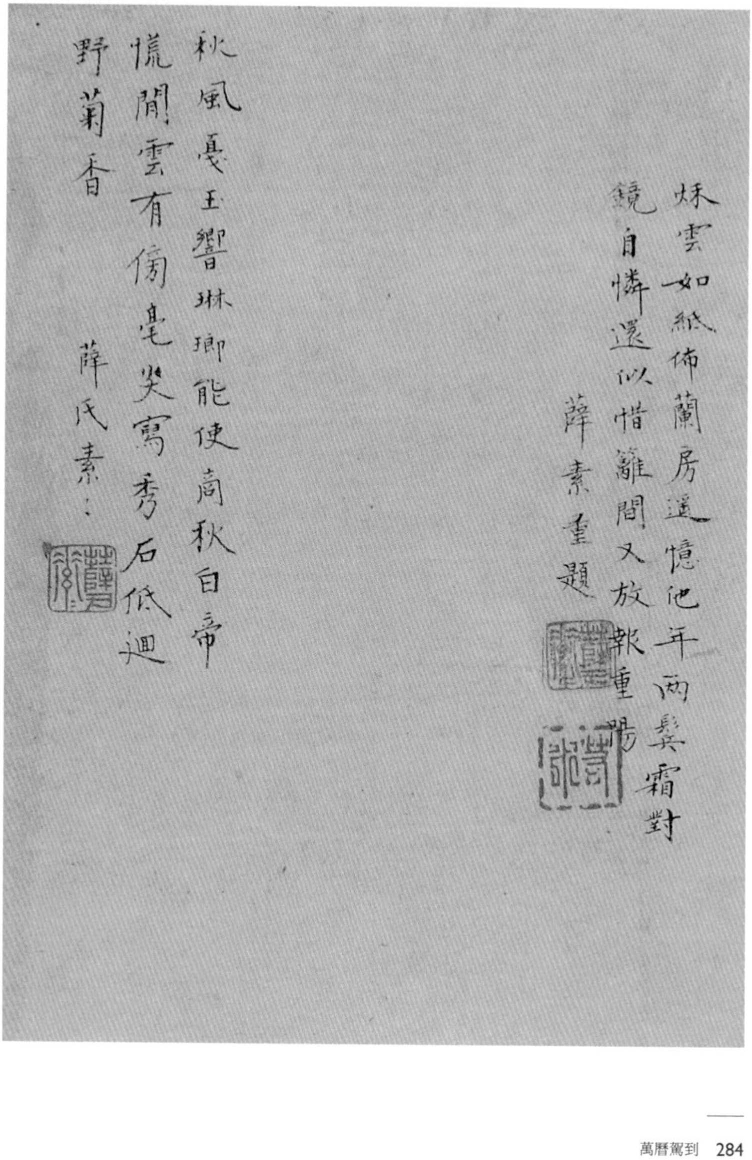

此畫雙勾菊、竹、蘭，娟秀嫻雅，留下大量空白，文雅的題字與畫作相呼應。由薛素素兩次為畫題字，可知她對此圖的珍視寶愛。

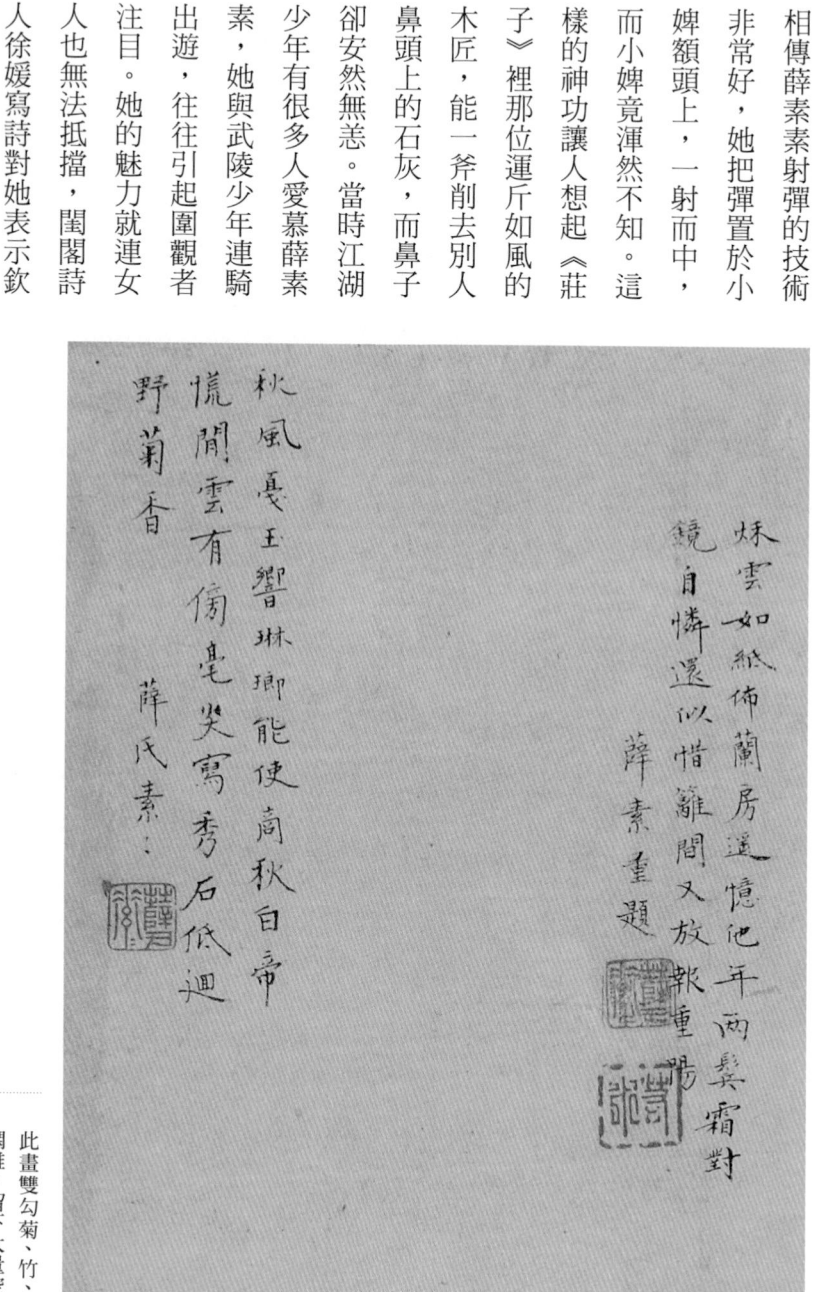

晚明文人歌詠才媛的文字中，常能覓得薛素素的芳蹤。大才子范允臨對薛素素非常愛慕，在珍藏的薛素素扇子上題道，某年在虎丘遊船上，窺見薛素素半張臉，一時驚為天人，但也知道她的迷人處不只是美貌。偶然從朋友處得到這把墨蘭扇，始終如得到美玉般珍藏著。

鑑藏家李日華在著名的《味水軒日記》中記載，萬曆四十年（1612）秋，弟子帶來薛素素手綉的觀音像，和一卷《般若心經》，書法深得趙孟頫筆法，李日華驚喜之餘評為「精妙之極」。他感慨說，世人只知道這女子會挾彈馳騎，塗抹寫意蘭竹，豈知她的才情竟如此深廣。

薛素素曾經嫁給《萬曆野獲編》的作者沈德符為妾，享受過詩文對唱的閒適生活，然而最終還是以分離收場。她也曾與大才子王穉登有過一段情。細讀沈德符筆下對王穉登不堪的描繪，再回首沈、薛曾有過的情愛，其中或許有著文人相輕的情結吧？

謝辭

歷史很迷人，卻也讓人迷惑，每當讀到史書上精采的人物史事，總興起無限的景仰與喟嘆。

這本書從構思到付梓，歷經了相當長的時間，幾乎橫跨了我研讀明史，收藏明代書畫的整個過程，在這當中我發現了不少精彩的人物，因此集結諸多心得與大家分享。

對於這本書的出版，我要特別感謝臺灣大學傅申教授多年來在鑑賞上給我的指導，他始終為我們的展品嚴格把關，讓展出品質更加完美。我也要感謝清華大學楊儒賓教授在學術與出版上對我的支持，在每次與他的談話中，總能激發我對一些現象的重新思考。感謝何創時基金會主任吳國豪先生長期參與研究討論、研究員胥若玫小姐協助查考文獻史料並記錄整理文字，以及作家胡守芳女士為本書潤筆。此外，也感謝遠流出版公司的編輯團隊，他們的專業態度使得本書更臻美善。

萬曆駕到

多元・開放・創意的文化盛世

作者——何國慶
策劃——財團法人何創時書法藝術文教基金會
主編——曾淑正
美術設計——雅堂設計工作室
企劃——叢昌瑜

發行人——王榮文
出版發行——遠流出版事業股份有限公司
地址——台北市南昌路二段81號6樓
劃撥帳號——0189456-1
電話——（02）23926899
傳真——（02）23926658

著作權顧問——蕭雄淋律師
二〇一六年十一月二十日 初版一刷
二〇一七年一月一日 初版二刷
售價：新台幣三八〇元

缺頁或破損的書，請寄回更換
有著作權・侵害必究 Printed in Taiwan
ISBN 978-957-32-7905-1（平裝）
遠流博識網 http://www.ylib.com
E-mail: ylib@ylib.com

國家圖書館出版品預行編目（CIP）資料

萬曆駕到：多元・開放・創意的文化盛世 /
何國慶著. -- 初版. -- 臺北市：遠流, 2016.11
面； 公分
ISBN 978-957-32-7905-1（平裝）

1. 明史 2. 通俗史話

626.7 105018967

U0013952